지구정원사
가치 사전

생태 살림 에세이
지구정원사 가치 사전

2021년 5월 19일 처음 펴냄
2022년 6월 29일 2쇄 펴냄

지은이 | 정경호 송순재 이정배 장윤재와 함께 50인
엮은이 | 기독교환경교육센터 살림
펴낸이 | 김영호
펴낸곳 | 도서출판 동연
등 록 | 제1-1383호(1992년 6월 12일)
주 소 | 서울시 마포구 월드컵로 163-3
전 화 | (02) 335-2630 팩 스 | (02) 335-2640
이메일 | yh4321@gmail.com

ISBN 978-89-6447-663-5 03040

생태 살림 에세이

지구정원사 가치 사전

50명의 신학자가 전하는
아름다운 선물

정경호 송순재 이정배 장윤재와 함께 50인 지음
기독교환경교육센터 살림 엮음

동연

모든 것을 돌보시는 하나님의 은총 안에

땅과 거기에 충만한 것과 세계와 그 가운데에 사는 자들은 다 여호와의 것이로다.
(시편 24:1, 50:12)

이 세계와 인류 그리고 땅의 모든 것은 다 하나님의 사랑으로 연결되어 있다. 이 지구상에 하나님이 계시지 않는 곳은 아무 데도 없기 때문이다. 하나님의 사랑은 눈에 보이지는 않지만 믿음의 백성들에게는 그 어떤 증거보다도 확실히 보인다. 그러므로 팬데믹 속에서도 이 지구를 지탱하고 계시는 하나님의 은총을 잊지 않아야 한다. 하나밖에 없는 지구를 향한 하나님의 사랑은 마치 숨결처럼 호흡처럼 땅 위에서 모든 생명을 살리는 힘이다.

인간은 때로 눈에 보이는 것만 믿고 증명된 것만을 사실이라고 생각한다. 그러나 우리는 너무 큰 것도 볼 수 없고, 너무 작은 것도 볼 수 없으며, 너무 큰 소리도 들을 수 없고 너무 작은 소리도 들을 수 없는 지극히 불완전한 존재이다. 심각한 기후위기 속에서 살아가는 우리의 일상은 어쩌면 하루하루가 기적이다.

인간이 홀로 할 수 있는 일은 아무것도 없다. 2천 년 전 예수께서 하나님 나라를 전하실 때 들에 핀 백합화와 공중에 새가 없었다면, 바다와 풍랑과 같이 변화무쌍한 자연현상이 없었다면 예수의 기적이 가능했을까? 따라서 우리는 위기와 재난 속에서 하나님의 창조세계에 마음을 돌려 뜻하지 않은 은혜의 시간을 경험하고 있다. 구원의 역사는 말씀으로만 이루어지지 않는다. 하나님의 말씀은 그 언어가 지시하는 창조된 세계와 물리적 환경 안에서 선포되었음을 잊지 않아야 한다.

지구는 하나님께서 스스로 현현하시는 거룩한 장소이다. 따라서 지구는 타락한 세계가 아니라 타락한 인간이 보는 하나님의 세상이며 죄 많은 세상이 아니라 죄악을 행하는 인간들이 파괴해온 하나님 현존의 창조세계이다. 이렇게 하나님이 창조하신 지구와 자연과 인간이 맺은 이 관계적 영성은 바로 그분의 사랑이다. 이제 우리는 이 땅을 회복하기 위해 자신을 낮추고 비우고 개방하여 온 생명을 이웃으로 연합해가는 신비한 사랑의 관계를 먼저 회복해야 한다. 우리는 창조세계 복원을 위한 시간이 얼마 남지 않았다는 것을 기억해야 한다. 이제는 편리함과 물질적 탐욕에서 쉽게 벗어나지 않으려 했던 삶의 방식을 돌이켜야 한다.

오늘 전하는 이 책 『지구정원사 가치 사전』은 25가지의 가치 선물이 담겨 있다. 50명의 신학자가 선물하는 아름다운 가치들을 마음에 품고 우리의 이웃들인 새소리, 풀벌레 소리, 바람 소리, 나뭇잎 흔들리는 소리에 잠시 귀 기울여 보면 어떨까? 하루 한 번, 혹은 함께하는 이들과 가치 하나씩을 읽고 나누며 그 가치를 실현해가면 어떨까? 오늘 스쳐 지나가는 사랑하는 이의 몸짓과 음성에 귀 기울이면서 함께 이루어가는 아름다운 '가치'의 기적을 기대한다.

2021년 4월 지구의 날에 김은혜
장로회신학대학교 교수, 기독교환경교육센터 살림 공동대표

지구정원사를 위한 가치 사전

우리는 하나님이 지은 지구 동산의 정원사로 부름을 받았다. 지구 동산의 정원사는 지구에 거하는 모든 것을 돌보며 지금도 이 지구를 지탱하는 그의 사랑 안에 거해야 한다. 하지만 우리는 그러지 못했다. 그 결과 코로나 대유행은 물론 기후변화와 종의 멸종, 생태계 파괴라는 전 지구적으로 시급한 과제 앞에 직면했다. 전 세계 여러 국가와 도시의 협약, 과학기술의 발전이 이 문제를 해결할 수 있을까 기대도 했지만, 효과는 미미했고 상황을 되돌리긴 이미 늦었다는 말도 나온다.

그러고 보니 문제를 초래한 끝없는 욕심은 물론 상황에 무관심했던 우리의 마음을 움직이는 일에 더 적극적이었어야 했나 싶다. 제도와 정책을 마련해 국제적 노력을 하는 게 의미 없다는 건 아니다. 하지만 거의 모든 문제가 그러하듯 문제 해결을 위해서는 제도의 개선과 더불어 개개인이 동시에 노력해야만 효과가 나타난다. 한쪽에 더 집중해야 한다면, 사람의 마음과 태도를 바꾸는 게 더 중요하다고 본다. 한 사람의 마음과 삶의 태도가 달라지면 타인과의 관계나 사회적 행동도 바뀌게 되기 때문이다. 생각을 바꿔 행동하는 이들이 있어야만 사회 또한 변할 수 있다.

더욱이 지금처럼 상황이 위급할 때는 태도 변화가 필수적이다. 얼마 남지 않은 기간 동안 기후위기 문제를 해결하려면 사회시스템

전환도 급선무이기는 하지만 기존의 생각에서 벗어나 말하고 행동하게 하는 가치 교육 또한 절실하다. 가치는 '삶에 있어 중요하다고 생각하는 것'에 대한 개념을 잡는 과정에서 배울 수 있다. 가치가 새로워지면 삶에 새로운 동기가 부여돼 태도가 바뀌고 행동이 달라지기 마련이다.

코로나19와 기후재앙의 시대를 사는 우리는 어떤 사명과 비전, 핵심 가치를 갖고 살아가고 있을까. 그동안 우리가 기후변화 등 위기에 대해 신앙적 가치체계를 바탕으로 대응해 왔다면 상황이 이렇게까지 됐을까. 늦은 감이 없지는 않지만, 지구 동산을 지키고 돌봐야 할 '지구정원사'로서의 사명을 확고히 하고 지구 복원을 위한 비전을 새로이 하는 시간을 가져야 한다. 무엇보다 중요한 건 누군가의 말이 아니라 스스로 창조세계 보존을 자기 가치로 확립하는 시간이 필요하다. 그래야 위기 너머로 희망을 볼 수 있다. 그래야 태초에 부여받은 지구정원사로서의 사명을 감당할 수 있다.

지구정원사로서 지녀야 할 가치는 어떤 것이 있을까. 떠오르는 단어를 목록화해 보고, 신앙공동체 안에서 한 가지씩 가까운 이들과 경험적 정의를 내려보자. 사전적 정의보다는 경험으로 얻은 정의를 나누는 것이 좋다. 그러면 각각의 가치가 자신의 언어는 물론 각자의 삶에서 실천할 수 있는 내용으로 정리될 것이다. 동시에 지구정원사로서의 본분을 익힐 수 있을 것이고, 정원사로서의 삶이 바로 세워지며 지구의 회복력 또한 지켜낼 수 있을 것이다.

혹 가치를 발견하는 과정에 대한 안내가 필요하다면, 신학자가 전하는 25가지의 가치 단어를 참고하면 좋다. 50명의 신학자가 함께 준비한 『지구정원사 가치 사전』은 지금의 위기와 그 속에서 들려

오는 피조물의 소리를 경청하게 도울 것이다. 또 하나님의 뜻을 분별하게 해주는 길잡이로서 자기성찰적인 사회적 행동을 하게 해줄 것이다.

지구정원사 한 사람 한 사람이 품은 가치가 세상 사람을 새롭게 할 뿐 아니라 사회를 생태적으로 전환할 수 있길 소망한다. 이들이 새로이 품은 가치들로 물질적 탐욕과 편리함에서 여전히 벗어나려 하지 않으려는 우리네 삶의 태도가 온전히 변화되는 기적을 기대한다(「국민일보」 2021.04.19).

유미호
기독교환경교육센터 살림 센터장

이 책은 기감 여선교회서울연회연합회(회장 이정숙), 연동교회(담임 김주용), 중곡교회(담임 권종호), 창천교회(담임 구자경)에서 제작비를 후원해주셨습니다.

함께 누리는 감사

장윤재*

> 주님, 주님께서 손수 만드신 것이 어찌 이리도 많습니까?
> 이 모든 것을 주님께서 지혜로 만드셨으니,
> 땅에는 주님이 지으신 것으로 가득합니다.
> 【시편 104:24】

　복음서에는 예수께서 감사기도를 드리는 장면이 네 번 나온다. 그중 대표적인 것은 오병이어 기적을 일으키실 때의 기도다. 한 어린아이가 바친 보리떡 다섯 개와 물고기 두 마리를 들고 예수님은 먼저 "하늘을 우러러 감사의 기도를 드리셨다"(막 6:41). 요즘은 보리떡을 건강식으로 먹지만 당시 그것은 가난한 사람들의 음식이었다. 생선 두 마리도 아마 말라비틀어진 작은 물고기였을 것이다. 그저 어린이 한 명이 하루를 버틸 수 있을 정도로 최소한의 음식이었을 것이다. 그것을 놓고 예수님은 '먼저' 하나님께 감사의 기도를 드리셨다. 5천 명을 먹일 수 있는 어마어마한 양의 떡과 물고기를 앞

---

* 이화여자대학교 교수

에 두고 감사하신 것이 아니다. 기적이 일어나기 전에 먼저 감사하셨다. 예수님의 기도는 기적을 바라는 기도가 아니었다. 초라한 음식이지만 진심 어린 감사의 기도였다. 그 기도가 기적을 낳았다. 오병이어 기적의 출발은 우리로 "생명을 얻게 하고 더 풍성히 얻게 하려는"(요 10:10) 신의 은총에 대한 감사의 기도였다.

현대인의 삶에는 이런 순수한 감사의 기도가 매우 희소하다. 대부분의 사람은 어떤 큰 사건, 중요한 일에만 감사하는 경향이 있다. 절실히 원하는 것들이 자신의 바람대로 이뤄졌을 때 흥분해서 감사하곤 한다. 주로 화폐가치로 연결되는 것들에 감사한다. 하지만 성서의 감사는 좋은 일이 생겼기 때문에 드리는 감사가 아니다. 성서의 감사는 생명에 대한 가장 기본적인 것에 대한 감사 그리고 고통과 어려움 속에서도 발견하는 하나님의 은혜에 대한 감사다.

기독교의 대표적인 감사 신앙은 추수감사절일 것이다. 추수감사절은 1623년 미국 청교도 개척자들에 의해 시작됐다. 신앙의 자유를 찾아 대서양을 건너 새로운 땅에 정착해 첫 농사를 지었지만, 그해 겨울 개척자의 절반이 굶어 죽었다. 어렵사리 첫 수확을 했지만, 소출은 겨우 하루에 옥수수 다섯 개를 배급받는 정도였다. 결국 그 겨울 혹독한 추위와 굶주림 속에 개척자의 절반이 사망했다. 그럼에도 그들은 하나님께 감사의 예배를 드렸다. 극심한 궁핍과 남루함, 막막한 미래 앞에서도 그들은 감사했다. 풍성한 소출을 거두어서 감사한 게 아니다. 비참한 배고픔과 처절한 가난의 현장 한복판에서도 발견한 하나님의 은혜에 감사했다. 이것이 추수감사절의 기원이다.

이런 감사는 구약성서 하박국 3장에 나오는 감사를 생각나게 한다. "비록 무화과나무가 무성하지 못하며 포도나무에 열매가 없으며 감람나무에 소출이 없으며 밭에 먹을 것이 없으며 우리에 양이 없으며 외양간에 소가 없을지라도 나는 여호와로 말미암아 즐거워하며 나의 구원의 하나님으로 말미암아 기뻐하리로다"(합 3:17-18). 어떤 상황인가? 온갖 나무에 열매가 없고, 밭에는 소출이 없으며, 게다가 외양간에 가축마저 없다면 경제적으로 완전히 파산한 상황이다. 그럼에도 불구하고 "나는 여호와로 말미암아 즐거워하며 나의 구원의 하나님으로 말미암아 기뻐하리로다"라고 노래한다. 인간이 신께 드릴 수 있는 가장 깊은 감사의 기도다. 존재의 근원이 하나님께 연결돼 있다면 절대 절망하지 않겠다는, 불굴의 의지의 기도다.

우리에게 하루치 '일용(日用)할 양식'을 달라고 기도하라 가르치신 예수님은 보잘것없는 보리떡 다섯 개와 물고기 두 마리를 놓고 먼저 하나님께 감사의 기도를 드리셨다. 그 감사가 기적을 낳았다. 우리 삶에도 그런 기적을 낳는 감사가 넘칠 수 있을까? 고통과 슬픔 속에서도 발견하는 은혜에 대한 감사, 거듭되는 좌절 속에서도 내게 주어진 작은 의미들에 대한 감사, 생명의 가장 근본적인 것들에 대한 감사, 이런 감사가 있다면 이렇게 하나님의 창조세계를 무자비하게 파괴하면서 무한한 경제 성장과 물질적 풍요를 탐닉하는 죽임의 문명은 없었을 것이다. 감사하기 때문에 기적이 일어난다. 사실 그런 감사 자체가 곧 기적이다.

성서의 감사는 또한 공동체적 감사다. 1997년 외환위기 이후 경기도 한 양계장에서 실제로 있었던 일이다. 사료 가격이 폭등하자 닭에게 하루 세 번 주던 모이를 한 번으로 줄였다고 한다. 그러자 배가 고파진 2만 마리의 닭이 서로 싸우더니 죽은 동료 닭의 내장을 쪼아 먹었다. 배고픔이라는 생존의 위기 앞에 닭 '사회'가 순식간에 무너진 것이다.

한편 지구상에서 가장 '사회적'인 생물은 개미라고 한다. 퓰리처 상을 받은 책 『개미 세계의 여행』을 보면, 앞으로의 지구는 사람이 아니라 개미가 지배할 것이라는 다소 '생뚱맞은' 주장을 펼친다. 그 근거는 개미의 뛰어난 희생정신과 분업 능력이다. 실제로 개미는 굶주린 동료를 그냥 놔두지 않는다. 비결은 개미가 가지고 있는 두 개의 위다. 개미는 이 중 하나는 자신을 위한 '개인적 위'로 사용하고 다른 하나는 배고픈 동료를 위한 '사회적 위'로 사용한다. 한문으로 개미 '의'(蟻)가 벌레 '충'(蟲)에 의로울 '의'(義)를 합한 것도 아마 이 때문일 것이다.

인간도 개미처럼 위가 두 개면 얼마나 좋을까? 그랬다면 세상은 좀 더 평화로웠을 것이다. 하지만 하나님은 인간에게 하나의 위만 허락하셨다. 그래서인지 소위 '만물의 영장'이라는 인간은 굶주림의 고통이 닥칠 때 닭보다 더 무자비한 행위도 서슴지 않았다. 하지만 이보다 더 놀라운 일은 위가 하나뿐인 인간이 위가 두 개인 개미보다 때때로 더 이웃의 아픔과 슬픔을 자기 일처럼 여기며 산다는 사실이다.

1935년 어느 추운 겨울밤이었다. 피오렐로 라과디아 판사는 뉴욕 빈민가의 야간법정을 맡고 있었다. 누더기를 걸친 한 할머니가 끌려 왔다. 빵 한 덩어리를 훔친 죄였다. 할머니는 울면서 선처를 호소했다. 사위란 놈은 딸을 버리고 도망갔고, 딸은 아파 누워있으며, 손녀들이 굶주리고 있었다. 하지만 빵 가게 주인은 냉정했다. 법대로 처리할 것을 강력히 요구했다.

라과디아 판사는 한숨을 길게 내쉬고 노파를 향해 이렇게 선고한다. "법에는 예외가 있을 수 없어요. 할머니, 벌은 받으셔야 합니다. 10달러의 벌금을 내시거나 아니면 10일 동안 감옥에 가 계십시오." 그러더니 판사는 갑자기 자리에서 일어나 자기 주머니에서 10달러를 꺼내 자신의 모자에 넣었다. 그리고 이렇게 최종선고를 내린다. "여러분, 여기 벌금 10달러가 있습니다. 방금 할머니는 벌금을 냈습니다. 그리고 나는 굶주린 손녀들에게 빵 한 조각 먹이기 위해 도둑질을 해야 하는, 이 비정한 도시에 사는 우리 모두의 죄를 물어 이 법정에 있는 모든 사람에게 50센트씩 벌금을 선고합니다." 그리곤 자기 모자를 법정 경찰에게 넘겨 돌리도록 했다.

다음 날 아침 「뉴욕타임스」는 이 이야기를 이렇게 보도한다. "빵을 훔쳐 손녀들을 먹이려 한 노파에게 47달러 50센트의 벌금이 전해지다! 얼굴이 붉으락푸르락 된 빵 가게 주인과 법정에 있다가 갑자기 죄인이 돼 버린 70명의 방청객 그리고 뉴욕 경찰들까지 모두 벌금을 물어야 했다." 그날 밤 머리끝까지 화가 난 빵 가게 주인을 제외하고 나머지 모든 사람은 벌금을 맞고도 흐뭇한 마음으로 집에 돌아갔다고 한다. 현재 뉴욕에 있는 '라과디아' 공항은 바로 이 판사의 이름을 딴 것이다.

시편 67편 6절에서는 "땅이 그의 소산을 내어주었으니 하나님 곧 우리 하나님이 우리에게 복을 주시리로다"라고 말한다. 이 땅이 오곡백과를 냈는데 그것은 하나님께서 '우리에게' 복을 내려주셨기 때문이라고 말한다. 현대인은 나 개인이 받은 복에만 감사하는 경향이 있다. 하지만 성서의 감사는 언제나 '공동체적' 감사다. 97년 외환위기 이후 한국 사회는 양극화가 심화되어 '아랫목이 절절 끓

어도 윗목이 냉골인' 심각한 불평등 사회가 됐다. 지금도 하루에 40여 명씩 자살하는 이 처참한 나라에서 우리는 나 혼자가 아니라 '우리에게' 복을 주시는 은총의 하나님에 대한 감사의 신앙을 회복해야 한다.

시편 기자는 노래한다. "주님, 주님께서 손수 만드신 것이 어찌 이리도 많습니까? 이 모든 것을 주님께서 지혜로 만드셨으니, 땅에는 주님이 지으신 것으로 가득합니다"(시 104:24). 이 하나님이 "그리스도 예수 안에서 영광 가운데 그 풍성한 대로 [우리] 모든 쓸 것을 채우시리라"(빌 4:19) 하신 약속을 나는 믿는다.

● ● ●

1. 내가 감사해야 할 생의 가장 기초적인 것들은 무엇인가?
2. 나 홀로의 감사가 아니라 모든 이웃과 생명이 함께 누리는 감사가 되기 위해 우리는 무엇을 해야 하나?

감사 감수성

유재덕[*]

모든 일에 감사하십시오.
이것이 그리스도 예수 안에서 여러분에게 바라시는 하나님의 뜻입니다.
【데살로니가전서 5:18】

　"원수는 물에 새기고 은혜는 돌에 새긴다"라는 말이 있다. 사회적, 생태적 관계가 이익을 기반으로 삼고 돌아가는 각박한 세상에서 옛말의 실천을 쉽게 찾을 수 없는 고대의 지혜이지만, 그래도 드문드문 풍문으로 접하게 된다. 언젠가 유튜브를 통해 마치 동화처럼 퍼진 일화이다. 비 내리는 날 아이 둘이 파출소 문 앞에서 서로 떠밀었다.

　"형이 먼저 들어가."

　"부끄러워. 네가 먼저 들어가."

---

[*] 서울신학대학교 기독교교육학과 교수

근무하는 경찰이 무슨 일인지 나와서 이유를 물었다.

아이들은 형제였고, 작은 손에는 캔 커피가 들려 있었다. 추운 날씨에 등하굣길 건널목에서 교통정리 하는 경찰관들을 위해 얼마 되지 않는 용돈으로 편의점에서 사 온 것이었다. 파출소에 설치된 CCTV에 담기는 바람에 형제의 일화는 한겨울에 방송에까지 소개되었고 사람들의 마음을 잠시 덥혔다.

2019년 유엔 생물 다양성 과학기구 총회(IPBES)는 50개국에서 모인 145명의 전문가가 3년에 걸쳐 지난 50년간의 동식물 변화를 평가한 내용을 보고하면서 "인간의 활동으로 100만 종 동식물이 멸종 위기에 처했다"라고 경고했다. 보고서는 현재 지구상에 800만 종 이상의 생물이 존재하지만 향후 수십 년 안에 12.5%에 달하는 100만 종이 멸종할 것으로 예상이 된다고 덧붙였다.

우리는 멸종 위기에 처한 양서류 40%, 침엽수 34%, 포유류 25%를 어떻게 구해낼 수 있을까? 인간 이전부터 유지되어온 창조와 보존의 질서를 어떻게 지속적으로 작동할 수 있게 할 수 있을까? 현재 전 세계가 직면한 생태 위기를 해결할 수 있는 솔루션은 결코 거창하거나 어렵지 않다. 작은 감사의 실천에 있다. 추위에도 불구하고 이른 아침부터 등하굣길을 지키는 경찰관들의 수고에 대한 어린 형제의 '감사 감수성'이 붕괴하는 위기에 처한 생태계의 축을 바로잡을 수 있다.

바울은 감사하도록, 그것도 우리를 둘러싼 모든 일에 감사하도록 우리를 교훈한다. 이 감사의 권면은 하나님의 강력한 의지를 전거로 삼고 있다. "범사에 감사하라 이것이 그리스도 예수 안에서 너희를 향하신 하나님의 뜻이니라"(살전 5:18). 신적 의지를 반영하고 있으니 해도 그만 안 해도 그만일 수 없다. 다른 동물과 DNA 염기 서열이 1.6% 다른 것 때문에 만물의 영장을 자처하는 자리에서 내려와 겸손하게 감사의 마음으로 생명권의 청지기 역할을 회복하지 않으면 안 된다.

중국 후한 시대 출신 학자 최원은 일찍이 서예로 이름을 날렸으나 형을 살해한 사람을 직접 처단하는 바람에 옥에 갇히는 등 굴곡 많은 삶을 살았다. 나중에 최원은 자신의 삶을 돌아보면서 '자리(座)'의 '오른쪽(右)'에 일생의 지침이 될 좋은 글을 '쇠붙이에 새겨놓고(銘)' 생활의 거울로 삼았다고 한다. 좌우명이 세상에 퍼지게 된 유래이다. 최원은 파란만장한 인생 역정 속에서 좌우명을 직접 남겼다. 남에게 베푼 건 기억하지 말고(施人愼勿念) 받은 은혜는 잊지 말라(受施愼勿忘)이다. 앞서 소개했던 "은혜는 돌에 새기고 원수는 물에 새기라"는 옛말과 다르지 않다.

우리는 하나님이 기대하듯이 감사를 삶에 새기고 살아가야 한다. 그때 비로소 만물은 제자리를 찾는다.

● ● ●

1. 감사를 상실한 시대에 어떻게 감사를 실천할 수 있을까?
2. 환경의 보존을 위한 감사를 좌우명으로 표현한다면 어떻게 할 수 있을까?

겸손할 수밖에 없는 삶

김수연*

> 주님께서 당신들을 낮추시고 굶기시다가, 당신들도 알지 못하고
> 당신들의 조상도 알지 못하는 만나를 먹이셨는데,
> 이것은 사람이 먹는 것으로만 사는 것이 아니라
> 주님의 입에서 나오는 모든 말씀으로 산다는 것을,
> 당신들에게 알려 주시려는 것이었습니다.
>
> 【신명기 8:3】

신명기 말씀은 주님께서 만나를 먹이심으로, 인간을 '겸손하게' (humble) 하시고, '사람이 먹는 것이 아닌 주님의 입에서 나오는 모든 말씀으로 산다'는 것을 깨닫게 하셨다고 한다.

겸손은 영어로 '휴밀리티'(humility)로서, 인간이라는 단어 '휴먼'(human)과 어원을 같이 한다. 겸손과 인간, 두 단어 모두 라틴어 '후무스'(humus, 흙)에서 파생되었다. 사실, 인간은 흙에서 생명을 부여받은 존재로서 만물의 영장이라고 부르기에는 그다지 빠르지도 강

---

* 이화여자대학교 교수

하지도 않은, 나약하고 부족한 존재다. 인간, 휴먼은 겸손할 수밖에 없는 존재다. 다른 생명과 더불어 살아야 겨우 생명을 유지할 수 있는 미미한 존재로서, 하나가 아프면 모두가 아픈, 알게 모르게 모든 것이 얽혀 있는 존재 구조 속에 있다. 현대 과학과 종교적 지혜가 말하듯이, 인간은 더 이상 존재 피라미드의 제일 꼭대기에 있지 않으며, 안트로포스(anthropos)로서의 인간, 완벽한 비율로서 기준이 되는 그러한 인간은 없다.

호모 사피엔스(생각하는 인간), 호모 루덴스(놀이하는 인간) 등, 인간의 존재를 표현하는 라틴어 조합은 다양하지만, 결국 인간은 '호모'(homo), '후무스'(humus), 흙이 되는 존재일 뿐이다. 인간의 본질, 인간의 특징을 관찰하며, 호모 모빌리쿠스(모바일 정보를 상용화하는 인간), 호모 나랜스(이야기하는 인간), 호모 쿵푸스(공부하는 인간) 등등, 다양한 라틴어 조합을 끊임없이 만들어 낼 수 있겠지만, 인간은 흙의 존재를 벗어날 수 없는 흙으로 돌아가야 하는 존재인 것이다. 백 년도 채 살지 못하는 인간의 유한함 나약함 그리고 부족함에도 불구하고 분에 넘치는 은혜로 삶을 살아간다.

기독교는 이렇게 나약하고 유한한 인간의 한계를 '원죄'라는 단어로 설명한다. 겸손해야 할 인간이지만 결코 겸손하지 못한, 겸손하기 어려운 인간의 모습을 원죄의 결과 혹은 교만이라고 표현한다. 창세기 이야기는 죄로 인해 인간과 하나님 사이의 관계가 깨졌고, 그러한 분리와 단절에서 '부끄러움'의 감정 그리고 교만과 죄책감이 마치 열린 판도라 상자에서 나오듯 넘쳐나는 것을 설명한다. 부끄러움은 깨진 자아 내부에서 두 마음의 갈등으로 인해 나타나는 감정이고, 그 깨진 자아를 스스로 메꾸어 보려는 것이 교만이며, 깨진 자아에 한없이 무기력한 것이 죄책감이다. 생태학자 로즈마리 류터는 이러한 죄의 결과, 교만에 대해서 자기중심적으로 사는 것, 즉 '다른 생명을 희생하며, 생명의 한 부분이 스스로를 높이는 것'이라고 설명한다(Gaia and God, 141).

21세기 상황에서 교만은 바로 생명의 한 부분이 다른 생명을 통제하고 지배하며, 혹은 생명을 조작하고 거래하여 스스로를 높이는 것이다. 낮추지 못하고 스스로를 높이며, 하나님이 인간에게 맡겨주신 관리와 돌봄의 직분을 지배와 통제의 허용으로 오인하고 함부로 하는 것이 교만이다. 21세기 들어 더욱 자주 그리고 더 크게 전 지구적 차원의 위기를 경험하게 되었다. 특히, 환경 재난, 기후 변화, 전염과 오염 등, 여러 문제가 일상의 삶에 가깝고 깊게 들어와 있다. 환경오염은 매일 아침 미세먼지를 확인하게 하며, 삶을 불안하게 한다. 지구 온난화로 빙하가 녹아내리고, 혹서와 혹한을 경험하게 된다. 선진국들은 온난화를 막아보려고, 자동차 배기가스 이산화탄소를 줄이기 위해 옥수수를 태워 바이오연료를 만든다. 지구 한쪽에서는 곡식이 없어 진흙으로 배를 채워야 하는데, 다른 쪽에서는 자동차 덜 타기를 하는 것이 아니라, 소위 친환경 연료라는 것을 만들기 위해 사람이 먹을 수 있는 음식을 소비하는 것이다. 이산화탄소와 함께 또 다른 지구 온난화의 주범이라는 메탄가스는 이산화탄소보다 열을 가두는 온실효과가 20-30배나 더한다고 하는데, 소의 트림에서 많이 나온다고 한다. 소고기를 덜 먹는 것이 해결이지만, 고기 소비를 줄이지 않고, 대신 메탄가스가 거의 나오지 않는다는 캥거루 위의 특수 박테리아에 주목하며, 캥거루 위를 소에 이식할 생각을 한다. 참으로 지칠 줄 모르는 인간의 욕망, 탐욕, 욕심이고, 다른 생명을 희생하며 스스로를 높이는 교만의 죄다. 이러한 상황에서 브레이크가 될 수 있는 것이 바로 겸손의 덕이다.

겸손은 사전적으로 자기를 낮추는 태도를 의미하고, 신명기 성경 말씀에 의하면 '만나를 주신 하나님을 기억하는 것'이다. 즉 '만나를 주심으로 낮추시며,' 사람이 먹는 것만으로 사는 것이 아니라 주님의 입에서 나오는 말씀으로 산다는 것을 깨닫는 것이다. 원죄라는 말이 인간의 한계를 표현하는 말이라면, 신명기 본문은 불가피한 인간의 한계와 함께 불가항력의 하나님의 은혜를 강조한다. 즉 하나님은 인간에게 만나를 먹이시며, 낮추시고, 말씀으로 산다는 것을 친히 알려 주신다. 이러한 신명기 말씀은 바로 예수 그리스도가 금식 후 사탄의 시험을 물리친 이야기를 소환한다. 예수 그리스도는 40일 금식 후에 다시 한번, 사람이 먹는 것으로만 사는 것이 아니라 주님의 입에서 나오는 말씀으로 산다는 것을 깨우쳐 주신다. 굶주리고 힘든 시절 만나를 통해 먹이시며 겸손하게 하신 은혜를 기억하는 것이 편리의 유혹을 이기고 올곧게 사는 길이다. 겸손의 덕은 나보다 남을 낮게 여기는 것으로서, 다툼이나 허영으로 살지 않게 하며, 피조물 모두가 한데 어울려 생명을 골고루 나누며 살게 한다(빌 2:3).

낮은 위치에서 모든 다른 생명 종을 존중하며, 자신을 높이려 하지 않고 더불어 살아가는 것이 21세기 전 지구적 차원의 위기를 극복하는 길이고, 그것이 겸손의 미덕이다. 이러한 겸손은 공존의 지혜로서, 새롭고 급진적인 정의의 실현을 전망하게 한다.

．．．

1. 다툼이나 허영이 아닌 겸손으로, 나보다 남을 그리고 타자로 여겨졌던 자연을 더 낮게 여기며, 소나무, 풀 한 포기, 새들을 바라보는 새로운 시각을 갖는 습관에 대해 생각해 봅시다.

2. 21세기 겸손을 실천하는 방식은 어떤 것이 있을까요? 자동차 덜 타기, 고기 덜 먹기 그리고 또 할 수 있는 일들에 대해 생각해 봅시다.

겸손으로 '우분투'

백영민*

누구든지 자기를 높이면 낮아질 것이요, 자기를 낮추면 높아질 것이다.
【누가복음 14:11】

겸손은 크리스천 신앙의 첫 번째이자 마지막 자세다. 프랑스의 크리스천 철학자 파스칼은 그의 책 [팡세]에서 인간을 "생각하는 갈대"라고 표현하며, 인간이 어떤 생각을 가질 때 온전한 신앙인으로 살 수 있는가를 이렇게 설명한다. "세상에는 두 종류의 사람이 있을 뿐이다. 하나는 자기를 죄인이라고 자백하는 의인(義人)이 있고, 또 하나는 스스로 죄가 없다고 생각하는 죄인(罪人)이 있다!" 이 말은 성서의 야고보서 4장 10절에 나오는 "주님 앞에서 자신을 낮추십시오 그리하면 주님께서 여러분을 높여주실 것입니다"라는 말씀과 일치함을 알 수 있다.

우리는 지금 자기 PR(Public Relations), 즉 자기 홍보의 시대를 살고 있다. 자신의 능력을 과시하는 이력서, 자신이 왜 이 학교에

* 연세대학교 교수, 송도글로벌교회 목사, 연합감리교회 고등교육국

들어갈 수준을 갖추었는지를 증명하려는 자기소개서 등은 우리가 이 치열한 경쟁 사회 속에서 도태되지 않고 남들보다 앞서 있다는 것을 증명하려는 싸움인 것이다. "내가 쟤들보다 더 나아요!"라고 외쳐야 살아남는 시대인 것이다. 이것이 우리만의 문제일까? 아마 예수님의 시대도 그리 다르지 않았을 것이다. 성경을 보면 늘 차분하셨던 예수님답지 않게 폭력적으로 보일 만큼 상을 뒤엎으시고, 폭언에 가까운 비난을 참지 않으셨던 적이 있었다. 바로 성전의 장사꾼들이 시끌벅적하게 서로 "내 물건이 저 사람들 것보다 훨씬 더 좋아요!" 하며 고래고래 소리 지르고 있을 때, 바리새파와 율법학자들이 겉으로는 근엄하게 있으면서 율법적으로 자신들이 남들보다 더 훌륭함을 은근히 떠벌리고 다닐 때였다. 이들을 대하시는 예수님은 사랑의 화신이 아닌 분노의 화신이셨음은 우리가 겸손을 생각할 때 꼭 기억해야 할 대목일 것이다.

그렇다면 겸손하지 못함, 즉 교만은 어디서 오는가? 아마도 내가 그만큼 노력했으니 그만한 특권을 누릴 자격이 있다는 생각에서 올 것이다. 남들보다 더 노력해서 이 위치에 올랐고, 이만큼의 재산을 쌓았으니 당연히 그만한 대우를 받아야 한다고 여기는 것이다. "난 이런 사람이야"를 보여줌으로 나를 다르게 대우해 달라고 은근히 압력을 넣는 것이다. 이런 사람들에게 겸손은 그저 실력 없는 찌끄러기들이 보이는 자신 없음의 표현인 것이다. 과연 우리는 어떻게 이런 생각을 신앙을 통해 바꿀 수 있을까?

17세기 영국의 수학자요 물리학자인 아이작 뉴턴(Issac Newton)은 만유인력과 운동법칙을 중심으로 한 뉴턴 역학으로 수천 년 이어 오던 과학의 흐름에 혁명을 일으키며 근대과학의 문을 연 천재로, 의

심 없이 인류 역사상 가장 영향력 있는 인물로 여겨지는 사람이다. 당시 외계인 같은 천재 소리를 듣던 뉴턴에게 한 기자가 이런 질문을 던졌다. "당신은 얼마나 대단한 사람이기에 이런 업적을 이룰 수 있었습니까?" 기자는 그 어떠한 교만스러운 대답도 기쁘게 받아들일 준비가 되어 있었지만, 역사를 바꾼 천재의 대답은 그의 예상을 완전히 빗나갔다. "저는 그저 지금까지 헌신하며 과학의 명맥을 이어왔던 학자들이라는 거인의 어깨를 잠시 빌려 올라서서, 조금 멀리 볼 수 있었을 뿐입니다."

그는 자신의 모든 업적이 혼자 이룬 것이 아니라 이전부터 그 연구를 해왔던 수많은 학자의 공로라며, 자신의 성취는 너무나 많은 사람에게 빚을 지고 있음을 인정하는 겸손의 자세를 보여주었다. 그렇다. 교만을 넘어서는 겸손은 바로 내 것이 나만의 노력으로 이루어지지 않았음을 인정하는 데에서 온다.

다른 이야기를 들어보자. 한 유명한 화가가 멋진 산과 물을 그린 풍경화를 경매에 부쳤다. 수천만 원에 낙찰이 끝나고 돈을 챙겨 떠나는 화가에게 한 사람이 물었다. "왜 돈을 다 챙겨서 가시오?" 화가는 어이가 없다는 듯 "내가 직접, 나 혼자 그린 내 그림을 판 돈인데, 내가 다 가져가는 게 뭐가 문제요?" 하며 짜증스러운 대답을 했다. 그러자 그 사람은 "이게 진짜 100% 당신 것이 맞소?"라고 물으며 이렇게 말했다고 한다. "물론 당신이 그린 것은 맞소. 하지만 그림 안의 수많은 나무를 다 당신이 심은 거요? 흐르는 아름다운 물은 당신이 틀어놨소? 물이 깨끗해 보이던데 저 물이 저렇게 맑도록 쓰레기 하나라도 청소해 봤소? 그건 그렇다고 칩시다. 그럼 당신이 그림을 그린 저 만 원짜리 종이는 당신이 만들었소? 붓은? 물감은?

정당한 돈을 내고 샀다고요? 좋소. 그럼 내가 그 돈을 줄 테니 그렇게 만들어 보시오!" 그렇다. 조금만 생각해 보면 그 그림 중 화가의 몫은 전체의 작은 부분에 불과한 것이다. 하나님이 대자연을 창조하셨다면, 자연의 신비는 그 산에 나무를 생겨나게 했고, 누군가는 수천 년 수만 년을 거쳐 그 나무들을 가꾼 것이다. 맑은 물이 흐르도록 자연의 정화 작업이 있었고 또 누군가는 그것을 관리해 왔다. 오래전 누군가는 종이를 발명했고 또 누군가는 그 기술을 발전시켜 그림을 그릴 만한 종이의 질을 완성했고, 수많은 장인의 노력이 한 필의 붓과 물감 안에 녹아있는 것이다. 이렇게 생각하면 과연 화가는 그 그림을 '내' 것이라고 말할 수 있을까?

20세기 최고의 기독교 변증가 C.S. 루이스는 그의 명저 『순전한 기독교』와 『교만에 대하여』라는 책을 통해 "교만은 모든 죄의 근원이다. 교만을 넘어서는 진정한 겸손은 나를 낮추는 것을 넘어, 내가 없어질 때 비로소 온전히 이루어진다"라고 설명하고 있다. 내가 없어지는 겸손이란 바로 내가 모든 것을 이룬 것이라는 이기적 자아가 없어지고 나 자신을 포함한 나의 모든 것이 하나님의 은혜로, 창조세계의 도움으로, 수많은 누군가의 덕택으로 함께 이루어져 왔고, 이루어져 가고 있음을 인정하는 것이다. 홀로 떨어진 내가 있는 것이 아니라, 함께 얽혀진 관계 속에 빚진 나를 찾아 감사하는 것이다.

남아프리카의 성공회 주교 데스몬드 투투는 남아공의 인종 갈등을 해결한 [진실과 화해 위원회]를 이끌어 노벨 평화상을 받았다. 그는 무자비했던 백인들의 아파르트헤이트(Apartheid) 정책으로 40년간 피해받은 피해자와 가해자를 용서와 화해로 이끌었는데, 그 핵심에는 두 가지 믿음이 있었다. 첫째는 모든 사람은 "하나님의 형상"으로 만들어졌기에 그 선한 마음을 잘 일깨워만 주면 결국은 생명을 살리는 선택을 하게 된다는 기독교적 믿음이었고 둘째는 "나는 우리다"(I am because we are)라는 남아프리카의 '우분투' (Ubuntu) 전통에 대한 믿음이었다. 우분투 정신이란 우리의 삶은 혼자가 아니라 서로 연결되어 있기에 남의 불행은 결국 나의 불행이 되고 남의 행복은 결국 나의 행복이 된다는 생각이다. 우분투를 실험으로 경험한 한 영국 기자가 아프리카 아이들을 모아 줄을 세우고 반대쪽에 맛있는 딸기를 가득 채운 광주리를 놓았다. 그리고 "제일 먼저 도착하는 사람이 딸기를 먼저 먹는 거야"라고 말한 후에 달리기 시합을 시켰다. 그중에서 당연히 몸집이 크거나 나이가 많은 아이들이 먼저 딸기 광주리에 도착했는데 놀랍게도 딸기에 손을 대지 않고 기다리다가 마지막에 어리고 약한 아이가 도착하니 함께 딸기를 나누어 먹더라는 것이다. 기자가 신기해서 먼저 도착했던 아이들에게 왜 먼저 먹지 않았냐고 물었더니 아이들이 서로의 얼굴을 보고 웃으며 다 함께 "우분투"라고 크게 외쳤다고 한다. 그렇다. 나의 승리에 따른 피해자가 불행하면 결국 모두 불행하게 됨을 알기에 내 특권을, 나 혼자 차지하는 교만을, 나의 욕심을 없애고 즉 겸손으로, 모두가 행복해지는 길을 선택하는 것이다.

　그러기에 신심 깊은 크리스천은 늘 "나의 나 된 것은 다 하나님 은혜라"라고 고백한다. 나의 수고와 노력보다 더 큰 무엇이 있었다는 신앙인의 겸손한 고백인 것이다. 그 하나님의 은혜중 가장 큰 은혜는 하나님의 창조세계인 대자연이 베푼 은혜일 것이다. 오늘도 내가 살 수 있음은 무조건적인 하나님의 사랑처럼 수천 년 수만 년을 불평 없이 묵묵히 그 자리에서 우리의 삶을 채워 준 대자연이 자신의 모든 것을 우리에게 나누어 주었기 때문일 것이다. 요즘 벌어지는 자연재해를 보면 마치 인간이 죄 없는 하나님의 아들 예수를 십자가에 매달아 고통스럽게 죽게 한 것처럼, 대자연을 십자가에 매달아 고문하면서 죽기를 기다리는 느낌이다. 인간은 이 대자연에 엄청난 빚을 진 자들이요, 우리의 삶은 자연과 뗄 수 없는 우분투의 인연을 가진 관계임을 하루빨리 깨달아야 할 것이다. 교만하게 자기를 높이는 자는 낮아져 멸망할 것이고, 겸손하게 자기를 낮추는 자는 높아져 살게 될 것이다! 아멘.

• • •

1. 위에 언급된 화가처럼 '내가 한 것이니 모두 내 것'이라고 생각되는 한 가지를 골라 그것이 이루어지기 위해 필요했던 수많은 도움을 (내가 빚진 것들을) 차근차근 나열해 보세요.
2. 아프리카 아이들의 '우분투' 이야기를 통해 내가 지금 하나님의 창조세계에 부리고 있는 교만은 무엇인지 생각해 보고 그것을 겸손으로 바꿀 구체적인 사례를 생각해 보세요.

동료 피조물들의 소리를 경청하는
신앙인의 삶

이성호[*]

> 하늘은 하나님의 영광을 드러내고, 창공은 그의 솜씨를 알려 준다.
> 낮은 낮에게 말씀을 전해 주고, 밤은 밤에게 지식을 알려 준다.
> 그 이야기 그 말소리, 비록 아무 소리가 들리지 않아도
> 그 소리 온 누리에 울려 퍼지고, 그 말씀 세상 끝까지 번져 간다.
> 【시편 19:1-4】

'경청'이란 무엇인가? 사전적 의미로는 다른 사람의 말을 귀 기울여 주의 깊게 듣는 것을 말한다. 그런데 이 단어의 '경'에 해당하는 한자는 기울인다는 뜻을 가진 '傾'이다. 이 한자는 우리가 누군가의 말을 주의 깊게 들으려 할 때 몸을 상대방으로 향하여 자연스럽게 숙이는 모습을 담고 있다. 여기에는 대화하는 상대방에 대한 관심과 애정이 담겨 있다고 여겨진다.

사람이 많은 광장에서도 부모는 자녀의 모습, 자녀가 외치는 소

---

[*] 연세대학교 연구교수

리를 한 번에 알아챌 수 있다. 이는 자녀를 늘 돌봐왔고 부모와 자녀가 애정으로 연결되어 있기 때문일 것이다. 그런데 오히려 조용한 집 안에 있어도 부모가 자녀의 이야기를 경청하지 못할 때도 많다. 부모가 직장 일과 가사 일에 바빠서 그럴 수도 있지만, 대개는 자녀의 속 이야기와 고민을 진심으로 들어줄 마음 자세가 되어 있지 않기 때문이다. 이러한 일이 반복되면 아이들은 부모를 향한 마음을 닫게 되고 결국 가정불화로 이어지기 십상이다. 이에 대해 많은 교육전문가, 상담 전문가들은 자녀의 이야기를 우선 경청해주는 일을 공통적으로 부모에게 요청한다. 이러한 경청의 해법은 가정 내 인간관계뿐만 아니라 직장과 친구 등 다른 인간관계에서도 동일하게 적용된다. 상대방의 이야기에 공감해주고 그들의 고민을 이해해줄 때 깊은 관계가 맺어지고 회복과 치유가 일어난다. 함께 기뻐하고 함께 슬퍼하는 것이 그리스도인의 소중한 덕목임을 우리는 잘 알고 있다(롬 12:15).

사실, 우리가 살아가는 시대의 가장 큰 아픔 중의 하나는 환경파괴로 말미암아 지구 생태계와 그 안에 살아가는 수많은 생명이 겪는 고통과 아픔이다. 지난 수 세기 동안 인간 문명의 급속한 산업화와 과도한 에너지 사용으로 지구 생태계는 광범위하게 파괴되고 헤아릴 수 없는 생물종들이 매우 빠른 속도로 멸종하고 있다. 지구 온난화로 인한 기후변화를 십 년 안에 막지 못하면 금세기 내 인류생존까지 위협할 것으로 예상된다. 이런 상황 속에서 우리는 온전한 관계를 만드는 '경청'이라는 가치를 인간 사이의 관계를 넘어 인간과 자연(생태계 혹은 생명체)의 관계로 확장할 필요가 있다.

자연은 자신의 소리를 내고 있다. 우리가 그것을 듣지 못할 뿐이다. 이 글의 주제 성구인 시편 19편 말씀도 이를 드러내고 있다. 한 마디로 자연 만물은 하나님의 영광을 드러내고 있고 그 말씀을 온 세상에 전파하고 있다는 말씀이다. 특별히, 3-4절에 "그 이야기 그 말소리 비록 아무 소리가 들리지 않아도 그 소리 온 누리에 울려 퍼지고, 그 말씀 세상 끝까지 번져 간다"라는 구절을 눈여겨보게 된다. 얼핏 보기에 3절과 4절은 굉장히 모순된 말씀이다. 말소리가 들리지 않는데 어떻게 소리가 온 누리에 울려 퍼지는가? 사실 3절에 나오는 '말소리'는 인간의 언어를 가리킨다면 4절에 나오는 '소리'와 '말씀'은 하나님의 말씀을 의미한다.

여기서 우리는 하나님의 말씀(전파)을 사람이 독점하지 않는다는 성서의 증언을 발견하게 된다. 인간의 인지적, 언어적 한계 때문에 들을 수 없지만, 하나님은 인간 아닌 피조물에게 자신의 메시지를 전하고 그들은 그 말씀을 온 우주 만물에 알리고 드러낸다고 이해해볼 수 있다.

사람들의 관계 속에서 상대방의 목소리를 듣지 못하는 모습도 유비적으로 인간과 자연의 관계에 적용해 볼 수 있다. 다른 이의 이야기, 꿈, 아픔을 내 이기심과 욕심 때문에 무시하고 내 생각을 강요하는 것처럼, 우리는 그동안 동료 피조물과 피조세계가 내는 소리를 들으려 하지 않았고 우리의 욕심대로 행동해왔다. 하나님이 만물을 창조할 때 '보시기에 좋았더라'라고 말씀하면서 그들을 귀하게 여겨주셨는데 우리 인간은 욕심을 채우기 위해 동료 피조물들이 느낄 고통과 아픔을 애써 무시하고 보호받아야 할 삶의 영역과 권리를 거침없이 훼손해왔다. 그러나 성서의 하나님은 노예로 비참한 삶을 살았던 백성들의 울부짖음을 들으실 뿐 아니라(출 3:7)

모든 피조물이 고통 속에 탄식하는 소리를 들으시는 분이시다(롬 8:22).

이제 우리는 하나님이 잘 지내라고 맺어주신(창 2:19) 동료 피조물과의 선한 관계를 회복하기 위해서라도 그들의 소리를 경청하기 시작해야겠다. 어떻게 그들의 소리를 듣고 그들의 입장이 될 수 있는가? 비록 인간의 한계로 다른 피조물이 될 수는 없겠으나 현대 자연과학으로부터 간접적으로 다른 피조세계를 이해하는 데 많은 도움을 받을 수 있다. 최근의 생태학, 동물행동학, 과학기술학 등의 분야들은 인간이 자연 만물과 깊이 연결되어 있으며 그들 없이는 우리가 생존조차 할 수 없음을 보여주고 있다. 더불어 생태계 내 인간 외 존재들도 고유한 삶의 영역을 가진 행위자이며 고통을 느낄 수 있는 존재임을 드러내고 있다. 그렇지만 우리가 더 쉽게 자연을 경청할 수 있는 길은 자연을 직접 만나는 경험이다. 물론 도시인들에게 쉽지 않은 일이다. 필자도 아침에 새소리를 들으며 잠을 깬 적이 언제인지 기억나지 않을 정도이다. 하지만 개인적으로 그리고 사회적으로, 이러한 척박한 삶에서 매일 자연과 어울려 살아간다는 느낌을 받고 살아가는 환경으로 바꾸어 가야 한다.

마지막으로 현재 우리의 삶에 직접 영향을 미치는 코로나19나 기후변화 같은 재난 상황을 반성하며 피조물의 소리를 듣는 경험을 할 수 있다. 인간 아닌 피조세계의 입장에서 생각해 보면 코로나19와 기후변화는 생태계 파괴에서 고통받는 동료 피조물들의 울부짖음이자 인간 문명을 향한 경고로 해석될 수 있기 때문이다. 경청이라는 말뜻 그대로 우리도 우리의 몸을 자연 만물을 향해 기울여보자. 그러나 그 전에 우리의 욕심을 내려놓아야 우리의 몸이 쉽게 기울어질 것이고 우리 마음의 귀가 열릴 것이다. 어린 자녀와 대화할 때 우리의 무릎을 굽히듯이, 우리의 몸을 낮춰 무릎을 꿇을 때야 자연의 시선을 마주할 수 있다. 그러면 그들의 진정한 목소리를 들을 수 있으며 나아가 시편 19편 말씀에 나오듯이 하나님의 말씀을 들을 수 있다.

기도

만물을 창조하시고 돌보시는 하나님, 지금도 주님께서는 우리뿐 아니라 당신의 피조물 하나하나의 삶을 살펴보시고 그들의 이야기와 목소리를 듣고 계신 줄 압니다. 우리의 귀도 열어주셔서 이웃 생명들의 이야기를 듣고 그들의 삶을 돌아볼 수 있는 온전한 그리스도인들이 되게 하옵소서. 모든 생명을 구원하러 오신 예수님의 이름으로 기도드립니다. 아멘.

・・・

1. 내 주변 혹은 우리 사회에서 자연의 소리(삶의 이야기)에 경청하는 것을 막는 건 어떤 것들이 있는지 함께 생각해 봅시다.
2. 소극적인 의미에서 동료 피조물 소리를 듣지 못하게 하는 것을 극복하려면 그리고 적극적인 의미에서 동료 피조물 소리를 듣고자 한다면 어떤 실천(수행)을 하는 것이 좋을까요? 개인적 차원, (교회) 공동체 차원, 사회적 차원으로 나누어 이야기해 봅시다.

온 마음으로 경청하는 나 그리고 공동체

이강학 *

하늘은 하나님의 영광을 드러내고, 창공은 그의 솜씨를 알려 준다.
낮은 낮에게 말씀을 전해 주고, 밤은 밤에게 지식을 알려 준다.
그 이야기 그 말소리, 비록 아무 소리가 들리지 않아도
그 소리 온 누리에 울려 퍼지고, 그 말씀 세상 끝까지 번져 간다.
【시편 19:1-4】

    경청이란 무엇인가? 경청(傾聽)은 한자가 잘 표현하고 있듯이 몸을 기울이고 눈을 맞추며 마음을 집중하여 귀로 듣는 것이다. 경청은 듣고 싶은 마음이 있어야 가능하다. 듣고 싶지 않을 때 경청하기는 매우 어렵다. 그러므로 경청하려면 먼저 내 마음을 잘 관리해야 한다. 먼저 들어야 하는 이유가 납득되어야 한다. 그리고 들을 때 잡념에 휘둘리지 않고 주의를 집중하는 훈련이 되어 있어야 한다. 듣는 것을 좋아하는 사람도 다양한 욕심과 호기심으로 인해 주의가 분산되면 제대로 경청할 수 없다. "가시떨기에 뿌려졌다는 것

---

* 횃불트리니티신학대학원대학교 부교수

은 말씀을 들으나 세상의 염려와 재물의 유혹에 말씀이 막혀 결실하지 못하는 자요"(마 13:22). 누구든지 염려, 욕심 그리고 호기심 등과 같은 분심이 일어나면 마음이 혼란스러워져서 집중하기 힘들다. 그러므로 경청을 잘하려면 일상 속에서 마음을 차분하고 고요하게 유지하는 훈련이 필요하다.

또한 경청은 실천할 준비를 하고 듣는 것이다. 들은 내용에 순종하며 살 준비를 하고 듣는 것이다. 경청의 완성은 순종하여 실천하는 데 있다. 순종하여 실천하지 않으면 결과적으로 경청한 것이 아니다. 예수님은 산상설교에서 말씀을 듣고 실천하는 것을 매우 강조하셨다. "그러므로 누구든지 나의 이 말을 듣고 행하는 자는 그 집을 반석 위에 지은 지혜로운 사람 같으리니 비가 내리고 창수가 나고 바람이 불어 그 집에 부딪히되 무너지지 아니하나니 이는 주추를 반석 위에 놓은 까닭이요 나의 이 말을 듣고 행하지 아니하는 자는 그 집을 모래 위에 지은 어리석은 사람 같으리니 비가 내리고 창수가 나고 바람이 불어 그 집에 부딪히매 무너져 그 무너짐이 심하니라"(마 7:24-27). 실제로 많은 사람이 읽고 들은 것이 많음에도 불구하고 삶의 열매가 없는 것은 읽고 들으며 깨달은 것에 순종하지 않고 실천하지 않기 때문이다.

경청은 왜 해야 할까? 첫째로, 우리는 살기 위해서 경청한다. 구약의 이스라엘 백성들이 자녀를 교육할 때 가장 강조한 것은 듣는 것(쉐마)이었다. "이스라엘아 들으라 우리 하나님 여호와는 오직 유일한 여호와이시니"(신 6:4). 그 당시에 하나님의 말씀을 듣는 것은 새로 정착하게 될 '젖과 꿀이 흐르는 땅'인 가나안에서 생존이 달린 문제였다. "너희는 귀를 기울이고 내게로 나아와 들으라 그리하면 너희의 영혼이 살리라"(사 55:3). 예언자를 통해 하나님의 말씀을 듣는 것은 나라가 풍전등화의 운명에 놓여있어도 생존이 가능한 길을 찾는 행위였다.

둘째로, 우리는 살리기 위해서 경청한다. 미하엘 엔데의 소설『모모』에서 모모가 지닌 유일한 특기는 경청이었다. 모모는 경청을 통해 진정한 친구를 사귀었을 뿐만 아니라 친구들과 마을 사람들이 삶의 기쁨을 회복하고 삶의 의미를 발견할 수 있도록 도와주었다.

> 모모는 어리석은 사람이 갑자기 아주 사려 깊은 생각을 하게끔 무슨 말이나 질문을 해서가 아니었다. 모모는 가만히 앉아서 따뜻한 관심을 갖고 온 마음으로 상대방의 이야기를 들었을 뿐이다. 그리고 그 사람을 커다랗고 까만 눈으로 말끄러미 바라보았을 뿐이다. 그러면 그 사람은 자신도 깜짝 놀랄 만큼 지혜로운 생각을 떠올리는 것이었다.… 모모는 결정을 내리지 못하거나 어떻게 해야 할지 모르는 사람들이 문득 자신이 무엇을 원하는지 정확하게 알 수 있게끔, 그렇게 귀 기울여 들을 줄 알았다.[1]

모모의 경청하는 태도를 눈여겨보라. "가만히 앉아서 따뜻한 관심을 갖고 온 마음으로" 상대방의 이야기를 들어주면 상대방이 치유되고 회복된다. 놀랍게도 모모의 경청하는 태도는 사람뿐만 아니라 자연을 향해서도 일관되었다: "모모는 이 세상 모든 것의 말에 귀를 기울였다. 개, 고양이, 귀뚜라미, 두꺼비, 심지어는 빗줄기와 나뭇가지 사이를 스쳐 지나가는 바람에도 귀를 기울였다. 그러면

---

1 미하엘 엔데/한미희 역,『모모』(서울: 비룡소, 2010), 23.

그들은 각각 자기만의 독특한 방식으로 모모에게 이야기를 했다."[2] 모모의 경청은 대상을 불문하고 표현되는 자연스러운 삶의 태도였다는 것을 알 수 있다.

모모처럼 자연을 대상으로 경청하면 무슨 일이 일어날까? 첫째, 자연은 우리에게 하나님의 말씀을 들려준다. 일찍이 기독교 교부들에게 자연은 하나님의 말씀을 들려주는 두 번째 책으로 여겨졌다. 우리가 자연을 경청하면 자연은 우리에게 하나님이 어떤 분이신지를 가르쳐준다. 하나님의 피조세계인 자연에는 하나님의 지혜가 담겨있고, 하나님의 아름다움이 스며들어 있으며, 하나님의 능력이 느껴진다. 자연을 관통하며 낮에서 낮으로 밤에서 밤으로 흐르는 하나님의 말씀을 경청하는 영성 훈련이 자연 묵상이다.

둘째, 자연을 경청할 때 우리는 자연과 우리가 하나님의 피조물로서 형제자매임을 인식하게 된다. 대표적인 자연의 영성가인 아씨시의 프란치스코는 "태양의 찬가"에서 자연의 대상들을 형제자매로 인식하고 있다.

저의 주님, 당신은 찬미 받으소서. 당신이 지으신 모든 [피조물]에게서 찬미를 받으소서. 특별히 형님인 태양에게서 찬미를 받으소서. 태양을 낮이 되게 하시어 저희에게 빛을 주시었사오니, 태양은 아름답고 찬란한 광채를 띄우나니, 당신의 모습을 지니고 있는 까닭이나이다.

저의 주님, 당신은 찬미를 받으소서. 누님인 달과 별들에게서 찬미를 받으소서. 맑고 빛나고 사랑스럽게 하늘에 그들을 지으신 분은 당신이시나이다.[3]

---

2 엔데, 『모모』, 31.

프란치스코의 영성은 자연과의 관계에서 인간의 역할을 청지기에서 형제자매로 진일보시켰다. 자연을 경청하면 자연에 대한 형제애를 느끼게 된다.

마지막으로, 자연을 경청할 때 우리는 자연의 탄식 소리를 들을 수 있다. "피조물이 다 이제까지 함께 탄식하며 함께 고통을 겪고 있는 것을 우리가 아느니라"(롬 8:22). 우리가 진즉 자연의 탄식 소리를 듣고 공감할 수 있었다면 지구 온난화로 말미암은 기후위기나 코로나와 같은 감염병을 예방할 수 있었을 것이다. 자연을 경청하는 사람은 더욱 민감한 생태적 감수성을 지니게 된다.

하나님은 우리에게 경청을 요구하셨지만, 다른 한편으로 성경은 우리의 기도를 경청하시는 하나님을 증언하고 있다. 경청의 대표적인 모델은 예수 그리스도이시다. 복음서를 읽어보면 예수님은 상대방의 마음을 다 아셨음에도 불구하고 "무엇을 원하느냐?"라고 질문하신 후에 답변을 기다리고 경청하신다. 상대방이 자기 마음을 성찰해보고 내면의 갈망과 감정을 알아차리고 표현할 수 있도록 도와주신 것이다. 예수님처럼 상대방을 있는 그대로 수용하며 사랑으로 경청할 수 있도록 연습하고 기도하는 것은 모든 기독교인이 당연히 지녀야 할 태도이다.

• • •

1. 기독교인에게 경청이 왜 중요한지 하나님과의 관계, 다른 사람과의 관계 그리고 자연과의 관계 안에서 생각해 봅시다.

---

3 류해욱 역. http://francis.or.kr/xe/675.

2. 경청하는 나 그리고 경청하는 교회공동체를 형성하기 위해 어떤 노력이 필요한지 생각해 봅시다.

고통에서 자유로의 공감

송용섭 *

> 그것은 곧 피조물도 썩어짐의 종살이에서 해방되어서,
> 하나님의 자녀가 누릴 영광된 자유를 얻으리라는 것입니다.
> 모든 피조물이 이제까지 함께 신음하며,
> 함께 해산의 고통을 겪고 있다는 것을, 우리는 압니다.
> 【로마서 8:21-22】

사람들은 과거에 한 번도 지구 전체의 안녕에 관해 생각할 의무를 가지지 않았다. 전에는 이런 과제가 요구되지 않았으나 이제 그것은 우리에게 요구되고 있다. 우리 그리스도인들은 지구가 우리 앞에 설정한 의제에 ―공적이고 예언적인 방법으로― 참여해야 한다. "세상을 이처럼 사랑하신"(요 3:16) 우리의 하나님이 원하기에 우리는 거기에 참여해야 한다(샐리 멕페이그/풍성한 생명, 313).

신학은 자연이 선하게 창조되었음을 고백한다. 철학이나 과학

---

* 영남신학대학교 교수

이 자연을 그저 있는 것으로 이해하여, 자연이 창출하는 모든 것을 선하지도 악하지도 않은 것, 인간의 도덕적 가치판단 영역 이외의 것으로 여긴다면, 신학은 자연이 선하게 창조되었으나, 인간의 죄로 말미암아 함께 타락하게 된 것으로 고백한다. 즉, 성서에서 자연은 선하게 창조되었지만, 인간의 죄로 말미암아 함께 저주를 받았기에(창 3:14, 17), 탄식하고 고통당하며 구원을 기다리고 있다(롬 8:22-23).

공감은 다양하게 정의될 수 있겠지만, 성서는 주로 타자의 고통에 대한 정서적 반응인 불쌍히 여김(compassion)으로 표현하고 있다. 이때, 타자의 고통에 대한 공감(compassion)이 나타나는 곳에는 곧이어 치유나 회복이나 구원이 뒤따르거나, 이에 대한 약속과 소망이 나타난다. 예를 들어, 구약성서에서 하나님은 고통받는 이스라엘의 신음 소리를 듣고 불쌍히 여기셔서 그들을 원수의 손에서 구원해주셨다(삿 2:18). 또한, 하나님이 포로로 잡혀간 이스라엘 백성을 불쌍히 여기셨을 때, 그들은 본향으로 돌아가리라는 약속을 받는다(렘 42:12). 신약성서에서도 예수는 고통당하는 병자들의 소리를 듣고 불쌍히 여기셔서 그들을 고치셨고(마 20:34, 막 1:41), 먹지 못한 광야의 무리를 불쌍히 여기셔서 그들을 먹이셨다(마 15:32).

성서에서 하나님은 이스라엘과 온 인류를 넘어 '이 세상'을 사랑하셔서 아들을 보내시고 구원하려 하시는데(요 3:16-17), 이는 죄로 인해 죽을 수밖에 없는 이 세상의 고통에 대한 하나님의 공감적 반응으로 이해할 수 있다. 따라서, 하나님이 창조하신 피조물은 함께 탄식하며 고통당하고 있으나, 이제 자유와 구원의 때를 기다리고 있다(롬 8:21-23). 죄인인 인간은 오늘날에도 '이 세상'을 착취한다. 인간의 죄로 말미암아 선하게 창조되었던 자연은 저주받고 고통 속에 신음하고 있다.

우리 앞에 놓인 커다란 문제는 현재 지구상에서 일어나고 있는 거의 모든 종류의 악에 우리가 연루되어 있다는 것이다. 가난과 굶주림, 대학살, 민족 간 증오와 전쟁, 인종차별과 성차별, 탐욕과 매점(買占), 생물종의 감소, 삼림 파괴, 대기 및 수질 오염, 토지 파괴, 지구 온난화, 심지어 홍수와 가뭄 그리고 토네이도에 대해, 우리가 생각하든 안 하든 인간은 이제 이상의 모든 문제에 대해 직간접적으로, 많든 적든 책임이 있다(샐리 맥페이그, 299).

하지만, 동시에 인간은 하나님의 형상을 따라 지음 받은 존재로서 창조하신 자연의 청지기이자(창 1:28), 인간을 통해 오늘도 새 일을 행하시는 하나님의 동역자들이다(고전 3:9). 우리가 병들게 한 이 세상, 자연, 지구는 오늘도 우리 앞에서 고통의 신음 소리를 내고 있다. 우리가 맞이한 생태위기 시대의 공감이란 우리의 죄로 인해 함께 고통당하는 이 세상, 자연, 지구를 불쌍히 여기는 것이며, 하나님의 동역자로서 이를 치유하고 회복시키는 것이다. 이 지구는 인간이 살아가야 할 집이자, 인간의 이웃이다. 또한, 우리는 이 자연의 일부이며, 복잡한 관계성 속에서 자연에 존재하는 모든 것, 보이는 것과 보이지 않는 모든 것과 서로 얽혀 있다. 따라서, 이 지구를 치유하고 회복시키는 것은 인간을 치유하고 회복시키는 것이며,

인간의 착취로부터 지구를 자유롭게 하고 살리는 것은 나를 자유롭게 하고 살리고 구원하는 것이다.

자연은 우리의 죄로 인해 고통당하며 탄식하고 있다. 인간의 죄로 말미암아 모든 피조물이 함께 고통당하고 있기에, 이제 함께 자유를 얻어야 한다. 이것을 깨닫는 것이 공감이다. 이렇게 자연의 고통에 공감하는 것이 하나님이 사랑하신 이 세상을 우리도 사랑하고 구원하는 책임적 윤리 행위의 첫걸음이다.

• • •

1. 공감은 무엇이며 오늘날 생태기후 위기 속에서 어떠한 가치를 지니는가?
2. 코로나 팬데믹과 생태기후 위기 속에서 신학적 의미의 공감은 개인과 공동체에 구체적으로 어떠한 삶을 살아가도록 요청하고 있는가?

공감의 회복

오세조*

> 그것은 곧 피조물도 썩어짐의 종살이에서 해방되어서,
> 하나님의 자녀가 누릴 영광된 자유를 얻으리라는 것입니다.
> 모든 피조물이 이제까지 함께 신음하며,
> 함께 해산의 고통을 겪고 있다는 것을, 우리는 압니다.
> 【로마서 8:21-22】

세상이 온통 코로나19(COVID-19, 신종 코로나바이러스감염증)로 고통받고 있다. 그런데 인류는 왜 이런 고통을 받는 걸까? 도대체 누구의 잘못 때문에 이런 고통을 받아야 하는가? 코로나바이러스의 감염 매개체는 보통 박쥐로 알려져 있는데, 박쥐 때문에 인류가 고통받는 걸까? 이런 이유로 어떤 이들은 박쥐를 박멸해야 한다고 주장한다.

하지만 많은 환경학자와 생태학자들은 지금의 이 상황은 박쥐가 아니라, 인간 때문이라고 평가한다. 즉 이 팬데믹 상황의 주된 원인

---

* 목사, 생물학과 신학 전공, 팔복루터교회 담임

은 기후변화 또는 무분별한 개발과 생태계 파괴에 따른 박쥐 서식지의 파괴인데, 이런 기후변화와 생태계를 파괴하는 범인이 바로 인간이기 때문이다. 이런 이유로 일부 과학자는 우리가 살고 있는 이 지질 시대를 더 이상 '홀로세'가 아닌 '인류세'로 명명할 것을 제안한다. 환경의 영향을 받던 인류가 이제는 역으로 지구환경에 막대한 영향을 주는 것을 상기시키기 위한 제안이다.

사실 우리는 박쥐가 매개체인 바이러스를 이미 한 번 경험한 적이 있다. 2002~2003년에 유행했던 사스(SARS, 중증급성호흡기증후군)도 박쥐가 매개체인 코로나바이러스의 일종이다. 어떻게 보면 생태계는 인간에게 이미 환경 위기의 경고를 보낸 것이다. 하지만 불편함을 견디지 못하는 인간은 이런 경고를 무시했다. 이 지구상에는 엄청나게 다양한 종의 생물들이 같이 살고 있음에도 불구하고 유독 인간만이 혼자만의 편리함으로 다른 생물과 공유해야 할 지구환경을 파괴한다. 지구에 같이 살고 있는 다른 생물에 대한 '공감 능력'을 인류가 상실해 버린 것이다.

토마셀로(Michael Tomasello)라는 영장류 학자가 있다. 독일의 막스플랑크 진화인류학연구소 공동소장이기도 한 그는 자신의 책 『도덕의 기원』에서 인간 도덕의 진화를 '상호의존가설'로 주장한다. 그리고 이 가설 중 사회성 발달에 첫 번째 핵심은 '공감'이다. 물론 영장류에서 관찰되는 '공감'이 우리 인간의 것과 똑같다고는 볼 수 없으며, 인간의 도덕이 진화의 산물이냐 아니냐는 지금 이 글에서 논할 주제는 아니다. 다만, 진화의 산물이든 아니면 인간만의 독특한 정신이든 지금의 인류에게 영장류에서도 관찰되는 '공감'의 능력이 여전히 남아있는가를 묻고 싶은 것이다. 즉 지구 생태계의 일원으로서 다른 존재들을 인식하는 공감 능력이 현 인류에게 여전히 관찰될 수 있느냐는 것이다. 왜냐하면 동물은 제쳐두더라도 같은 인간, 아니 옆에 사는 이웃들을 전혀 생각하지 않는 것 같기 때문이다. 오직 나와 내 가족만이 우리의 관심 영역이 되었다. 이웃은 존재하지 않는다. 사도 바울은 로마서 8장 21-22절에서 다음과 같이 말한다.

> 그것은 곧 피조물도 썩어짐의 종살이에서 해방되어서, 하나님의 자녀가 누릴 영광된 자유를 얻으리라는 것입니다. 모든 피조물이 이제까지 함께 신음하며, 함께 해산의 고통을 겪고 있다는 것을, 우리는 압니다.

사도 바울이 동물의 존재를 어떻게 생각했는가에 대해 현재의 우리로서는 정확히 알 수는 없다. 다만 사도의 이 고백대로라면, 주님의 오심을 기다리는 것은 우리 인간만이 아니다. 피조물이라는 면에서 보면 우리도 다른 피조물처럼 똑같이 하나님의 피조물이다. 이런 점에서 동물뿐만 아니라, 식물도 친구로 부른 성 프란체스코의 영성을 현대인들이 깊이 생각해봐야 할 것 같다.

코로나19의 위기뿐만 아니라, 기후위기를 맞은 우리는 하나님의 또 다른 창조세계인 지구의 환경과 기후에 대해 우리의 DNA 안에 새겨진 공감 능력을 회복해야 한다.

영국의 유명한 과학저술가인 도킨슨(Richard Dawkins)은 우리 안의 DNA을 '이기적인 유전자'라고 부르지만, 그의 주장대로 우리 안에 이기적인 유전자만이 있었다면, 아마 인류는 이미 멸망했을 것이다. 하나님께서 우리 안에 새겨 넣으신 '이타적인 유전자', 다른 말로 표현하면, 나 이외의 존재에 대한 '공감'의 능력이 우리 인류로 하여금 지금까지 생존하게 한 것이다. 이런 의미에서 이타적인 유전자 또는 공감 능력은 진화의 산물이든 아니든 하나님이 우리에게 주신 귀한 선물임에는 틀림이 없다. 문제는 이 능력을 우리가 완전히 잃어버리느냐 아니면 지금이라도 회복할 수 있느냐이다.

그리스도교에서 중요한 것은 '관계성'이다. 하나님과 나, 하나님과 우리 그리고 나와 너, 나와 우리, 더 나아가서는 인간과 지구환경, 인간과 우주 등 우리는 관계 속에서 살아가고 있다.

『코스모스』로 유명한 세이건(Carl Sagan)은 '인간은 우주의 먼지로 구성되어 있다'고 했다. 우주의 역사 속에서 탄생하고 죽음을 맞이했던 1세대 별들의 원소들이 바로 우리 인간을 구성하고 있는 원소임을 두고 하는 말이다. 이처럼 우주와 지구환경은 우리 몸의 일부이다. 그리고 그 우주 또한 창세기 1장 1절의 선언대로 하나님이 창조하신 세계인 것이다.

이제는 우리 또한 하나님이 창조하신 세계의 한 구성원임을 겸허하게 깨닫고, 하나님이 우리에게 주신 '공감'을 발휘하여 전 지구적인 환경위기와 기후위기를 그리스도 예수 안에서 극복하도록 노력해야 할 것이다. 물론 위기 극복은 우리 노력만으로는 안 된다. 인간은 늘 자만하기 때문이다. 위대하신 창조자의 능력이 우리와 함께해야 할 것이다. 그러므로 우리는 창조주 하나님 앞에서 겸손하게 기도하며 우리 안에 있는 공감의 능력을 회복해야 한다. 그리고 그 공감의 범위는 우리 사회의 소수자를 넘어서 동물뿐만 아니라, 전 지구에 존재하는 모든 생태계의 구성요소로 확장해야 할 것이다.

●●●

1. 리처드 도킨슨이 주장하는 '이기적인 유전자'에 대해 우리 그리스도인들
   은 무엇이라고 대답할 수 있을까?
2. '우리 안에 우주가 있다'라는 말은 그리스도인들이 하나님이 창조하신 세
   상을 바라보는 데 어떤 관점을 줄까?

공생: 공-산(共-産)의 상상력

박일준*

> 하나님이 이르시되 내가 온 지면의 씨 맺는 모든 채소와 씨 가진 열매 맺는
> 모든 나무를 너희에게 주노니 너희의 먹을 거리가 되리라
> 또 땅의 모든 짐승과 하늘의 모든 새와 생명이 있어 땅에 기는 모든 것에게는
> 내가 모든 푸른 풀을 먹을 거리로 주노라 하시니 그대로 되니라
> 【창세기 1:29-30, 개역개정】

창세기를 읽다 보면, 이 구절은 대개 스쳐 지나간다. 하나님이
온 만물과 인간을 창조하시고, 이제 에덴동산의 이야기로 넘어가
는 중에 이 구절이 제시되기도 하고, 먹을거리에 관한 구절이기 때
문이다. 하지만 이 먹을거리에 관한 명령은 우리의 삶에 관한 것일
뿐만 아니라, 우리 인간과 더불어 살아가는 동물과 식물들에 관한
삶의 방식에 대한 성서의 지혜를 포괄한다. 이 먹을거리에 관한 계
명에 인간과 동물 그리고 식물이 모두 등장한다. 특별히 생물은 '먹
을 것'을 통해 생명을 유지해야 해서, 먹고 먹히는 관계 즉 포식 관

* 감리교신학대학교

계는 그들의 존재 양식의 일부이다. 먹고 먹히는 관계 그래서 사람들은 생물의 세계를 약육강식이나 무한경쟁의 세계라고 말하지만, 성서는 이 먹을거리의 관계 속에 함께 삶을 만들어나가야 할 공생의 규범을 정초하고 있다.

공생은 말 그대로 함께 살아간다는 의미이다. 함께 살아간다는 것은 생명의 과정을 통해 우리가 끊임없이 다른 존재들과 엮인다는 뜻이고, 이는 우리의 존재가 영향을 주기도 하고 받기도 하는 상호 과정에 있다는 것을 의미한다. 하지만 영향을 주고받는 이러한 관계가 언제나 선한 것만도 아니며 언제나 나쁜 것만도 아니다. 오히려 공생은 그 단어 속에 담기지 않는 어떤 불/가능성을 지시하는 말이다: 늑대와 어린 양이 함께 뛰노는 불/가능성. 함께 살아간다는 것은 우리가 살아가는 세계 속에서는 언제나 '포식 관계'를 포함한다. 즉 잡아먹는 자와 잡아먹히는 자가 존재한다는 말이다. 그러니 늑대와 어린양은 결코 함께 뛰놀 수 없다. 하지만 그 불/가능한 목표를 향해 나아가는 것, 그것이 하나님이 주신 명령이고, 바로 우리 인간과 생물의 적나라한 현실, 먹을거리를 만들어내야 하는 현실 속에서 이루어져야 한다. 채식주의를 지시하는 불/가능한 명령은 곧 우리 삶의 방향성을 말하는 것이다. 정의는 실현된 적이 없는 이상이다. 인간 사회에서 정의가 이루어진 완전한 세상은 실현된 적이 없다. 하지만 매 시대 우리는 정의로운 세상을 희구하지 않는가. 그 불/가능한 이상이 우리 삶의 방향이 되듯이, 채소와 과일을 먹고 살라는 생물학적으로 불/가능한 먹거리 문화가 성서의 하나님이 우리에게 지시하시는 더불어 살아가는 삶의 방향성이다.

그런데 이 불/가능한 방향성을 향하는 삶은 근원적으로 실패할 수밖에 없다. 인간은 동물성 단백질을 섭취해야 하는 잡식성 동물이기 때문이다. 그 실패할 수밖에 없음에도 불구하고, 결코 포기할 수 없는 삶을 향하여 나아가는 것은 무수한 난관들을 만나게 될 것임을 예고한다. 그래서 도나 해러웨이는 '공생'(symbiosis)이라는 말 대신, 공-산 혹은 '함께-만들기'(sympoiesis)라는 말을 사용했다. 움베르토 마투라나와 프란시스 바렐라는 유기체를 '자기-만들기'(autopoiesis)라고 정의한 바 있는데, 해러웨이는 이를 대안적으로 해석하여 존재한다는 것은 자기를 만들어가는 과정이 아니라 함께-만들어'가는 과정이라고 표현한다. 함께-만들어나가는 '공-산'(共-産)[1]의 삶은 목표를 달성하면서 성패를 결정하는 삶이 아니라, 불/가능한 꿈을 꾸며 우리 삶의 정의로운 방향성을 창발시키는 삶이다. 삶이란 본래부터 혼자 이룰 수 없는 것이다. 꿀벌을 유혹하는 꽃의 모습은 벌의 생식기를 닮았다고 한다. 벌은 꽃으로 다가가 꿀을 얻고, 대신 꽃가루를 묻혀 여기저기 퍼뜨리면서 꽃식물의 번식을 돕는다. 꽃과 벌의 삶은 그렇게 '얽혀'있는 것이다. 이런 얽힘의 관계가 바로 '늑대와 어린 양이 함께 뛰노는' 공생의 그림 속에 담겨있는 것이다.

하나님께서 인간을 하나님의 형상으로 만드시고, 그들에게 복을 주시고, 생육하고 번성하며, 땅에 충만하고, 땅을 정복하고, 모든 생물을 다스리라는 명령을 주시고 난 바로 다음 구절에 이 채식

---

1 공-산(共-産)이란 번역어는 최유미, 『해러웨이, 공-산의 사유』 (서울: 도서출판b, 2020)에서 유래하는데, 이 말이 자꾸 공산주의(communism)를 연상하는 발음이라 최유미도 '공-산'이라는 표기를 선택했을 것이다. 부득불 여기서도 최유미의 표기를 차용한다.

주의 본문이 명령으로 주어졌다. 그럼 우리는 채식주의자가 되어야 하는가? 성서 본문은 그런 문자주의적 해석을 의도하지 않는다. 왜냐하면 바로 다음 구절에 창세기 본문은 짐승과 새와 생명 있는 동물에게도 '풀'을 먹을 것으로 제공하신다. 늑대보고 풀만 먹고 살라고? 채식주의 본문은 초식동물에게만 '풀'을 먹을거리로 준 것이 아니라, 모든 동물에게 '풀'을 먹을거리로 주신다. 늑대와 같은 육식동물은 절대 지킬 수 없는 명령이다. 그렇다. 이 채식주의 본문은 우리에게 그리고 모든 생명에게 '불/가능한' 명령인 것이다.

그 불가능한 명령 속에 담긴 진짜 하나님의 명령은 '생명을 잡아먹는' 관계로 삶을 구성하지 말라는 것이다. 창세기 1장이 기록되던 시기는 포로기였을 것으로 추정된다. 아버지가 아들에게 본문을 암기해서 구전으로 성서를 전달해 주던 시대가 포로기를 맞이하면서 불가능해지자, 이제 성서를 기록해야 할 필요성이 대두된 것이다. 그런데 그 시기는 바빌로니아와 페르시아 제국의 시대로서 강한 나라가 약한 나라들을 잡아먹으며, 덩치를 키우던 시절이었고, 이스라엘은 그 시대에 약한 나라로서 제국에 잡아먹혀 바빌로니아에 포로로 끌려와 있다. 약육강식과 힘의 논리가 정의였던 시절, 창세기는 그 포로들에게 생육하고 번성하고 정복하고 다스릴 권리를 주신다. 그리고 그 포로들은 하나님의 형상을 부여받은 소중한 존재들로 피조되어 진다. 이는 정치적으로 매우 도발적인 본문이다. 다양한 종교들이 각 나라와 민족마다 다양하게 존재하던 시절, 멸망한 나라의 신은 그저 망해서 사라질 뿐이었다. 하지만 이스라엘은 자신들의 하나님이 전쟁에 진 게 아니라, 오히려 제국을 사용해 자신들에게 벌을 주신다고 생각했다. 게다가 본문은 모든 사람은 하나님의 형상으로 지음 받은 소중한 존재라고 말한다. 포로라 할지라도 말이다. 하나님의 형상으로 지음 받은 존재들은 하나님의 은혜 안에서 신분이 다르고, 성이 다르다고 해서 차별과 억압을 받아서는 안 된다. 이를 명확히 하기 위해 본문은 채식주의 본문을 더 한다. 하나님이 주신 정복하고 다스리라는 명령은 약한 자나 약한 나라를 잡아먹고 강한 자와 강한 나라만이 살아남아 번성하라는 명령이 아니다. 바빌론 제국의 문화는 그러했을지라도 창세기 본문의 정복과 다스림은 그러한 약육강식의 논리를 최우선으로 하지 않는다. 오히려 '채소와 과일'을 재배해서 먹으며, 다른 생명을 잡아먹지 않는 관계를 만들어나가는 삶, 그것은 바로 공생의 삶이고 아울러 공-산의 삶이다.

오늘 우리의 삶은 다른 존재들과 공생을 함께 만들어나가는데 맞추어져 있기보다는, 이 경쟁을 공정성이라는 이름하에 이겨서 다른 존재들을 짓밟고 위에 서는데 맞추어져 있다. 그것은 곧 아무리 공정하더라도 우리 모두를 무한경쟁과 약육강식의 틀 속에 가두어두는 일이다. 하지만 생명의 포식 관계는 생태적 균형 하에 작동한다. 이는 생태계가 전해주는 지혜이다. 무한성장을 꿈꾸며 달려가는 자본주의라는 진보의 기계는 이 '생태적 균형'을 망각한다. 그래서 우리의 문명은 퇴로 없는 실패를 향해 달려가는 중이다. 우리는 자본주의적 삶의 양식이 결국 모두를 망하게 만들리라는 것을 기후변화와 생태계 위기 그리고 팬더믹을 통해 가장 분명하게 체감하고 있다. 창세기는 그 자본주의적 실패와 폐허 위에서 채식주의적 삶, 즉 살생하지 않는 삶, 잡아먹지 않는 삶을 만들어가라고 하나님의 명령으로 강권하고 있다. 기후변화와 생태와 팬더믹의 위기 속에서 우리는 이제 생물과의 공생뿐만 아니라 우리가 마구 소비하는 물질 혹은 사물들과의 공생도 일구어 나가야 한다는 사실을 자본주의의 끝자락에서 뼈저리게 절감한다. 하나님은 이런 우리에게 채소와 열매만을 먹으라고 명령하신다. 우리의 생존을 위해 생명을 취하려거든, 가급적 다른 생물과 생명을 취하여 잡아먹지 말라는 것이다. 물론 불/가능하다. 하지만 불/가능하기에 그 채식주의 삶은 우리 욕망의 대상이 된다.

•••

1. 모든 존재의 '얽힘'(entanglement) 속에서 '나'는 어떻게 존재하는가?
2. 음식을 섭취할 수밖에 없고, 그럼으로써 다른 생명을 취할 수밖에 없는 우리에게 채식주의 본문이 말하는 실천은 무엇이 될 수 있을까?

공존의 가치가 주는 진정한 행복

설은주 *

> 나는 하늘에 응답하고, 하늘은 땅에 응답하고,
> 땅은 곡식과 포도주와 올리브 기름에 응답하고,
> 이 먹거리들은 이스르엘에 응답할 것이다.
> 【호세아 2:21-22】

오늘의 코로나바이러스 문제가 생태환경의 파괴, 환경오염, 우리의 탐욕과 낭비 습관, 무절제함이 부른 참사라고 일컫는 데 이의를 제기할 사람은 아무도 없다.

다시 말해 코로나의 위기는 다른 생명체들과 공생/공존하지 못하는 인간의 탐욕과 독식, 자연에 대한 폭력과 남용, 물질중심의 상업자본주의, 소비주의, 생태계 파괴, 발전 지상주의 등이 복합적으로 작용한 결과이다.

매년 무참하게 파괴되는 숲, 마구 벌목되는 나무들, 난개발과 무단 쓰레기 투기로 신음하는 자연, 무질서하게 짓는 아파트와 도로,

---

* 샬롬가정교육문화원 원장, 하늘샘-좋은나무 학교 대표

도시건설로 수많은 산과 땅들이 파헤쳐지고 망가져 간다. 그리고 자연 속에 살던 수많은 생명체가 사라지고 생태계는 파괴되고 순환의 힘을 잃어버린다. 다른 생명체와 공존하지 못하고 인간만의 편리와 이익만을 도모하는 인간의 이기심과 탐욕은 언제나 멈추려나! 하나님이 지으신 아름다운 지구는 온난화, 기후변화, 자원고갈, 생태계 파괴, 환경호르몬, 미세먼지, 환경파괴, 지구의 사막화로 심한 몸살을 앓고 있다. 우리는 모든 생명체와 공동체와 연결되어 있다. 이 세상에 저 혼자 존재하는 것은 아무것도 없다. 그러므로 인간은 정복자처럼, 독식자처럼, 파괴자처럼 굴지 말고 지구의 하나의 구성원답게 다른 생명체와 공존, 공생하며 살아가야 한다. 무한경쟁과 약육강식, 독식의 세계는 고립되고 망할 수밖에 없다. 우리 안에 공생과 공존의 삶이 형성되지 않으면 우리는 우주의 외톨이가 될 수밖에 없다. 자연과 공생, 공존하는 것을 배우지 못한 인간은 창조세계의 꽃과 나무와 바람과 별, 산과 강들이 들려주는 노래들을 듣지 못하고 하나님의 녹색의 은총을 깨닫지 못하고 살아간다. 프란치스코 수도사였던 보나벤투라는 말하길 누구든지 창조세계를 통해 드러나는 하나님의 장엄함을 보지 못하는 사람은 눈먼 사람이고 창조세계가 하나님을 찬양하도록 일깨우는데 하나님께 찬양을 드리지 않는 사람은 벙어리라고 했다. 시편 148편을 펼쳐보면 온 세상 만물들 즉 해와 달, 하늘의 별, 비와 이슬, 소나기, 서리와 번개와 구름, 산과 언덕, 바다와 강 그리고 땅에 거하는 모든 것에게 창조주 하나님을 찬양하라고 명령하시는 것을 볼 수 있다. 시편 기자는 땅과 그 안에 가득 찬 것이 모두 다 주님의 것이라고 거듭 말한다(시 24:1). 하나님은 사람만이 아니라 모든 피조세계, 모든 생명체를 창조하신 창조주이시다.

그러므로 하나님이 창조하신 세상을 인간이 혼자 소유하거나 인간 혼자 누리는 것이 아니라 다른 피조세계와 더불어 살고 공존하는 법을 배워야만 한다.

정복자나 독식자가 아니라 서로를 존중하고 창조세계를 인정하고 지구공동체의 구성원답게 조화를 이루며 살아가야 한다. 선한 농부는 땅을 사랑한다. 땅을 사랑하는 농부는 땅을 함부로 대하지 않는다. 그래서 화학비료나 제초제, 농약을 치지 않고 생명 농법으로 농사를 짓는다. 이는 땅을 비옥하게 하여 좋은 농작물을 키워내기 위해서이다. 그래야 땅과 사람이 건강해진다. 그러나 무지하고 나쁜 농부는 흙의 생명성과 근원성을 알지 못하고 땅과 공존하지 않고 땅을 곡물과 채소를 생산하는 기계라고 생각하여 오로지 착취의 대상으로만 여긴다. 그래서 온갖 해로운 화학비료와 제초제와 농약을 칠 뿐 아니라 땅의 안식을 허락하지 않는다. 미국 서해안의 붉은 삼나무는 뿌리가 얕지만, 가지와 뿌리가 서로 연결되어 있어 그 어떤 폭풍과 비바람에도 쓰러지지 않는다고 한다. 우리는 그리스도 안에서 모든 것이 연결되어 있고 결합되어 있다는 것을 깨달아야 한다. 은혜라는 신비로운 접착제가 현존하는 모든 것과 사람들을 서로 연결시키며 공존케 한다. 예수 그리스도는 공존/공생하는 법을 몰랐던 바리새인과 서기관들을 질책하셨다. 자신들의 권력과 명성, 자신의 안전장치를 믿고 긍휼의 마음으로 타인을 돌아보지 않는 사람들, 자신의 교만과 독선에 빠져 사람들과 상생과 공존이 힘든 사람들, 명예로운 지위와 명성과 인기만을 추구하는 바리새인들에게 주님은 강력하게 질책을 가하셨다(마 23:13, 마 23:15, 23).

그들은 정의와 긍휼과 믿음보다 허식을 더 중요하게 여겼고 겉은 화려하지만 속은 죽은 사람의 온갖 더러운 것이 가득한 회칠한 무덤처럼 방탕과 탐욕이 가득했다. 그들은 자기 의에 빠져 남들을 정죄했고 자기에게 함몰된 사람들이었다. 어느 학자는 지속가능한 행복의 패러다임을 이렇게 소개한다. 이익 관심에서 배려 관심으로, 욕구 중심에서 필요 소비로, 개인의 욕구 중심에서 사회적 책임으로 변화되어야 한다고 역설한다. 인간 중심의 발전제일주의, 적자생존, 약육강식, 경쟁적 제국주의적 모습에서 생명 사랑, 존중과 배려와 공생과 공존의 삶의 태도로 나아가야 한다. 모두가 생명망으로 연결되어 공생과 상생으로 나아가야 하고 힘이나 계급에 의한 가부장적 구조가 아니라 서클원으로 연결되어 있어야 한다. 서로 공생/공존하는 원탁의 구조가 필요한 시점이다. "우분투"라는 말이 있다. 어느 인류학자가 아프리카 한 부족 아이들을 모아 놓고 게임 하나를 제안했다. 나무 옆에다 아프리카에서는 보기 드문 싱싱하고 달콤한 딸기가 가득 찬 바구니를 놓고 누구든 바구니까지 먼저 뛰어간 아이에게 과일을 모두 다 주겠노라고 했다. 그런데 인류학자의 예상과는 달리 그 아이들은 마치 미리 약속이라도 한 듯이 서로 손에 손을 잡고 함께 달리기 시작했다. 아이들은 과일 바구니에 다다르자 모두 함께 둘러앉아서 입안 가득히 과일을 베어 물고서 키득거리며 재미나게 나누어 먹었다. 인류학자가 그 이유를 묻자 아이들은 일제히 "우분투!"(ubuntu)라고 소리쳤다. 그리고 그중 한 아이가 이렇게 말했다. "나머지 다른 아이들이 다 슬픈데 어떻게 나만 기분 좋을 수가 있나요?" '우분투'라는 단어는 아프리카 반투족의 말로 "우리가 함께 있기에 내가 있다"라는 뜻이라고 한다. 당신이 있기에 우리가 있다.

네가 있으니 내가 있다. 타인을 향한 인간애, 상생, 배려, 공생과 공존의 가치가 '우분투'란 단어 속에 고스란히 배어있다. 무한경쟁과 독식, 약육강식과 탐욕에 찌든 우리에게 주는 일침 같다. 진정한 행복이란 혼자서 이루는 것이 아니라 우리의 모든 이웃, 나아가 모든 생명체들이 서로 조화롭게 살아갈 때, 서로가 아끼며 존중할 때, 공생, 공존할 때 자연스레 따라오는 선물이 아닐까!

• • •

1. 오늘 우리의 공생과 공존을 가로막는 내적인 요인과 외적인 요인은 어떤 것들이 있는지 살펴보자.
2. 함께 더불어 사는 공생·공존의 삶을 실천하기 위한 우리의 구체적인 대안은 어떤 것들이 있는지 나눠보자.

희망의 물줄기

김서영 *

> 이 물이 사해로 흘러 들어가면, 그 물도 깨끗하게 고쳐질 것이므로,
> 그곳에도 아주 많은 물고기가 살게 될 것이다. …
> 나무들은 달마다 새로운 열매를 맺을 것인데,
> 그것은 그 강물이 성소에서부터 흘러 나오기 때문이다.
> 그 과일은 사람들이 먹고, 그 잎은 약재로 쓸 것이다.
> 【에스겔 47:9, 12】

    전 세계적으로 기후변화가 심각하다. 지구 온난화로 인해 해수면이 상승하고, 홍수, 폭염, 산불과 같은 자연재해가 지구 곳곳에서 빈번히 일어나고 있다. 작년 여름만 보더라도 전국 방방곡곡에 홍수로 인한 피해가 상당했다. 심지어 대전의 한 아파트가 물에 잠기기도 했다. 이러한 자연재해는 재산과 인명피해를 가져오고, 더 나아가 정신적인 불안을 갖게 한다. 기후변화와 생태계 파괴로부터 만성적인 두려움과 불안감을 느끼는 사람들이 점점 늘어나고 있다.

---

* 목사, 맨체스터대학교 대학원 박사과정

우리는 얼마나 기후 불안(Climate anxiety), 생태 불안(Eco-anxiety)에 사로잡혀 있는가. 사실 '나 하나쯤이야'라는 이기적인 생각으로 생태계가 신음하고 있는 현실에 무관심한 이들이 많다. '나 혼자 노력한다 해서 생태계 위기가 극복될까?'라는 부정적인 생각을 하는 이들도 있고, 한때 지구 살리기 운동에 열중했지만 좀처럼 나아지지 않는 현실에 절망하고, 깊은 무력감에 빠지는 이들도 있다. 그럼에도 불구하고 기후 불안과 생태 불안을 극복하기 위해 희망을 품고 방법을 찾아 나서는 이들도 있다.

희망을 가지는 것, 그것은 그리스도인이 추구해야 하는 믿음의 한 형태이다. 생태여성신학자 맥페이그(Sallie McFague)는 희망을 "사태가 결과적으로 어떻게 판명되든 세계와 그 모든 피조물은 하느님 안에 붙들려 있으며 지켜지고 있다는 것을 믿는 것"이라 표현한다.1 상황이 절망적일 수 있다. 지구를 살리려 노력했지만, 생태계 파괴는 더욱 악화될 수 있다. 그러나 상황을 바라보지 않고 생명의 근원이신 하나님을 바라보고 나아가는 믿음이 중요하다. 하나님께 깊이 뿌리내린 믿음 안에서 우리는 희망을 가질 수 있다.

희망은 때때로 찾아오는 불안, 무력함, 절망을 극복하게 해주는 힘이 된다. 어려움을 견디고 앞으로 나아갈 수 있도록 하는 밧줄과 같다. 에스겔 47장은 생명의 근원 되신 하나님을 바라며 희망을 품고 나아가게 한다. 성소에서 흘러나온 물이 점차적으로 생명을 살리는 모습을 그리고 있다. 하나님께로부터 나온 그 희망의 물줄기가 죽은 바다를 살리고(8절), 온갖 생물들을 풍성하게 하며(9절), 인류

---

1 샐리 맥페이그/김준우 역, 『기후변화와 신학의 재구성』 (한국기독교연구소, 2008), 276.

의 생명을 유지 시키고(10절), 풍성한 가지와 열매를 맺게 한다(12절).

성소는 근본적으로 근원이신 하나님이 계신 곳으로서 그 의미가 있다. 그래서 성소에 심겨진 나무는 늘 푸르다(시 52:8; 92:12-13). 성소에서 흘러나온 물은 삶의 터전에 생명의 풍성함을 허락하고, 시들어가는 나무 잎사귀가 푸르름을 유지하도록 하며, 마침내 이스라엘의 회복을 가능하게 한다. 하나님으로부터 나온 희망의 물줄기가 모두의 생명을 살릴 것이라는 희망을 보여준 것이다. 생명을 움 틔우고, 유지되도록 도우며, 상처를 회복하도록 하는 하나님의 희망의 물줄기는 모든 곳으로 퍼져나가 모두의 생명을 살린다.

그리스도인의 삶이란 하나님을 알고, 하나님께서 이 땅에 베풀어주신 하늘, 땅, 물, 이웃과 벗하며 사는 것이다. 생명의 가치를 소중히 여기며 모든 것과 벗하며 살아가려고 노력하는 모습은 농부가 씨앗을 심는 모습과 같다. 우리는 희망의 씨앗을 심는 삶을 추구해야 한다. 때로 절망과 무력감이 들 수도 있지만, 끝까지 희망을 포기하지 않길 바란다. 우리가 녹색 교회를 꿈꾸고 지구정원사로서 산다는 것은 풍성하시고 자비로우신 하나님의 성품을 닮아가는 것이다. 하나님께 희망을 두고 오늘도 생명의 씨앗을 심는 우리 모두가 되길 바란다.

• • •

1. 기후 불안, 생태 불안에 사로잡혀 있나요? 기후변화와 생태위기가 심각한 현실 속에서 좌절한 적이 있나요?
2. 가정에서, 교회에서, 일터에서 어떠한 생명의 씨앗을 심으며 희망으로 나아갈지 구체적 실천방안을 적어봅시다.

창조세계와의 관계치유, 화해

김경은*

> 그 아들은 보이지 않는 하나님의 형상이시요,
> 모든 피조물보다 먼저 나신 분이십니다.
> 【골로새서 1:15】

우리는 개인의 삶에서뿐만 아니라 사회와 국가적 차원에서 매일 여러 가지 형태의 폭력 속에 살아간다. 물리적이거나 신체적인 폭력 또는 언어적이고 심리적인 폭력을 직, 간접으로 경험한다. 그러면서 사람들은 폭력에 대한 두려움과 함께 안전에 대한 갈망을 갖게 된다. 이런 갈망은 궁극적으로 갈등이 해결되고 평화가 이루어지는 때, 화해의 시간을 고대하게 한다. 그래서 화해는 하나님의 구원 사역을 드러내 주는 이미지가 된다.

하지만 화해는 갈등이 있는 곳에서 흔히 들을 수 있는 용어가 되면서 의미가 많이 훼손되었다. 너무 자주 사용되면서 마치 손쉽게 이룰 수 있는 것처럼 느껴지게 된 것이다. 그러나 사실 화해의

---

* 장로회신학대학교 영성신학 조교수

과정은 길고 고통스럽다. 갈등의 당사자들이 서로를 마주하고 진실을 보아야 하기 때문이다. 고통스러운 과거를 기억해야 하고 용서와 회개의 시간을 가져야 하기 때문이다. 그래서 화해는 하나님에게서 시작되고 하나님에 의해 완성되는 온전한 치유와 회복을 희망하는 것이다. 개인 간의 관계 회복만이 아니라 결국은 모든 것이 새로워질 것이라고 기대하며 하나님이 완성하실 새 창조를 꿈꾸는 것이다.

화해는 관계의 회복, 관계의 치유, 새로운 관계를 만든다는 뜻이다. 관계라는 단어는 현대사회를 설명하는 핵심적인 용어이다. 사람들은 관계의 단절을 두려워하고, 어딘가에 연결되어 있기를 원한다. 이런 관계에 대한 갈망은 삼위일체 하나님의 존재 방식에서 비롯된다. 성부, 성자, 성령의 관계로 존재하시는 하나님의 형상을 닮은 인간의 본성에는 관계를 향한 갈망이 내재한다. 그래서 깨어진 관계는 슬픔을 가져오고, 회복을 고대한다. 하나님과 분리된 영혼이 공허함과 불안을 느끼는 이유가 바로 여기에 있다.

하나님과 깨어진 관계는 사람들과의 관계도 쉽게 깨어지게 만든다. 불신과 의심이 마음 깊이 자리하면서 사람들은 쉽게 분열한다. 깊은 신뢰를 서로에게 주는 것이 어렵다. 사람들 사이의 갈등과 다툼, 배신에 관한 이야기는 역사가 수없이 흘러도 변하지 않는 레퍼토리이다. 예수님도 사랑하던 제자들로부터 배신당하시고 홀로 십자가를 지셨다. 그래서 예수님의 부활 이야기는 우리에게 희망을 주며, 화해의 모델이 된다. 부활하신 예수님이 하신 일이 제자들과의 화해이기 때문이다. 이전의 관계를 회복하고 더 큰 신뢰를 보여주시는 새로운 관계를 창조하신 것이다. 고통의 강을 건너 화해의 땅에 들어가는 방법을 보여주신 것이다.

화해가 하나님이 세상과 연결되는 방식이듯이, 이 땅에서 살아가는 그리스도인들도 화해의 삶을 지향해야 한다. 하나님께 용서받은 은혜를 간직한 사람이 다른 사람을 용서할 수 있는 능력이 있고, 용서는 회개를 촉진할 수 있다. 이 모든 일은 성령이 하시는 일이다. 예수님의 이야기 속에서 삶을 돌아볼 때 우리 인생은 하나님에 의해 시작된 화해의 역사라는 것을 깨닫게 된다. 그리고 하나님에 의해 시작된 화해가 하나님에 의해 완성될 때까지 이 땅에서의 화해는 사람들에게 부여된 소명이라는 것 또한 알게 된다.

오늘날 더욱 심각해진 환경 문제도 생태계에 가해진 폭력의 결과라고 할 수 있다. '지구가 아파요'라는 호소를 들으며 우리는 파괴된 생태계가 가져올 위험한 결과에 대해 두려운 직감을 갖게 된다. 그래서 이제 화해는 사람들 사이의 문제만이 아니라 창조세계 전체와 관련된 주제가 되고 있다. 사람들 사이, 공동체 사이, 더 나아가 창조세계 전체와 이전 관계를 뛰어넘어 새로운 관계를 만드는 일에 창의적인 노력이 있어야 한다. 하지만 화해는 혼자 할 수 있는 일이 아니다. 사람들 사이의 평화, 창조세계의 조화를 희망하며 함께 훈련하고 실천할 공동체가 중요하다.

●●●

1. 피해자로 살아가는 사람들에게, 그런 기억으로 인해 지금도 고통받는 사람들에게 화해는 어떤 의미가 있을까요?

2. 사람들 사이의 평화, 창조세계와의 조화를 위해 자신이 할 수 있는 일은 무엇일까요?

생태와 문명의 조화를 통한 균형의 가치실현

이영미*

> 하나님이 손수 만드신 모든 것을 보시니, 보시기에 참 좋았다.
> 【창세기 1:31】
> 말씀을 행하는 사람이 되십시오.
> 그저 듣기만 하여 자신을 속이는 사람이 되지 마십시오.
> 【야고보서 1:22 】

균형(均衡)이란 '어느 한쪽으로 기울거나 치우치지 아니하고 고른 상태'를 일컫는다. 두 번째 낱말의 한자어가 저울대 형(衡)이 쓰이기도 하지만, 균형이란 말을 들을 때면 나는 눈을 가리고 창과 저울을 들고 있는 디케(그리스어: Δίκη)의 이미지가 떠오른다.1 디케는 그리스 신화에서 제우스와 테미스의 딸들인, 호라(계절의 여신)들 중 한 명이다. 정의의 여신이며 로마 신화의 유스티티아(justitia)에 해당한다. 정의를 뜻하는 영어의 저스티스(justice)는 여기에서 유

---

* 한신대학교 신학부 교수
1 사진 출처: 퍼블릭 도메인,
  https://commons.wikimedia.org/w/index.php?curid=388349.

래했다.

축의 저울을 통해 살펴보는 균형의 의미는 균형이란 단순히 무게의 등가를 뜻하지 않고, 힘의 공평한 분배를 통한 관계적 조화를 가리킴을 알 수 있다. 축의 저울은 또한 생태의 가치와 관련하여 아래와 같은 두 가지 중요한 주제를 성찰하도록 이끈다.

무엇보다 축의 저울은 두 대상을 수평적 선상에서 평가하도록 초대하며, 수직적 선상에서는 비교할 수 없게 한다. 그럼에도 인간과 자연은 지금까지 신(이성)-인간-자연의 수직적 위계관계를 형성해옴으로써 관계의 균형을 이루지 못했다. 인간(남성) 중심주의적 근대적 세계관은 정신과 물질, 여성과 남성, 자연과 문명 등을 둘로 나누고 전자를 후자보다 열등한 것으로 여기는 이분법적 인식체계와 모든 존재를 서열의 사다리에 배치하고 위계적 가치에 따라 우월한 존재가 열등한 존재를 지배할 수 있다는 지배와 종속의 가치를 확립했다. 이에 따르면 신의 형상을 지닌 남성은 자연을 지배하고 동시에 여성과 어린이, 자연을 지배한다. 인간은 자연생태계의 중심에 우뚝 선 존재로 부각 된다. 주체와 객체의 이원론적 사고는 인간과 자연은 모두 각자의 고유한 가치를 가진 수평선상의 관계로 인식하는 것을 방해한다. 생태계의 모든 구성원을 하나님께서 직접 만드신 피조물로서의 주체로 인식하는 사고의 전환이 필요하며, 하나님께서는 모든 피조물을 보시니 좋았다고 평하셨다(창 1:31)는 점을 기억해야 한다.

다음으로 축의 저울을 통해 균형을 이루기 위해서는 축이 중요하다는 점을 배운다. 축은 무게의 중심을 잡아줄 기준, 즉 가치를 판단하는 기준이다. 지금까지 인간과 자연의 무게를 측정해온 축은 인간의 이익이었다. 인간은 자연을 함께 살아갈 생태공동체의 구성원이 아닌, 정복의 대상이며 이윤 창출을 위한 대상물로 취급해왔다. 인간의 이익을 극대화하는 자본주의 체제, 시장경제 무한 자유, 무한 개발, 누구든 노력하면 부유해질 수 있다는 꿈이 자연 개발, 착취를 정당화해왔다. 인간 중심적 사고와 더불어 자연과 세계를 물질적 재료로 간주하는 기계론적 세계관이 인간의 욕심과 자본과 결합해서 자연은 정복의 대상으로, 물질은 축복이라는 인식을 강화시켰다.

자연에 대한 정복과 착취의 결과 세계는 다양한 생태위기에 처하게 되었고, 2019년 11월, 전 세계 153개국 1만 1258명의 과학자들은 "지구가 기후비상사태"라고 선언하기에 이르렀다. 이들은 29가지의 지표를 근거로 지난 40년간 10년마다 전 세계 인구는 15.5% 증가한 반면, 산림 면적은 49.6%, 아마존 열대 우림은 24.3%씩 감소했고, 이산화탄소 배출량은 10년에 17.9%꼴로 증가했고, 남극의 빙하면적은 1조 2300억 톤씩 증가했다고 발표하였다. 2020년 1월, 미국 핵 과학자회도 "핵 위협과 기후변화 등으로 인류가 최후를 맞게 될 시간(지구 종말 시계)이 자정 100초 전으로 다가왔다"라고 발표했다.[2] 지금의 기후위기는 마치 침몰하는 배가 복원력을 상

---

2 김준우, 『"기후비상사태" 선포와 "기후비상내각" 설치를 위한 긴급보고서』 (한국기독교연구소, 2020), 1-2.

실해서 빠르게 침몰하기 직전과 같은 위급한 상태이다. 이러한 위기를 극복할 방법은 인간과 자연이 수평적이고 상호적인 관계 속에서 인간을 위한 이로움이 아닌 공공선, 즉 의로움의 축으로 시스템을 측정할 기준의 전환이 필요하다. 다시 말해서, 인류는 이제 인간의 문명과 생태 사이의 균형을 맞춰나갈 생태문명으로의 진일보가 필요한 때를 맞이하였다.

많은 생태학자는 인간과 자연 사이의 생태 균형이 깨진 생태계 위기의 원인을 서구 자본주의적 산업화와 경제 성장에 기초한 근대문명에서 찾는다. 재생 순환적인 태양에너지 체계의 근본적인 제약을 뛰어넘어 장구한 세월 동안 땅속 깊숙이 묻혀 있던 석탄, 석유, 천연가스, 우라늄 및 기타 지하자원을 채굴하여 마구잡이로 사용하자는 지극히 근시안적인 발상에 근거하고 있는 근대문명은 인간 중심주의적 사고의 결과임은 앞서 지적하였다.[3] 인류가 처한 생태위기의 극복은 근대문명적 사고와 삶의 축을 바꾸지 않으면 불가능하다. 자연에 대한 인간의 영향을 최소화하고 자연과 더불어 살아가는 지속가능한 미래 사회로 전환해가기 위한 생태문명(ecological civilization)이 그 대안으로 제시되고 있다.[4] 생태문명이 지향하는 가치는 ① 세계는 살아있고, 인간은 이 유기체적 시스템(organic system)의 일부라는 상호의존성, ② 조화(harmony), 즉 자연이 번영할 때 인간도 번영하는 조화, ③ 세계는 상호 연결된 관계의 망이며, 문제를 해결하기 위해서는 조직적 접근이 필요하다는 조직적 사고

---

3 김종철, 『근대문명에서 생태문명으로 ― 에콜로지와 민주주의에 관한 에세이』 (녹색평론사, 2019).
4 존 B. 캅 주니어/한윤정 엮고 옮김, "한국에서의 생태문명," 『지구를 구하는 열 가지 생각』 (지구와사람, 2018), 262-274.

(systems thinking), ④ 넓은 시야(foresight), ⑤ 주체적 지역공동체의 역할 등 다섯 가지이다. 생태문명을 이루기 위한 삶의 실천 사례로는 탄소중립과 신재생에너지 확산에 주안점을 둔 그린에너지, 풍력발전과 태양광, 전기차와 수소차 등이 있다.

그러나 생태문명 조차도 인간의 이로움을 위한 삶의 실천에 그쳐서는 안 될 것이다. 우리가 인류에 대한 선의라는 관념을 바이오필리아로 확장할 것을 제안하는 존 B. 캅의 말로 글을 마무리한다.

우리는 생명을 우리 내부를 포함해 어디에나 존재하는 힘으로 이해해야 한다. 그것은 우리를 살아 있게 만들 뿐만 아니라 많은 병과 상처를 치유한다. 그것은 더 복잡한 형식의 생명, 궁극적으로는 사랑과 사고로 이어지는 똑같은 힘이다. 그것은 우리가 늘 함께하고자 원하는 힘이다. 바이오필리아가 우리를 특별한 생명체들과 연결해주는 한편, 이런 생명력을 섬기는 데 우리 자신을 헌신하는 것도 중요하다. 나는 그것을 '하나님'이라 부르고 생명의 세계와 그 너머에서 역할을 하는 존재로 생각한다.[5]

・・・

1. 인간과 자연의 고유한 가치를 인정할 뿐 아니라 공통의 목적인 행복을 추구할 관계적 균형을 맞춰가기 위해 바뀌어야 할 기독교적 가치는 무엇이 있을까?
2. 자연과 인간이 상생할 생태문명(ecological civilization)을 만들기 위해 교회는 무엇을 할 수 있을까?

---

5 존 B. 캅 주니어, 『지구를 구하는 열 가지 생각』, 216.

기후위기 시대의 균형감각, 시중(時中)

신익상*

> 말씀을 행하는 사람이 되십시오.
> 그저 듣기만 하여 자신을 속이는 사람이 되지 마십시오.
> 【야고보서 1:22】

균형이라는 말만큼 부당한 말이 또 있을까? 이 세상에서 한 번도 제대로 이루어진 적 없으니 말이다. 예컨대 김지하가 '기우뚱한 균형'이라는 말로 균형의 현실을 이상적으로 설명했지만, 그 인생은 이상적 현실을 입증하지는 못했다. 스스로 실현하지도 못하는 일을 말하는 것은 쉬운 만큼 부당하다. 그게 인간의 사상이고 계몽이며 설교다.

'기우뚱한 균형'은 '시중'(時中)이라는 유교의 오래된 단어를 다르게 표현한 말이다. 알맞은 때 정확하게 과녁을 명중시키는 것, 상황에 딱 들어맞게 행동하는 것을 뜻한다. 여기에 퉁쳐서 평균을 낸 균형이 폼잡을 틈은 없다. 균형에 절대적인 기준이 어디 있겠는가.

---

* 사)한국교회환경연구소 소장, 성공회대학교 열림교양대학 조교수

시절과 장소에 따라 균형의 기준은 변한다. 이전엔 알맞던 것이 지금은 그렇지 않을 수 있고, 여기서는 통하는 상식이 저기서는 안 통할 수 있으며, 나에겐 맞는 말이 누군가에겐 틀린 말일 수 있다. 이렇게 말하면 이른바 절대적으로 상대주의적인 태도에 대해 말하는 듯 보인다. 그렇지 않다. 때와 상황과 주체에 알맞은 무엇을 찾을 줄 아는 감각의 존재는 단지 모든 것이 다 옳거나 타당할 수 있다는 생각에 저항한다.

그때 그 상황의 그 존재에게 타당하고 옳은 것은 대체로 정해져 있다. 이것마저도 무너지면 이 세계가 존재할 수 있는 바탕이 사라진다. 우주 자연의 이치라는 것이 그렇지 않은가. 규칙과 우연이 어우러지고 변화의 추이가 안정적으로 특정한 경향을 유지하면서 우주 자연의 만사가 전개된다. 그런 식으로, 태어난 지 1년 후의 아이도 '나'고 지금의 나도 '나'일 수 있다.

하지만 시간에 따라 변화하며 '나'를 유지하기 위해서는 돌아올 수 없는 어떤 한계를 넘어서서는 안 된다. 예를 들어 체온이 어느 정도 변화하는 것은 허용되지만, 특정한 범위, 1℃ 이상의 범위를 계속해서 벗어나면 아픈 것이고, 3℃ 이상의 범위를 계속해서 벗어나면 뇌세포가 재생 불가능하게 파괴되고 죽음에 이를 수도 있다.

그렇다면 지구의 온도가 지난 150년 동안 1℃ 오른 일은 어떻게 받아들여야 할까? 지난 수만 년 동안 지구의 평균 기온이 그 정도 올랐는데, 그걸 인류가 아주 짧은 기간에 해냈다. 만세! 그런데 인간에게 1℃의 갑작스러운 체온 상승이 이상징후이듯 지구의 갑작스러운 평균 기온 상승도 그렇다. 균형의 기준이 변화하는 데는 일정한 경과 시간이 필요하다. 갑작스러운 변화는 균형의 역동적인 안정성을 파괴한다. 그런데 인류가 속도감 있게 해낸 지구온난화는 더욱 탄력받아 속도를 내고 있다.

이 속도 대로라면 3, 40년 안에 지구의 평균 기온 상승분은 산업화 이전 대비 2℃를 훌쩍 넘게 된다. 2,100년이면 3℃를 한참 넘어 많게는 6℃에 육박할 텐데, 이 정도 상승이 인간의 체온에서 벌어졌다고 생각해 보라. 더 볼 것도 없이 남은 건 죽음뿐이다. 이러한 급격한 기온 상승은 지구 생태계에도 치명적이어서 살아남을 수 있는 현존 동식물은 거의 없다. 인류와 그 문명은 지금 지구에게 치명적인 바이러스다.

이러한 상황에 알맞게 행동하는 균형감각이 절실한 때다. 시중은 정말이지 의식적이고도 의지적으로 해내려고 시도하며 노력해야 겨우 맛볼 수 있는 열매다. 기후위기 시대에 어떤 의식과 의지를 갖고 부단히 노력해야 시중으로서의 균형을 잡을 수 있을까? 요한복음에서 그려내는 예수의 자기 고백을 떠올려본다.

예수께서 성전 헌금함 앞에서 자신은 세상의 빛이니 자신을 따르면 생명의 빛을 얻는다고 말한다. 그러자 바리새인들이 신성모독적인 언사로 생각하여 비난한다. 자기 스스로 세상의 빛 운운하는 것은 자기만의 망상일 뿐이니 헛소리하지 말라는 야유다. 한마디로 너는 그럴 주제가 아니니 얌전히 있으라는 말이다. 이 말에 예수는 대답한다. 너희는 세상의 판단 기준으로 나를 판단하는구나. 하지만 나는 그런 기준이 아니라 나를 보내신 이의 뜻에 따른 판단을 하기에 내가 판단하는 게 참되다. 하지만, 나는 '아무도 판단하지 않는다!'(요 8:12-16 참조).

인간의 수많은 판단 기준은 공평하게 균형을 잡아보겠다고 세상을 누비며 이리저리 판단의 잣대를 들이댄다. 예수는 이러한 숱한 잣대들 앞에서 대단한 판단의 잣대를 지니고 있으면서도 그 잣대를 휘두르지 않겠다고 선언한다. 이 선언은 십자가에 오르는 그 순간까지 성실하게 예수의 삶을 이끌었다.

힘 있는 존재의 판단은 실제로 세상을 움직이게 하고 변화를 초래한다. 힘 있는 존재가 그러한 판단 능력을 자유롭게 휘두를 때 우리는 그 존재가 누리는 부러운 자유를 경탄하며 바라보게 된다. 하지만 예수는 달랐다. 예수는 힘 있는 자의 판단 능력을 자유롭게 휘두르지 않을 자유도 있음을 몸소 보이셨다. 할 수 있음에도 하지 않을 자유를 말이다.

지구 생태계를 죽음의 벼랑 끝에 몰아넣을 정도로 힘 있는 존재의 지위에 있는 인간-바이러스에게 요구해야 할 균형감각은 무엇일까? 지구에 대고 할 수 있는 일을 하지 않을 자유가 아닐까? 기후위기 시대에 가장 알맞은 균형감각은 할 수 있는 걸 하지 않으려는 의지에 달려 있다. 자신이 어떤 힘을 갖고서 세상에 판단의 잣대를 휘두르고 있는지 의식해야 한다. 인류 문명이 키워온 경제 성장을 통한 번영의 힘을 인류 스스로 내려놓는 방법을 찾아야 한다. 이것이 기후위기 시대의 시중, 탈성장주의의 감각, 인류가 지구의 바이러스에서 공생하는 존재로 거듭날 수 있는 균형감각이다. 예수의 가르침과 삶을 따라 할 수 있음에도 하지 않을 자유를 누림으로써 균형에 관한 말이 부당한 말이 아니라 정당한 말임을 입증하는 기독교인의 실천이 절실하다.

●●●

1. 할 수 있음에도 하지 않을 자유가 예수와 제자들의 삶에서 어떻게 나타나고 있는지를 찾아보고 묵상해봅시다.

2. 지금까지 일상과 교회, 사회에서 해 왔던 일 중에서 지구온난화를 막기 위해 멈추어야 할 것이 무엇인지 찾아보고 실천해봅시다.

이만하면 충분한 나눔

민경식 *

남에게 주어라. 그리하면 하나님께서도 너희에게 주실 것이니,
되를 누르고 흔들어서, 넘치도록 후하게 되어서, 너희 품에 안겨 주실 것이다.
너희가 되질하여 주는 그 되로 너희에게 도로 되어서 주실 것이다.

【누가복음 6:38】

믿는 사람은 모두 함께 지내며, 모든 것을 공동으로 소유하였다.
그들은 재산과 소유물을 팔아서, 모든 사람에게 필요한 대로 나누어주었다.
그리고 날마다 한 마음으로 성전에 열심히 모이고,
집집이 돌아가면서 빵을 떼며, 순전한 마음으로 기쁘게 음식을 먹고,
하나님을 찬양하였다. 그래서 그들은 모든 사람에게서 호감을 샀다.
주님께서는 구원 받는 사람을 날마다 더하여 주셨다.

【사도행전 2:44-47】

사도행전은 초기 기독교공동체의 삶을 증언한다. 사도행전의 보도에 따르면, 최초의 기독교인들은 모든 것을 공동으로 소유하고, 가지고 있는 재산과 소유물을 팔아서, 모든 사람에게 필요한 만큼

---

* 연세대학교 교수

나누어주었다고 한다(행 2:44-45). 이러한 삶이 오늘날 21세기에도 가능할까? 현대를 살아가는 우리에게 이상적인 모델일까?

공동체 속에서 살아가는 우리는 기쁨도 나누고, 슬픔도 나눌 수 있다. 그런데 이 '나눔'의 영역에서 물질이 결코 제외될 수는 없다. 물질 또한 하나님께서 우리에게 맡기신 소중한 선물이며, 우리가 구체적으로 함께 나눌 수 있는 품목이기 때문이다.

기독교는 물질을 부정하는 종교가 아니며, 예수 또한 물질 자체를 부정하지 않으셨다. 예수가 광야에서 첫 번째 받은 시험은 물질의 유혹이었다. 사십 일 동안 굶주린 예수에게 사탄은 돌을 빵으로 만들어 보라고 하였는데, 이때 예수께서는 "사람이 빵으로만 살 것이 아니라"(마 4:4)고 말씀하셨다. 여기서 예수가 부정한 것은 '빵'이 아니라, '만'이다. 물질에'만' 의존하며 살아가려는 것을 비판한 것이지, 물질 자체를 부정하신 것은 아니다. 이미 예수께서는 사람들이 자신을 가리켜 "마구 먹어대는 자요, 포도주를 마시는 자"(마 11:19)라고 하는 것도 잘 알고 계셨다.

예수께서 제자들에게 기도하는 법을 가르치시며, "오늘 우리에게 일용할 양식을 내려주소서"(마 6:11)라고 기도하라고 하셨다. 물질로 된 몸을 입고 살아가는 우리 인간은 물질적인 양식 없이는 생존할 수 없다. 다만 이 기도문에서 중요한 것은 우리가 하나님께서 베풀어주시는 것으로 살아간다는 고백이다. 내가 직접 재배한 농산물도, 내가 직접 만들어낸 공산품도, 내가 직접 짜낸 아이디어도, 모든 것이 하나님의 선물이다. 특별히 유의해야 할 점은 우리가 "일용할" 양식을 추구해야 한다는 점이다. 오늘 먹을 만큼의 음식이면 충분하다는 인식, 오늘 살아갈 만큼의 물질이면 충분하다는 인식이 중요하나. 예수께서는 우리가 창고에 쌓아둘 만큼의 물질을 소유하는 것을 달가워하지 않으셨다.

이러한 태도는 기독교의 깊은 유산이다. 이집트에서의 고된 삶을 견디지 못하고 도망쳐 나온 노예들은 광야를 떠돌면서, 먹을 것이 없어서 굶어 죽을 지경이었다. 이에 그들은 자신들을 광야로 이끌고 나온 모세와 아론을 원망하였다. 차라리 이집트에 그대로 있었더라면 노예일지언정 배불리 먹기라도 하였으리라는 불평을 쏟아냈다(출 16:2-3). 그러자 하나님께서는 이스라엘 자손들에게 '만나'를 내려주셨다(출 16:14-15). 그런데 이 만나는 그날 먹을 만큼만 거두어들여야 하였다(출 16:4, 16). 절대로 남을 만큼 거두어서는 안 되었다. 그런데 어떤 사람들이 하나님의 말씀을 듣지 않고 다음 날까지 만나를 남겨두었다. 그랬더니 그만 거기서 벌레가 생기고 악취가 풍겼다(출 16:20). 처음부터 이스라엘의 전통은 재물 자체를 부정하지는 않았지만, 재물의 축적에는 분명하게 반대하였다.

예수께서 공생애를 시작한 이후, 누가복음이 보도하는 예수의 첫 번째 선포의 내용은 이사야의 메시지이다.

주님의 영이 내게 내리셨다. 주님께서 내게 기름을 부으셔서, 가난한 사람에게 기쁜 소식을 전하게 하셨다. 주님께서 나를 보내셔서, 포로 된 사람들에게 해방을 선포하고, 눈먼 사람들에게 눈 뜸을 선포하고, 억눌린 사람들을 풀어주고, 주님의 은혜의 해를 선포하게 하셨다(눅 4:18-19).

이것은 예수의 인권선언이자 자신의 사역에 대한 비전이다. 예수께서는 "주님의 은혜의 해" 즉 희년을 선포하러 오셨다고 이 본문은 증언한다. 희년이 선포되면, 노예들이 해방되어 모든 사람이 자유롭게 되고(레 25:10, 41 등), 빼앗긴 땅은 원래의 주인에게 되돌아간다(레 25:13, 28 등). 이에 더하여, 성서는 안식년, 즉 "매 칠 년 끝에는 빚을 면제"(신 15:1)하라고 한다. 요약하자면, 희년이 되기 직전에 이미 부채가 탕감되며, 이어 다음 해에는 노예가 모두 자유인이 되고, 땅을 빼앗긴 사람은 그 땅을 되찾게 되는 셈이다. 그런데 이것이 복음, 즉 기쁜 소식인가? 또한 정의롭다고 할 수 있는가? 종의 주인은 종을 잃고, 빚을 꾸어준 사람은 돌려받지 못하며, 열심히 일하여 벌어들인 땅은 다시 돌려주어야 하니 말이다. 더군다나, 21세기의 자본주의 사회를 살아가는 우리에게 적용할 수 있는 이야기인가? 모두에게 토지를 공평하게 재분배하고, 모든 은행 빚을 탕감하는 것이 말이 되는가? 이에 더하여, 열심히 일하고 아껴서 은행에 저금한 것이 사라지는데, 이것이 과연 정당한 일인가?

우리의 긴 역사 전체에 걸쳐, 희년이 실행되었다는 보고는 단 한 번도 없다. 그런 점에서 희년법은 실정법이라기보다는 이상주의적 사상에 가깝다고 할 수 있다. 실현 가능성이 없는 소망일 뿐이다. 그럼에도 예수께서 희년을 선포한 것은 이것이 우리가 나아가야 할 길을 제시하여 주기 때문이다. 이것이야말로 이사야가 꾼 꿈이었으며, 예수께서 꾼 꿈이었다.

그렇다면 초기 기독교인들의 공동생활은 오늘날 우리에게 아무런 의미가 없는가? 우리가 외면해도 좋은 '과거의 제도'일 뿐인가? 물론 초기 기독교인들의 공동생활을 근거로 극단적인 형태의 공산주의 사회를 정당화할 수는 없다. 더군다나 희년법과 마찬가지로 이러한 공동생활은 사회구조적으로 오늘날 실현이 불가능하다. 그럼에도 불구하고, 이들의 공동생활이 우리에게 시사하는 바가 있다면, 이것이 우리가 함께 바라보아야 할 지점을 드러내며, 그 방향으로 함께 나아가도록 우리를 재촉한다는 사실이다.

비록 실현 불가능한 이상이지만, 희년법과 더불어 초기 기독교인들의 공동생활에 들어있는 근본정신은 모든 것이 하나님의 것이라는 인식이다. 내가 가진 소유물이나 토지는 내가 정당하게 취득한, 당연한 '나의 것'이 아니라, 하나님께서 이 세상을 살아가는 우리에게 잠시 맡기신 선물이며, 따라서 우리에게는 이것을 책임 있게 사용해야 할 의무가 있다. 따라서 물질의 '나눔'은 각 개인의 선택에 따른 자비로운 행동이라기보다는 우리 모두에게 주어진 당연한 의무이다.

• • •

1. '물질의 나눔' 외에 또 무엇을 나눌 수 있는가? 그 방법은 무엇인가?
2. 오늘날 우리는 희년 또는 사회-경제적 정의를 어떻게 실천할 수 있는가?

공동체적 나눔

성석환 *

> 남에게 주어라. 그리하면 하나님께서도 너희에게 주실 것이니,
> 되를 누르고 흔들어서, 넘치도록 후하게 되어서,
> 너희 품에 안겨 주실 것이다.
> 너희가 되질하여 주는 그 되로 너희에게 도로 되어서 주실 것이다.
> 【누가복음 6:38】

　어릴 때 어머니께서 쌀집에 가서 쌀을 받아오라고 시키실 때가 있었다. 내가 사 와야 할 쌀의 양은 보통 한두 됫박 정도였다. 그러면 쌀집 아주머니는 나를 보고 웃으시며 됫박이 넘치도록 쌀을 담아 검은 비닐봉지에 담아주시곤 했다. 평소에 우리 어머니와 좋은 관계를 맺고 계셨던 건지는 모르겠으나, 어머니가 옷 수선집을 하셨던 것으로 미루어 짐작건대 평상시 두 분 사이에 모종의 거래(?)가 오고 간 것이 아닌가 싶다.

　예전에는 교회를 다니지 않는 사람들도 그 정도의 정을 나누고

* 장로회신학대학교 기독교와 문화 교수, 도시공동체연구소장

살았던 것 같다. 드라마 '응답하라 1998'을 보며 "예전에는 서렇게들 살았지…" 하며 지금 우리가 살아가는 세상살이의 팍팍함, 비정함을 한탄하는 이들을 많이 봤다. 교회를 다니게 되면서, 교회를 다니고 예수님을 알아야만 구원을 얻을 수 있다는 사실을 내면화하면서, 교회 밖의 사람들이 서로 나누는 정이 '가짜'처럼 보이기 시작했다. "저래봐야 소용없지…."

그러나 지금 한국 사회에서 사람들은 교회에 다니는 이들을 향하여 오히려 손가락질하며 "저래봐야 소용없어. 지긋지긋하다"라며 비난을 한다. '코로나19'가 어느 정도 종식된 후 다가올 후폭풍이 더욱 두려운 이유이다. 대체 무슨 일이 벌어진 것일까? 서로 사랑하라고 가르치고, 나누고 베풀며 살라고 가르치는 교회를 향하여 왜 세상은 이토록 험한 말들을 쏟아내고 있는 것일까?

주님께서 제자들에게 가르침을 주시면서, 하나님 나라의 원리를 깨우치셨다. 그중에 가장 중요한 덕목 중 하나는 "나눔"에 대한 가르침이었다. 자신의 것을 자신의 것으로 여기지 말고, 하나님께서 주신 선물로 여기며 청지기적 사명감으로 대해야 한다는 것이다. 오늘 말씀에서는 특별히 "남에게 나누어 주면 하나님께서도 너희에게 주실 것"이라고 하심으로서, 우리의 나눔이 곧 하나님과의 관계에서 벌어지는 사건임을 암시하셨다.

우리가 이웃에게 나누는 것은 단지 이웃의 필요와 아픔만을 돌보는 우리의 도덕적 미덕만이 아니라 그것 자체가 곧 하나님께 하는 신앙 행위이며, 하나님께서 나의 주인이시며 심지어 나의 소유물까지도 궁극적으로 그분의 것임을 고백하는 행위임을 의미한다. 마태복음 25장, 마지막 때의 비유에서는 이웃에 대한 나눔과 돌봄의 실천이 양과 염소를 나누는 기준으로 제시된다. 왜냐하면 그것은 곧 우리가 주님께 한 행위와 동일시되기 때문이다.

이웃에게 나누는 것은 애초에 그것이 나의 것이 아니었다는 신앙고백이 전제되어야 한다. 교회에서는 이러한 신앙고백을 헌금행위를 통해서 확인하려는 경우가 많다. 헌금을 제대로 하는 것으로 나의 소유에 대한 하나님의 주권을 인정하는 것이라는 가르침을 종종 본다. 그러나 이것은 매우 잘못된 신앙생활로 유도할 가능성이 크다. 나머지는 내 마음대로 해도 좋다는 오해를 불러일으킬 수 있기 때문이다.

성경이 증언하는 바, 처음 주님을 따랐던 이들은 대부분 가난했다. 성령이 오신 후 가난한 이들이 모여 초대교회를 이뤘지만 놀랍게도 성경은 "그중에 가난한 사람이 없었다"(행 4:34)라고 증언한다. 그 이유는 그들이 비록 가난한 사람들이었지만 자신의 것을 자신의 것이라 주장하지 않고 서로 상통하며 나누어 썼기 때문이었다. 가난을 이기는 힘은 인간의 제도나 정치력이 아니라 바로 나누고 공유하며 더불어 하나님 나라를 살아가는 공동체에 있는 것이다.

처음 이야기로 돌아가서, 쌀집 아주머니의 그 됫박이 넘친 만큼 나에 대한 혹은 나의 어머니에 대한 사랑의 표현이었다. 오늘 본문의 후반절에는 "너희의 헤아림으로 너희도 헤아림을 받을 것이다"라는 표현이 있다. 이는 우리가 사용하는 됫박의 크기만큼, 우리가 우리의 이웃에게 담아주는 그 그릇의 크기만큼 하나님도 우리에게 되돌려 주신다는 의미이다. 이는 조건부 거래가 아니다. 하나님은 우리에게 인색하게 굴지 말고 넉넉히 나누며 살라고 요구하신다.

기후변화가 인류의 생존을 위협하고, 생태계를 파괴하는 지경에 이르렀다. 어떻게 지구를, 이 세상을 치유할 수 있을까? 회복할 수 있을까? 과학적 기술을 통해서, 정책의 변화를 통해서 할 수 있는 모든 노력을 다해야 할 것이다. 그러나 지금처럼 자신의 것을 자신만을 위해 사용하려는 욕망에서 벗어나지 못하고, 나누지 않으며 살아간다면 이런 노력들도 큰 효과를 발휘하기 어렵다. 나누고 공유하면, 지구는 다시 생기를 찾고 하나님은 기뻐하실 것이다.

• • •

1. 하나님은 우리가 나누며 살기를 원하십니다. 하나님은 우리에게 무엇을 나누어 주셨는지 묵상해 봅시다.
2. 당신의 됫박은 어느 정도의 크기입니까? 더 넓고 큰 그릇이 되지 못하게 하는 방해물은 무엇입니까?

안식일, 자아의 죽음 그리고 세계의 자유

이정철*

> 이렛날에는 하시던 모든 일에서 손을 떼고 쉬셨다…
> 그 날을 복되게 하시고 거룩하게 하셨다.
> 【창세기 2:2-3】
> 너희는 잠깐 손을 멈추고, 내가 하나님인 줄 알아라.
> 【시편 46:10】

　　코로나 팬데믹 시대를 맞이해 많은 것들이 멈췄다. 이 멈춤은 누군가에게는 고통이지만, 누군가에게는 자유를 선사하고 있다. 과연 '멈춤'이란 인간에게, 또 세계에 어떤 의미가 있는 것일까. 특별히 그리스도인들에게 익숙한 안식일을 기반으로 '멈춤'의 행위, '멈춤'의 요청에 대해 생각해 보자.

　　특별히 이 글은 안식일을 기반으로 '멈춤'의 행위에 대해 상고한다. **먼저, 멈춤은 창조의 섭리다.** 신은 여섯 날 동안 천지를 창조하고, 일곱째 날 멈췄다. 신은 휴식하였다. 아무것도 하지 않았다고 할 수

---

* 국민대학교 교수

도 있고, 아무것도 하지 않는 깃을 하였다고 볼 수도 있겠다. 신은 이러한 자신의 함/하지 않음의 날을 축복하고, 성스럽다 하였다(창 2:3). 그리고 인간도 똑같이 이 일곱 날의 리듬으로 살 것을 주문하였다. 일곱 날의 리듬으로 산다는 것은 다른 말로 하면 삶에 멈춤을 포함한다는 뜻이다. 신은 진지했다. 십계명을 통해 멈춤은 선택이 아니라 의무라는 사실을 강조했고(출 20:8-11), 이를 지키지 않은 자에게는 죽음을 명하기도 하였다(민 15:32-36). 이처럼 멈춤은 태초에 신의 실천으로 시작되었고, 신의 강한 의지로 인간에게 요청되었다.

하지만 멈춤을 실천하기는 쉽지 않다. 이는 우리 몸에 있는 관성 탓이기도 하고, 우리의 멈춤과 움직임을 괘념치 않고 계속해서 돌아가는 세계 탓이기도 하다. 우리의 몸은 태어나면서부터 움직이는 것에 익숙하다. 잠이 들거나 의식이 없을 때를 제외하면, 아니 심지어 잠을 자고 있을 때도, 우리의 몸과 생각은 계속해서 움직인다. 따라서, 하던 일을 멈추고 가만히 있는 것, 아무런 생각도 하지 않는 것, 대화를 멈추고 침묵 속에 있는 것 등은 우리의 자연스러운 일상이 아니다. 그것들은 노력을 요구한다(그래서 가만히 있으라는 것은 아이들에게 '벌'이 된다). 그런데 우리가 애써서 멈춤을 실천하려 해도 결코 멈추지 않는 지구 그리고 그 안에 함께 살아가는 무수한 생명체들은 우리를 들썩이게 한다. 인간이란 그저 모기가 날아오면 손을 휘젓게 되고, 지진이 나면 대피해야 하고, 강물이 범람하면 둑을 쌓아야 하며, 수확의 때가 오면 마음이 급해진다. 새하얀 벚꽃이 날리면 마음이 두근거리고, 새빨간 단풍으로 뒤덮인 산을 보면 온몸에 전율이 돋으며, 길 잃은 동물은 돌보아 주어야 할 것 같고, 보기 싫은 덩굴은 정리해주고 싶은 마음이 든다. 세계의 일부로, 세계와 함께 살아가는 인간에게 우리만 잠시 멈춰보라는 요구는 어찌 보면 불가능한 일처럼 보인다.

그럼에도 신은 우리에게 주기적으로 멈춤을 실천할 것을 요청하였다. 왜 그랬을까. 여러 가능한 답변들이 있겠지만, 혹시 멈춤이 자아의 죽음을 경험하도록 돕기 때문은 아닐까. 우리가 움직인다는 것, 우리가 일한다는 것은 우리가 살아있음을 증명하는 증거다. 따라서 거꾸로 우리가 아무것도 하지 못할 때, 우리는 우리의 존재가 얼마나 작고 미미한가를 깨닫는다. 멈춤은 내가 겸손해지는 경험이다. 하던 일을 멈추고, 하던 말을 멈추고, 가만히 있어 보면 주변의 세계는 점점 더 커지고, 나는 점점 더 작아지는 것을 경험한다. 안 들리던 소리가 들리고, 보이지 않던 것들이 보이기 시작하면, 나를 중심으로 짜여 있던 세상에서, 거대한 세상 안에 존재하는 나로 관점이 전환된다. 신은 아마 우리에게 그러한 경험을 주고자 했을지도 모른다. 주기적으로 우리 자신을 직면할 시간을 제시한 것이다.

신은 또한 멈춤을 통해 우리가 신적 사랑과 구원의 본질을 경험토록 한다. 신은 이 멈춤을 통해 우리가 끝없이 돌을 굴려 올려야 하는 그리스 신화의 시지푸스와 다르다는 것을 상기시켜준다. 죽기 전까지 얼굴에 땀을 흘려 일을 해야만 먹을 것을 얻을 인간에게(창 3:17, 19) 주기적 멈춤은 처벌에 대한 일부 탕감이다. 신의 조건 없는 은총에 대한 경험이기도 하다. 이는 일시적이지만 저주로부터 해방을 경험케 하는 시간이며, 일하지 않아도 먹을 소산이 있는 날에 대한 경험이다. 이렇게 아무것도 하지 않음이 가능한 시간이 우리에게 있다는 것은 우리에게 부족함 없는 신의 자비가 있다는 뜻이기도 하다. 그래서 멈춤은 도대가 아니고, 신의 은총을 경험하는 선물과 같은 순간이다.

마지막으로 신은 멈춤을 통해 이 땅의 수많은 비인간 존재들을 돌보기도 한다. 즉, 멈춤이 선사하는 은총은 우리 인간만을 위한 것이 아니다. 신은 스스로 일을 멈춤으로 산, 바다, 나무, 풀, 각종 동물과 수중생물 등 이 땅의 많은 존재가 충분히 자신의 의지대로 살아갈 시간을 제공하였다. 이 시간은 그들이 '생육하고 번성할' 시간, 그들이 자유롭게 성장하고 쇠락할 시간, 그들이 외부의 힘에 방해받지 않고, 창조된 본성 그대로 이 땅의 주인으로 살아갈 권리를 주는 시간 등을 포함한다. 인간의 멈춤도 마찬가지이다. 인간의 세계에 대한 개입은 도움이 될 때도 있지만, 착취나 방해가 되기도 한다. 따라서 우리는 한 번씩 우리의 들썩이는 몸을 다잡을 필요가 있다. 그것이 멈춤이다. 그럴 때 세계는 자유를 경험한다.

즉, 멈춤은 나를 돌아보게 하고, 신의 존재와 사랑을 경험하게 하며, 이 땅을 함께 살아가는 비인간 존재 이웃들에게 자유를 선사한다. 이것이 안식일이 주는 '멈춤'에 대한 몇 가지 의미이다. 이 글은 안식일을 기반으로 멈춤을 고찰해보았지만, 멈춤을 꼭 안식일로 바꾸어 인식할 필요는 없다. 멈춤이 안식일에만 일어날 수 있는 것은 아니기 때문이다. 오히려 안식일을 멈춤으로 바꾸어 생각해 보는 것이 더욱 정확하다. 그렇게 생각하면 안식일에 대한 신의 메시지가 다시 해석될 수 있다. '안식일을 거룩히 지키라'는 명령은 '요일'에 대한 문제가 아니라 '멈춤'이라는 행위에 대한 명령이다. 따라서 때로는 5분의 온전한 멈춤이, 혹은 10분의 멈춤이 우리를 구원으로 인도할 수도 있을 것이다.

기도(1분간 침묵)

수고하고 무거운 짐 진 자들아 다 내게로 오라. 내가 너희를 쉬게 하리라 (마태복음 11:28).

하나님, 나를 쉬게 하소서. 내 마음의 복잡함과 시끄러움을 잠재워 주시옵소서. 저의 부족함을 보게 하시고, 주의 위대함을 바라보게 하소서. 그리고 세계의 아우성을 듣게 하소서. 우리를 구원하소서. 아멘.

• • •

1. 나에게 멈춤의 시간은 언제인지 생각해 보자. 나는 작아지고, 내 주변의 비인간 존재들에게 자유를 주는 온전한 안식의 시간은 언제인가?
2. 팬데믹 시대가 멈춤을 요구할 때, 나를 멈추지 못하게 만드는 조바심이 있다면 그 근원은 무엇인지 생각해 보자.

창조주에게 시선을 돌리는 멈춤

박재필*

이렛날에는 하시던 모든 일에서 손을 떼고 쉬셨다…
그 날을 복되게 하시고 거룩하게 하셨다.
【창세기 2:2-3】
너희는 잠깐 손을 멈추고, 내가 하나님인 줄 알아라.
【시편 46:10】

"지지(知止)~, 지지(知止)!!"

어쩌면 우리가 이 땅에 태어나서 가장 많이 들었을지도 모르는 말(言語)이다.

사리 분별할 수 없는 나이에 무턱대고 뭔가 위험한 것에 다가서려는 아이를 향해서 부모 또는 보호자가 주저하지 않고 던지는 말이다. 또한 '지지'(知止)는 지나친 행위에 대한 금지와 제어의 의미를 담아 "멈춰!"라고 급작스럽게 뱉어내는 주의(注意)이며 경고(警告)다. 이렇게 지지(知止)는 사람이 알아야 할 것 중에 가장 중요한

---

* 장로회신학대학교 글로컬현장교육원 교수

것이 '멈춤'이며 '그침'임을 경험적으로 깨우쳐 주고 있는지도 모른다.

톨스토이의 단편 한 토막이 생각난다. 해 뜰 때부터 해 질 때까지 한나절 동안 걸어서 발로 밟는 만큼 땅을 차지할 수 있다는 말에 아침부터 걷기 시작한 주인공 바흠은 쉬지 않고 부지런히 걷는다. 그런데 걸으면 걸을수록 더 좋은 땅이 눈에 들어와 탐욕을 제어하지 못한 채 멈추지 않고 계속 걷는다. 그러다 어느 순간 발길을 돌려서 출발선이자 도착선으로 허겁지겁 되돌아온다. 하지만 숨을 헐떡거리며 도착선에 이르렀던 바흠은 자신이 밟았던 땅 한 자락도 취해보지 못하고 목숨을 잃고 만다. 멈추어야 할 때 멈추지 못한 사람이 겪게 되는 삶의 종국(終局)이다.

이집트에서 노예 생활을 하던 이스라엘은 바로가 던져주는 음식을 먹고 연명하기 위해서 노동에 노동을 이어간다. 그들에게는 노동이 갖는 의미와 가치 따위는 존재하지 않는다. 그저 하루를 연명하기 위해서 노동의 대가로 주어지는 음식이면 충분하다. 그렇게 살아오던 그들이 그 힘든 삶을 끌어안고 하늘을 향해 탄식한다. 그때 하나님께서는 저들의 조상 아브라함과 이삭과 야곱에게 세운 그 언약을 기억하시고 노예 생활로부터 이스라엘을 해방하신다. 그리고 약속의 땅을 향하는 도정에서, 평생 노예로 살아가며 자신들의 의지로 멈춰보지 못한 이스라엘을 향해 "멈추라!"라고 말씀하신다. 죽도록 일만 하던 그들에게 쉼과 멈춤을 선물하고자 하신 것이다. '멈춤'을 위한 구체적인 실행방식은 안식일을 지키는 것이다. 자신을 비롯하여 아들, 딸, 남종, 여종, 심지어 가축과 손님조차 아무것도 못 하게 하신다. 이 계명은 단순히 생산력을 증대시키기 위해서 쉼의 시간을 제공하는 차원을 넘어선다. 이 계명을 지키는 것이야말로 하나님을 믿는 증거라는 것을 도처에서 말씀하신다. 더욱 놀라운 것은 '일하지 말라', '멈추라'는 하나님의 계명, 즉 "안식일을 기억하여 거룩하게 지키라"는 이 네 번째 계명은 부모 공경이나 살인, 간음, 도둑질, 거짓 증거 등의 계명보다 더 상위에 위치한다. 그리고 하나님께서 그 '멈춤의 날'인 안식일을 복되게 하셨고, 그날을 거룩하게 하셨다고 말씀하신다. 아무것도 하지 않고 쉬는 것, 멈춤이야말로 하나님의 백성됨을 증거 하는 구체적 삶의 양식(樣式)이라는 뜻이다.

이스라엘 랍비 아브라함 여호수아 헤셀은 하나님께서 최초로 '거룩하다'는 가치를 부여하신 대상은 성전, 제사장, 예언자도 아니고 바로 '시간 속의 지성소인 안식일이다'고 역설한다. 아울러 〈레위기〉 기자는 이 거룩한 시간에 멈추고 성소를 경외하는 것이 하나님을 하나님답게 여기는 것이라고 강조한다. 다시 말하면, 신앙인이라면 하나님께서 특정(特定)하신 날에 멈춰서 쉴 때라야 하나님을 하나님으로 인정하는 삶이라는 것이다. 우리가 멈춰야 하나님을 하나님으로 볼 수 있기 때문이다. 하지만 인간의 생산성이야말로 인간다움이라고 믿는 바로 같은 생산 현장의 전문가들은 무슨 수를 써서라도 하루하루를 분, 초 단위까지 합법적으로 쪼개서 효과적이며 생산적으로 살아야 한다고 역설한다. 이러한 현상에 대해서 오스 기니스는 "오늘날 시간은 삶의 신용카드이고, 속도는 보편적인 소비방식이며, '빠를수록 좋다'는 구호는 삶의 이상적 속도"라고 묘사한다.[1] 그리고 그 구호에 보조를 맞추듯 현대인들은 멈추

---

1 Os Guinness, *Carpe Diem Redeemed,* 홍병룡 역, 『오늘을 사는 이유』 (서울: ivp, 2019), 104.

지 않고, 시간을 쪼개서, 빠른 속도로, 최대한 많은 것을 생산해내기 위해서 몸과 마음, 영혼도, 신앙도 상실한 채 살아가고 있다고 지적한다. 이렇게 살아가는 신앙인들의 삶의 현주소에 대해서 존스톤(Johnston)은 "인간의 노력이 아닌, 하나님의 은총으로 구원받음을 신앙의 가장 기본으로 여기는 프로테스탄트가 정작 근면, 개인주의, 검소, 성공이라고 하는 것들을 가장 중요한 덕목으로 여기고, 또한 그 덕목에 부합한 삶이야말로 가치 있고 성공적이라고 평가하며 살아가고 있다"[2]라고 지적한다. 이렇게 열심히, 바쁘게, 부단히 살아가는 것이 신앙적인 삶이라고 착각하는 현대인, 심지어 하나님의 계명을 따른다는 신앙인들의 삶의 양태에서는 도무지 '멈춤'이라는 것은 찾아볼 수가 없다.

사실, 그간 우리는 교회의 이름과 신앙의 허울로 대부분의 신앙인들에게 '멈춤'을 말하기보다는 열심, 소명, 최선, 헌신 등의 신앙적으로 채색된 용어들을 덧씌워 이집트에서 노동하는 또 다른 양태의 히브리 노예들을 키워왔는지도 모른다. 하나님을 믿는 것도 열심히 믿어야 하고, 쉴 새 없이 부지런히 교회 봉사하고 끊임없이 뭔가를 배워야만 제대로 된 신앙인이라고 믿도록 교육해왔다. 속도와 질량 그리고 효율성이 중요한 자본주의 시장에서 멈춤은 무능과 실패 그리고 불신과 같은 말로 읽히기에 멈추는 이들에게는 불안, 불신, 죄책감을 떠올리게 한다. 그러던 어느 날 지구촌 전역에 코로나19라는 복병이 들이닥쳤다. 정체를 알 수 없는 보이지 않는 이 복병은 최첨단 정보화 사회를 살아가는 지구촌 전체에 치명타를 날

---

2 Robert K. Johnston, *The Christian at Play* (Eugene, Oregon: Wipf and Stock Publishers, 1997), 34.

렸다. 그리고 지구촌 전체가 속수무책으로 당하고 있다. '더 빠르게, 더 많이' 구호를 외치는 생산 현장에서, 촘촘한 사회적 관계망 가운데서 코로나19는 우리 모두에게 강제로 마스크를 씌워 버렸다. 모이지 못하고 섞이지 못하면 안절부절못하며 여기저기 아무 곳이나, 아무렇게나 모여들던 사람들이 이제는 함부로 모이지 못하게 되었다. 어릴 적 들었던 금지와 보호의 언어인 "지지~, 지지!!"라는 말은 부모나 보호자가 아닌, 코로나19라는 파괴적인 존재로부터 그리고 그것을 규제하려는 정부 차원에서 끊임없이 들려온다. "지지~, 지지!!"라고 넌지시, 때론 강력하게!

그런데 내 의지가 아닌 강제로나마 멈춰 서게 되니 자연들이 살아난다. 사람들이 답답해하는 만큼 자연환경들은 더욱 생기가 넘친다. 또한 멈추고 보니 잊고 지냈던 나라는 존재가 보이기 시작한다. 그리고 사람들 틈에 섞여 사느라 정작 제대로 바라보지 못했던 사람들이 제대로 보이기 시작한다. 멈추고 보니 이전에 보이지 않던 풍경들이 보이기 시작한다. 나를 둘러싼 세상이 보이기 시작한다. 무엇보다 보이지 않던 존재에 대한 물음이 새삼 살아난다. "멈추라, 쉬어라, 나는 네 하나님이다"고 말씀하시는 하나님이 보이기 시작한다.

그러니 부디 강제된 이 멈춤의 시간에 또 뭔가 다른 것을 해야 한다는 우리의 강박감이 멈추길 바란다. "모두가 멈춰선 이 순간에 뭘 해야 성공할까?" "이 멈춤을 끝낼 방법은 무엇일까?"라는 물음조차 멈추길 바란다. 수많은 사람을 죽음으로 몰아가고, 인간의 사회적 관계를 단절시키고, 생산 현장에 있는 수많은 사람을 절망케 하는 코로나19는 분명 문제이며 고통이다. 하지만 코로나19 때문에 우리 삶의 도처에서 도드라지고 있는 회복과 생명의 현상들을 기억하면 좋겠다. 그래서 강제된 이 멈춤의 상황을 자발적, 주도적 멈춤의 시간으로 가져와서 나를 들여다보고, 우리를 만나고, 우리를 둘러싼 자연과 화해할 뿐만 아니라 우리가 잊고 지냈던 창조주에게 시선을 돌리는 적극적 의미의 '멈춤을 앎', 지지(知止)로 만들어가길 기대한다.

• • •

1. 지금 이 멈춤의 시간을 신학적으로, 신앙적으로 어떻게 해석할 것인가?

2. 개인, 가정, 교회, 국가와 전 지구촌 차원에서 참으로 알아야 할 '멈춤'(知止)의 내용은 무엇인가? 무엇을 멈출 것인가?

혹시 결정을 내리지 못하고 있나요?

김선정 *

여러분은 이 시대의 풍조를 본받지 말고,
마음을 새롭게 함으로 변화를 받아서,
하나님의 선하시고 기뻐하시고 완전하신 뜻이 무엇인지를 분별하도록 하십시오.
【로마서 12:2】
새 사람을 입으십시오.
이 새 사람은 자기를 창조하신 분의 형상을 따라 끊임없이 새로워져서,
참 지식에 이르게 됩니다.
【골로새서 3:10】

　　인간이 하루에 150가지 이상의 선택을 한다는 「내셔널 지오그래픽」의 보도는 우리의 삶이 선택의 연속이라는 것을 잘 보여준다. 이 많은 선택 중에서 우리가 스스로 잘했다고 판단하는 선택은 대략 5개 정도라고 한다. 사람들이 많은 선택지 중에서 어떤 것을 선택해야 할지 구별하지 못해서 어려움을 겪는다는 '햄릿 증후군', '결정 장애'라는 단어가 왜 생겼는지 이해할만하다.

* 연세대학교 교수

이처럼 선택의 만족도가 낮은 이유는 로버트 프로스트(Robert Frost)가 〈가지 않은 길〉이라는 시에서 "먼 훗날에 한숨 쉬며 이야기할 것"이라고 한 데에 잘 드러나고 있는 듯하다. 우리의 선택은 그 유한성 때문에 운명적으로 회한을 내포하고 있는 것이고, 우리는 어떻게 하든지 그 회한을 줄여보고자, 합리적이고 현명한 판단이라는 기준에 다다르기 위해서 과학, 수학, 철학, 경제학, 심리학 연구들이 내놓은 생각의 법칙들에 주목하고, 고심을 거듭하고 있는 것인지도 모른다.

'분별력'을 국립국어원의 표준국어대사전에서는 '서로 다른 일이나 사물을 구별하여 가르는 능력'이라고 정의한다. 우리는 무엇이 옳은 일인지, 무엇이 최선인지, 무엇이 이익이 되는지 등등을 분별하느라고 분별의 대상이 되는 사람들, 사건들, 사물들과 관련된 직·간접적인 요인들을 검토하고 평가한다. 소위 사실에 준하는 것들을 고려하는 것은 물론이거니와, 편향된 시선에서 벗어나고자 대상을 이해 또는 해석하는 다양한 관점들—다른 사람들의 의견들, 여러 학문적 성찰들—에 귀를 기울이기도 한다. 흥미로운 것은 이 외부적 요인들에 대한 검토와 평가의 과정 어디에선가 우리는 자기 자신과 맞닥뜨리게 된다는 것이다. 이제 시선이 외부 요인이 아닌 자신의 내면으로 전환되는 시점을 만나게 된다. 그래서 우리는 질문을 한다. 나다운 판단은 무엇인지, 나다운 결정은 무엇인지. 나 자신의 정체성과 내가 내리고 있는 분별이 서로 분리될 수 없다는 것을 깨닫게 된다.

창세기의 창조 이야기는 사람이 하나님으로부터 났다고 말한다. 특별히 창세기 3장 17절에 언급되고 있는 선악을 알게 하는 나무의 실과를 금지한 명령은 다양한 해석을 낳았다. 여러 해석 중에서 '선악을 아는 지식'의 금지를 하나님과의 관계를 무시하고 인간이 자기중심적이고 독단적으로 판단하는 것을 금지한 것이라는 해석이 눈에 띤다. 인간은 하나님으로부터 나서 하나님과의 관계 속에서 살아가도록 지음 받았다. 자신의 정체성으로부터 나오는 분별의 능력이 필요할 때, 우리 자신의 근원으로 돌아가 하나님과의 관계를 성찰해야 하는 이유가 바로 여기에 있다. 대상으로부터 물러서서—로즈 메리 도허티(Rose Mary Dougherty)는 '생활의 여백'이라고 표현했다— 하나님 안에 있는 온전한 나를 발견하는 것이 오늘 내 앞에 놓인 구별과 선택의 출발점이 아닐까 싶다.

우리의 삶은 매 순간 직면하는 소소한 일상들이나 중요하고 결정적인 상황들, 또는 우리가 만나는 사람들을 판단하고 구분하고 결정하는 것으로 이루어진다. 이 과정에서 어려움을 느낄 때 우리는 '분별'이라는 단어를 떠올리게 된다. 그러나 종종 우리는 이 단어가 우리 자신과 하나님과의 관계를 본질로 한다는 것을 잊어버린다. "주님, 매 순간 하나님 안에 머무르게 하소서" 기도하며, 신학적 가치와 신학실천으로 나아가게 되길 소망한다.

• • •

1. 하나님 안에서 나를 발견하는 것이 어떻게 '분별'과 관련될까요?
2. 위기 상황이 초래하는 불안, 초조, 공포에 함몰되지 않을 수 있는 자신 (또는 공동체)의 방법은 무엇인가요?

열린 가슴으로,
실재와 일어나는 일에 연결되기

박성용*

> 여러분은 이 세상을 본받지 말고 마음을 새롭게 하여 새 사람이 되십시오.
> 이리하여 무엇이 하느님의 뜻인지, 무엇이 선하고 무엇이 그분 마음에 들며 무엇이
> 완전한 것인지를 분간하도록 하십시오.
> 【로마서 12:2, 공동번역】
> 너희는 이 세대를 본받지 말고 오직 마음을 새롭게 함으로 변화를 받아 하나님의
> 선하시고 기뻐하시고 온전하신 뜻이 무엇인지 분별하도록 하라.
> 【로마서 12:2, 개역개정】

사회적 갈등과 불의의 문제 그리고 환경재앙과 지구 생명들이 처한 위기에 대해 대처한다는 것은 당연히 버거운 일이다. 여러 개인이나 소수 집단이 감당하기에는 그 과제의 크기나 원인의 복잡함으로 인해 그리고 여러 문제의 상호 얽힘 등으로 인해 그러하다. 또한, 생태적 약자들이 겪고 있는 위험과 위기 상황은 인간 개인의 가치와 신념, 사회적 관행과 문화화된 메커니즘, 공공영역의 제도적

---

* 목사, 비폭력평화물결 대표

인 실천 등이 서로를 지원하며 사슬처럼 엮여 있기에 그 해결책도 만만치 않다.

비통한 현실이라는 결과를 보게 되는 것은 당연히 우리들의 행동과 활동에 의해 일어난다. 그리고 우리 안의 내면이 지닌 가치·성향이 그러한 행동과 활동으로 표출된다. 또한, 더 들어가면 우리의 인식과 가치·성향은 실재가 어떠한지, 어떤 인식을 하고 있는가에 따라 달라진다. 실재, 환경, 우주를 적대적이고 위협적으로 이해하면 그러한 인식은 우리의 가치가 두려움과 결핍에 대해 자기 보호의 태도를 취하고 그로 인한 행동은 희소성에 대한 경쟁과 타자에 대한 투쟁으로 인도되어, 결국 약탈에 의한 희생자들이라는 결과가 세상에 보여질 것이다.

이와는 달리, 실재가 참되고 자비롭고 무한히 베풀고 있다는 인식을 하고 있다면, 연민과 우애의 가치가 인식의 렌즈가 되어 행동도 그렇게 된다. 그러한 대안적인 행동들로 인해 보이는 결과는 아름답고 선한 세상이 될 것이다. 이런 진술을 하는 이유는 우리의 눈에 보이는 비참한 여러 현실의 거대함은 마그마가 표출되어 수많은 형상의 물리적 생태계를 만들듯이, 문제를 해결하기 위해서는 밖의 현상들이 아니라 시야를 인간 내면으로 돌려 근원으로 들어가야 하기 때문이다. 코로나 시대를 사는 우리는 이제 인공지능과 친환경에너지 정책이 주는 장밋빛 전망이 아니라 잃었던 본래적 인식으로 돌아가지 않으면 많은 시행착오를 거듭하게 될 것이다.

분별(discernment)이란 방향을 잃고 혼란이 있을 때 무엇이 참되고 어떻게 그것을 알아차리며, 방향을 인도하는 표징(signs)으로 삼을 수 있는 것은 무엇인가에 대한 자각을 뜻한다. 현대물리학의 인식론에 따르면 관찰 대상은 그대로 인식되는 것이 아니라 관찰자에 의해 영향을 받는다. 즉 관찰자가 관찰 대상에 참여하는 것이다. 더 나아가 현대물리학자인 데이비드 봄에 따르면 관찰자는 그대로 보는 것이 아니라 사고, 즉 기억과 가정, 신념과 표상이 존재를 건드리지 않고 사고 자체가 사건과 사물에 반응하기 때문에 인식에서 오염이 일어난다. 사고(thoughts)가 존재(참자아)와 상관없이 사물과 사건에 대응하는 인식의 왜곡 그리고 그 인식이 실재의 전체(wholeness)와 일관성을 갖지 않는 파편화되고 분리된 사고 과정으로 인해 우리의 모든 문제의 원인이 강화되고 확장되는 것이다.

우리의 사고가 존재를 건드리지 않고 스스로 주인공처럼 문을 열고 손님들을 맞이하고 있는 상황에서 분별의 문제는 망각된 존재를 다시 깨우는 것과 그 존재가 실재를 맞이하고, 우리 주변에서 일어나는 것에 대해 책임있는 응답을 하게 할 필요가 있다. 하느님(신)을 종교철학의 언어로 말하자면 궁극실재(the Ultimate Reality)라 부를 수 있고, 현상들은 그 실재의 반영이기도 하다. 궁극실재만이 참되고 진실로 있고 무한히 자비롭다면 이 실재와의 접촉은 사고가 아닌 참자아(존재: 성서는 하느님의 아들/자녀됨, 그리스도의 마음으로 표현됨)에 대한 민감성을 회복하는 것이 문명의 생태적 전환 시기에 있어 중요한 과제가 될 것이다.

무엇이 참되고 진실로 있는 것이며, 어느 것이 몸의 눈으로 볼 때는 있는 것으로 보이나 실제로는 허상이며 진실로 있지 않은 것인지 분별하는 것은 머리(mind)가 아니라 심장(heart)으로 느끼고 볼 때 가능해진다. 심장으로 본다는 것은 '마음의 지성'을 사용한다는 뜻이다. 마음의 지성은 나의 일상적 자아(에고)의 깊이에 있는 마음의 근원인 존재(참자아)로부터 흘러나오는 '내적인 빛'이다. 그래서 바울은 이 세대를 본받지 말고 마음을 새롭게 하라고 하였다. 하느님의 피조물들은 그분의 창조(creation)에 따라 자기 질서를 갖기 때문에, 이 세대라는 에고에 의해 만들어진 것(making)들은 창조 질서를 가리거나 다른 곳을 가리켜서 그 창조 질서로부터 우리를 이탈시킨다.

변화는 창조 질서와의 일치에서 오며, 그렇지 않은 경우엔 겉모습이 바뀐 반복이 있게 된다. 그러므로 바울이 말한 "하나님의 선하시고 기뻐하시고 온전하신 뜻"에 대한 분별은 궁극실재와 존재 간 일관성(정합성, coherence)에서 가능해지며, 그것이 문명의 타락과 죽음으로의 돌진이 아니라 창조 질서의 풍성함을 가능하게 하는 것이다. 중요한 것은 이미 실재가 참되고 자비로우며 그래서 진실로 있기때문에, 하느님의 뜻은 사고의 제한성을 내려놓으면 그대로 출현하여 우리를 안내한다. 하나님의 자녀가 됨은 아버지의 뜻을 놓칠 수 없기 때문이다.

이런 점에서 능력과 자질은 이미 부여된 것이기에 커뮤니케이션의 문제가 남는다. 그러므로 분별은 내적인 커뮤니케이션(the inner communication)과 연관된다. 열린 가슴으로 실재와 일어나는 일들에 판단 없이 연결과 주목하기를 일상에서 실천할 수 있다면 흔들리고 혼란스러운 세상에서 내적인 중심이 세워지고, 사건마다 익명의 안내자가 나타나 나를 올바른 방향으로 인도할 것이다.

···

1. 우리의 사고는 한계(limitation)를 부여하고, 실재와의 접촉이 아니라 추상화된 관념이나 목적으로 의식의 초점을 돌리게 한다. 일상에서 가능한 생각하기 틈새의 시간에, 내 내면과 주변에서 일어나는 것에 주목하기와 접촉하기를 시도한다. 무엇이 느껴지고, 어떤 것들이 경험되는가?

2. 혼란과 복잡함 그리고 길을 잃었다는 생각이 들 때, 혹은 자극 상황을 만나 감정이 요동칠 때, 멈추어서 호흡을 가다듬고 의식의 초점을 심장에 둔다. 그리고 심장에 묻는다. "이 상황은 나에게 무엇을 알려 주고 있는 것인가?" "이는 어떤 경이로움이나 배움을 위한 것인가?" 그리고 옳고 그름 혹은 좋고 싫음의 판단 없이 심장으로부터의 응답을 기다린다.

'청지기적' 환경론에서 '비움'의 생태학으로

고형상[*]

> 그는 하나님의 모습을 지니셨으나,
> 하나님과 동등함을 당연하게 생각하지 않으시고
> 오히려 자기를 비워서 종의 모습을 취하시고, 사람과 같이 되셨습니다.
> 그는 사람의 모양으로 나타나셔서, 자기를 낮추시고,
> 죽기까지 순종하셨으니, 곧 십자가에 죽기까지 하셨습니다.
> 【빌립보서 2:6-8】

오늘날 지구온난화로 인한 기후변화는 인류가 시급히 해결해야 할 가장 중대한 과제이다. 사실 작금의 생태계 파괴는 단순한 '환경 오염'의 범위를 넘어서서 '생명의 총체적 위기'로 다가오고 있다. 현재 인류가 봉착한 기후변화의 문제는 인류가 살아남느냐 아니면 몰락하느냐의 문제, 곧 '생존의 문제'와 직결된다. 영국의 과학자 제임스 러브락(James Lovelock)은 회복하기 어려워 보이는 현재 지구의 상황에서 인류가 선택할 수 있는 유일한 길은 "지속가능한 후퇴"

---

[*] 명지대학교 교목

(sustainable retreat)뿐이라고 말한다.

이러한 총체적이고 근본적인 위기에 부응하듯이 최근 '에코'(eco) 라는 접두어가 하나의 유행처럼 회자 된다. 자본주의 기치 아래 성 장제일주의의 일로를 걷고 있는 우리 사회에서조차 '친환경'이니, '녹색성장'이니 하는 수사들을 남발하는 것을 보면, 생태학이 우리 시대의 가장 중요한 화두임은 자명해 보인다. 하지만 이러한 사회 문화적 트렌드가 현재의 생태계 위기를 극복하는 데 별다른 도움을 주지 못하는 듯하다. 그것은 생태계에 대한 우리의 인식이 인간 중 심적 환경론 내지 표층 생태학(shallow ecology)에 그치고 있기 때 문이다. 지금의 급박한 위기적 상황들을 고려한다면, 우리에겐 보 다 근원적이고 급진적인 '생태학적 자각'(ecological awareness)이 필요하다.

전통적인 기독교의 환경 담론은 창세기 1장에 근거한 소위 '청 지기' 사상과 관련되어 있다. '청지기'에 해당하는 그리스어 '오이 코노모스'(oikonomos)는 '주인의 뜻에 따라 집안일을 돌보고 관리 하는 사람'을 의미한다. 물론 이는 인간의 책임성을 강조한다는 점 에서는 분명한 장점이 있지만, 지금의 생태계 위기의 시급성과 심 각성을 고려한다면, 뚜렷한 한계를 지니는 사상이다. 그 안에는 여 전히 인간을 중심에, 다른 생명체는 주변부에 두는 위계적인 사고 가 숨어있기 때문이다. 인간의 책임성을 아무리 강조한다고 할지라 도, 인간 중심적 사고를 버리지 못한다면, 그것은 단지 인간의 생명 만을 영속하기 위한 이기적 발상에 지나지 않을 것이다. 무엇보다 청지기 사상은 인간을 창조세계의 일부로 이해하는 데 도움이 되지 않는다. 청지기로서의 인간은 자기 자신을 이 세계 내에서 특별한 위상을 가진 존재, 즉 자연 질서 밖에서 자연 세계를 돌보고 관리하는 존재로 오해하기 쉽다. 결국 청지기 사상은 인간과 자연 세계 사이의 우열 관계를 공고히 하는 이념으로 왜곡될 우려가 있다.

지금 우리에게 필요한 것은 보다 급진적인 사상이다. 지금의 생태계 위기를 벗어날 수 있는 유일한 길은 인간과 자연 세계의 관계를 근원적으로 변화시키는 것뿐이다. 다른 생명체를 인간을 위한 자원이나 도구가 아닌 인간과 동등한 가치와 권한을 가진 존재로 보도록 하는 새로운 패러다임이 필요하다.

그런 의미에서, 빌립보서 2장의 소위 '그리스도 찬가'(Carmen Christi)에 나타난 그리스도의 '자기 비움'(kenōsis)의 사건은 그리스도교적 생태 담론을 새롭게 구성하기 위한 중요한 자원이라 할 수 있다. 바울은 '그리스도 찬가'에서 자기를 비워 십자가에서 죽으신 그리스도의 모습과 스스로를 신의 반열에 올려놓는 로마 황제의 모습을 의도적으로 대비시킨다. 이 찬가에서 그리스도는 십자가 죽음을 통해 상향적이고 중심지향적인 황제 패러다임에 도전하는 하향적이고 주변 지향적인 '비움'의 패러다임을 보여준다. 이는 초대 그리스도인들이 마땅히 마음에 새겨야 할 기본 윤리이기도 했다.

이러한 그리스도의 자기 비움은 먹이사슬의 최상위 포식자가 되기 위해 그리고 생태계의 중심이 되기 위해 애를 쓰는 인간에게 전혀 다른 길을 제시한다. 다시 말해, '비움'의 윤리는 피라미드의 정점에 오르려는 욕망, 세계의 중심이 되려는 욕망을 비워, 낮은 자리, 가장자리에 있는 자들과 함께 머물고 연대하도록 한다. 이러한 점에서 그리스도가 십자가에서 보여준 '자기 비움'은 생태계 위기의 시대를 사는 그리스도인들에게 보다 적절한 생태학적 윤리를 제공한다. 즉 그것은 다른 생명체를 인간에 종속된 존재가 아닌, 동등한 구성원으로 대할 것을 요구함으로써, 인간과 자연 세계의 관계를 급진적으로 변화시킨다.

나아가 '비움'은 하나님 나라의 생태계가 유지되는 가장 기본적인 문법이다. 이사야 선지자는 하나님의 통치가 온전히 이루어지는 새로운 나라를 다음과 같이 묘사한다.

> 그 때에는 이리가 어린 양과 함께 살며, 표범이 새끼 염소와 함께 누우며, 송아지와 새끼 사자와 살진 짐승이 함께 풀을 뜯고, 어린아이가 그것들을 이끌고 다닌다. 암소와 곰이 서로 벗이 되며, 그것들의 새끼가 함께 눕고, 사자가 소처럼 풀을 먹는다. 젖 먹는 아이가 독사의 구멍 곁에서 장난하고, 젖 뗀 아이가 살무사의 굴에 손을 넣는다(사 11:6-8).

이사야의 비전이 보여주는 것처럼, 하나님 나라는 모든 생명체가 서로를 위해 자기를 비움으로써 급진적인 연대가 이루어지는 곳이다. 하나님 나라에서는 이리와 어린양이 서로를 내어줌으로써 공생한다. 더 이상 경쟁적 약육강식은 존재하지 않는다. 강자는 약자를 자기 생존을 위한 수단이나 도구로 삼지 않으며, 오히려 약자를 위해 아낌없이 자신의 생명을 내어준다. 강자와 약자의 구분조차도 완전히 사라져 버리는 하나님 나라의 생태계에서는 서로를 위해 자신을 비우는 "베풂의 잔치"가 벌어진다.

하나님 나라는 '최고' 혹은 '중심'이 되고자 하는 욕망을 비워내는 데서부터 출발한다. 구원은 개인의 실존 차원으로 함몰되는 것이 아니라, 다른 생명체들과의 관계성 속에서 공존재적으로 이루어지는 것이다. '비움'을 통해 모든 존재 간의 상호의존성을 깨닫고 함께 연대하는 것 그리고 이를 통해 창조세계의 총체적 회복을 지향하는 것, 이것이 바로 생태계 위기 시대에 우리가 경험하는 구원의 의미라고 감히 말할 수 있다.

오늘날의 생태계 위기를 극복하기 위해서는 우리를 위해 십자가에서 자기 자신을 아낌없이 내어주셨던 그리스도처럼, 우리 역시 다른 생명체를 위해 우리 자신을 내어주는 비움의 실천이 필요하다. 대중교통을 이용하고, 일회용품을 멀리하고, 제철 음식을 먹고, 냉난방기 사용을 최소화하고, 공정무역 제품과 친환경 소재 제품을 사용하여 탄소 배출량을 줄이는 것, 이것은 분명 우리 시대에 그리스도를 믿고 따르는 자들에게 요구되는 자기 비움의 한 모습일 것이다.

• • •

1. 그리스도의 십자가 죽음에 담겨 있는 생태학적인 의미를 묵상해 봅시다.
2. 지금의 생태계 위기 극복을 위해 우리가 일상에서 실천할 수 있는 '비움'의 행동에는 무엇이 있을까요?

예수의 자기 비움을 실천하기

김태훈 *

> 그는 하나님의 모습을 지니셨으나,
> 하나님과 동등함을 당연하게 생각하지 않으시고
> 【빌립보서 2:6】

성자 예수는 성부 하나님의 모습을 지녔지만, 그 스스로 하나님과 동등하게 생각하지 않았다. 삼위일체 하나님으로서 모든 영광을 누릴 수 있지만, 예수는 영광을 포기하고 자기를 비웠다. 자기를 비우고 오히려 종의 형체를 가져서 사람들과 같이 되었다. 이러한 예수의 자기 비움을 성서에서는 헬라어 '케노시스'(κενοσις)로 표현한다. 예수가 자기를 비우고 '아무런 명성 없는 존재'가 된 것을 의미한다.

신학자 몰트만은 케노시스 개념으로 하나님의 창조를 설명한다. 하나님의 자기 비움을 통해 피조물이 출현할 수 있었다고 말한다. 창조주 하나님은 자신을 내어주고 비우면서 세계 안에 현존한다. 이러한 몰트만의 케노시스 창조론을 '생태학적 창조론'이라고

---

* 너른들교회 담임목사, 상호문화복지연구소 대표

도 부른다. 생태계에는 자기를 제한하신 창조의 신이 피조물과 공존하고 있기 때문이다.

피조물과 공존하는 예수의 자기 비움을 우리는 어떻게 따를 수 있을까? 내면적인 차원에서 자기 비움은 우리 안에 타자를 위한 공간을 만드는 일이라고 할 수 있다. 내 마음 안에서 일어나는 수많은 자극과 근심으로부터 거리를 두고 타자를 있는 모습 그대로 받아들일 수 있어야 한다. 이를 위해 먼저 내 마음에 빈 공간이 필요하다.

하지만 이는 쉬운 일이 아니다. 사람에게는 빈 공간에 대한 두려움이 있다고 한다. 스피노자는 이를 '공간 공포'라고 불렀다. 빈 공간에 대한 공포와 두려움 때문에 대부분의 사람은 자기를 비우려 하기보다 무엇인가로 채우려 한다. 자신이나 타자가 욕망하는 것으로 자기의 빈 공간을 어떻게든 채워야 만족한다. 현대 소비자본주의 사회에서는 끊임없이 자기 개인에게 집중하도록 하며 대상이 구체화되지 않은 욕망을 부추기고 공포와 불안을 조장한다.

이는 우리가 어쩔 수 없는 일이라고 체념할 것이 아니라, 극복해야 할 과제다. 그렇다면 자기 비움을 실천하면서도 자본주의의 욕망으로 채우지 않는 방법은 무엇인가? 자기를 비운 그 자리에 하나님을 모시는 일이 하나의 방법이 될 수 있다. 헨리 나우웬은 내면세계의 중심 공간에 하나님을 모셔서 영혼이 참된 안식을 누릴 때, 타자를 그 안으로 초대할 수 있다고 보았다. 그렇게 나의 비워진 내면이 하나님으로 충만해지면, 사람과 자연을 포함한 모든 타자와 공존할 수 있다.

생태계를 포함한 타자와 더불어 공존하기 위해서 편리함 대신 불편함을 감수하는 '의도된 소박함'이 필요하다. 소박한 삶은 가능하면 소유하지 않으려는 검소함만으로 이루어지지 않는다. 검소한 태도와 더불어 내적으로 풍요로워질 때 가능하다. 외부를 향해서는 소박하게 살면서도, 내부는 가능한 풍요로운 삶을 사는 것이 우리가 추구해야 할 의도된 소박함이요 예수의 자기 비움을 실천하는 방법이다.

예수의 자기 비움을 따라 하나님으로 내면을 채우며 소박한 삶을 실천하는 일은 오늘날 생태위기 상황에 더욱 요청된다. 생태위기와 기후 붕괴 그리고 코로나19 팬데믹 상황에서 우리는 다양한 모습으로 진지하게 성찰하고 있다. 우리가 비우고 멈춰야 하는 것은 무엇인지, 우리가 바꿔야 할 삶의 방식은 무엇인지 돌아보면서 생태학적 창조론의 생활신앙을 회복해야 한다. 오늘날 한국 사회에서는 내면적인 신앙생활을 추구하는 것보다 생활로 신앙을 증명하는 일이 절실하게 필요하다. 소비하고 착취하거나 지배하는 방식이 아니라, 배려하고 돌보며 서로 공존하는 방식을 다양한 영역에서 꾸준히 실천해야 한다.

만물 위에 군림하시는 초월적인 하나님이 아니라 만물이 출현하도록 자신을 비우시고 만물의 고통을 함께 나누시며 그 안에서 공존하시는 하나님 이해를 통하여 소박한 삶을 위한 자기 비움의 실천적 자리로 나아가자.

• • •

1. 생태학적 창조론의 관점에서 내가 비워야 할 것은 무엇인가?
2. 지금 여기에서 내가 자연환경을 포함한 타자와 더불어 공존할 수 있는 방법은 무엇인가?

공동창조로의 부름

김정형 *

> 태초에 하나님이 천지를 창조하셨다.
> 【창세기 1:1】
> 생육하고 번성하여 땅에 충만하여라. 땅을 정복하여라.
> 바다의 고기와 공중의 새와 땅 위에서 살아 움직이는 모든 생물을 다스려라.
> 【창세기 1:28】

삼위일체 하나님은 창조의 하나님이시다. 하나님은 자신과 다른 존재를 만들고 그와 더불어 교제하는 것을 기뻐하시고 즐거워하시는 분이시다. 하나님은 창조 사역 자체를 즐기는 분이시다. 하나님의 창조 사역에 대한 가장 훌륭한 비유는 멋진 그림을 그리는 화가나 아름다운 음악을 만드는 작곡가 혹은 연주하는 음악가의 활동이다. 사실 화가나 작곡가, 음악가의 창조성은 모두 창조자 하나님의 영감에서 비롯되는 것이다.

하나님의 창조에서 인상적인 점 가운데 하나는 이처럼 하나님

---

* 장로회신학대학교 교수

이 자신이 만든 작품에 창조성을 나누어주신다는 사실이다. 창조 세계의 모든 피조물은 하나님의 창조 작품인 동시에 창조 사역에 동참하도록 하나님이 창조 능력과 창조 책임을 부여한 공동 창조자이다(created co-creator).

창세기 1장은 홀로 계신 하나님이 단독으로 온 세상을 창조하신 이야기가 아니다. 창조의 이야기는 홀로 계신 하나님이 아니라 삼위로 함께 계신 하나님과 함께 시작한다. 그리고 하나님이 먼저 창조한 피조물은 자리에 가만히 머물러 있지 않고 하나님의 이후 창조 활동에 적극적으로 참여한다. 전능하신 하나님은 그저 말씀으로만 온 세상을 만드실 수도 있었지만, 피조물과 함께 피조물을 통해 온 세상에 생명이 풍성하게 만드는 것을 더 기뻐하셨다.

가장 먼저 땅이 하나님의 명령을 받아 생명을 낳는 산파의 역할을 담당했다.

하나님이 말씀하시기를 "땅은 푸른 움을 돋아나게 하여라. 씨를 맺는 식물과 씨 있는 열매를 맺는 나무가 그 종류대로 땅 위에서 돋아나게 하여라" 하시니, 그대로 되었다(창 1:11).

다음으로 해와 달과 별들이 하나님의 창조 사역을 도왔다.

하나님이 빛나는 것들을 하늘 창공에 두시고 땅을 비추게 하시고, 낮과 밤을 다스리게 하시며, 빛과 어둠을 가르게 하셨다. 하나님 보시기에 좋았다(창 1: 17-18).

물도 생명을 창조하는 일에 동참했다.

하나님이 말씀하시기를 "물은 생물을 번성하게 하고, 새들은 땅 위 하늘 창공
으로 날아다녀라" 하셨다(창 1:20).

앞서 각종 식물과 나무를 낳았던 땅이 이번에는 땅에 다니는 동
물을 창조하는 일을 도왔다.

하나님이 말씀하시기를 "땅은 생물을 그 종류대로 내어라. 집짐승과 기어 다
니는 것과 들짐승을 그 종류대로 내어라" 하시니, 그대로 되었다(창 1:24).

이처럼 하나님은 창조성을 독점하지 않으시고 피조물들에 나누
어주셨다. 하나님은 피조물과 함께 아름다운 음악을 만들고 연주
하기를 기뻐하셨다. 이제 하나님은 자기 형상을 닮은 사람을 만드
시고, 가장 탁월한 창조성을 부여하셨다. 남자와 여자는 하나님이
주신 창조의 능력으로 다른 피조물과 함께 삼위일체 하나님의 창조
사역의 완성에 이바지하도록 부름받았다.

하나님이 당신의 형상대로 사람을 창조하셨으니, 곧 하나님의 형상대로 사
람을 창조하셨다. 하나님이 그들을 남자와 여자로 창조하셨다. 하나님이 그
들에게 복을 베푸셨다. 하나님이 그들에게 말씀하시기를 "생육하고 번성하
여 땅에 충만하여라. 땅을 정복하여라. 바다의 고기와 공중의 새와 땅 위에서
살아 움직이는 모든 생물을 다스려라" 하셨다(창 1:27-28).

하나님은 사람을 만들기 이전부터 창조세계 안에서 다른 피조물과 함께 멋지고 웅장한 곡을 연주하고 계셨다. 이제 우리는 이미 오래전부터 시작된 이 곡의 아름다운 흐름을 깨지 않고 우리의 고유한 목소리를 통해 더 멋진 곡을 만드는 데 동참할 수 있다.

우리 목소리가 다른 피조물의 목소리와 충돌하며 불협화음이 일어나지 않길, 우리의 음악 소리가 이미 장엄하게 울려 퍼지고 있는 아름다운 음악 소리에 조화롭게 녹아들길 간절히 소망한다.

● ● ●

1. 창조자 하나님이 다른 피조물과 함께 만들고 계신 아름다운 화음을 감상하기 위해서는 어디를 찾아가면 좋을까요?

2. 하나님의 작품이자 공동 창조자로 부름받은 내가 창조세계를 아름답고 풍성하게 만드는 일에 어떻게 공헌할 수 있을까요?

하나님의 형상으로서 인간의 창조성

양인철*

> 태초에 하나님이 천지를 창조하셨다.
> 【창세기 1:1】
> 생육하고 번성하여 땅에 충만하여라. 땅을 정복하여라.
> 바다의 고기와 공중의 새와 땅 위에서 살아 움직이는 모든 생물을 다스려라.
> 【창세기 1:28】

환경 문제의 위기는 인간이 자연과의 관계성에 대해 올바른 인식을 하지 못한 결과에서 비롯된 것이다. 그동안 서양문명은 "생육하고 땅에 번성하여 땅에 충만하라, 땅을 정복하라"는 창세기 1장 28절을 근거로 인간이 자연 우위에 있음을 강조하고 자연을 정복하였다. 이 구절 하나만 가지고, 인간의 역할을 이해한다면, 인간은 자연 우위에 있고, 자연은 연구해야 할 대상으로 한정될 수밖에 없다. 그러나 28절을 앞 구절인 27절과 연관 지어 해석할 때, 인간이 자연에 대해 어떠한 태도로 다가가야 할지 이해할 수 있다. 27절에

---

* 한남대학교 교수

서 하나님이 인간에게 부여한 역할이 있다. 즉, 우리는 하나님의 형상이며, 하나님의 대리자로서 자연을 관리하고 보호하는 역할을 해야 한다는 점이다. 본 에세이에서 창세기 1장을 창조성의 관점에서 어떠한 상황에서 기록이 되었는지 그리고 하나님의 형상으로서 인간이 자연을 어떻게 책임지고 관리해야 하는지에 대해 살펴보도록 하겠다.

창세기 1장은 하나님이 자연을 아름답게 창조하였다는 내용을 강조하기 위해 기록되었다. 이러한 창조성의 배경은 신들의 잔혹한 전쟁을 통해 자연과 인간이 창조되었다는 바벨론 신화와 관련되어 있다. 현대의 많은 성서학자는 성서가 기록된 시기를 주전 587년 바벨론 제국에 의해 예루살렘이 파괴된 이후 포로 유배기(주전 587년-538년)로 보고 있다. 포로기 이전에 이스라엘 백성은 오랫동안 하나님의 창조와 이스라엘의 구원 역사를 구전 혹은 문서 형태로 성전에 보관했었다. 그러나 예루살렘에서 바벨론으로 강제 이주하는 과정에서 성전은 바벨론 군사에 의해 파괴되었다. 당시 바벨론으로 끌려간 자들은 이 문서들을 익히 알고 있었던 예루살렘의 제사장을 비롯한 지식 계층이었다. 그들은 파피루스나 양피지 위에 기록된 무거운 문서들을 그대로 수중에 들고 갈 수 없었다. 따라서 이들은 바벨론 유배지에서 암송을 통해 하나님의 창조와 이스라엘 백성의 구원 역사를 서로 공유하였고, 하나님의 말씀을 문서화하였다. 특히, 바벨론 포로 기간 중 유대 지식층들은 매년 바벨론에서 펼쳐지는 신년 축제, 즉 아키투 축제(Akitu, 아카드어로 보리 파종을 의미)를 의무적으로 참석할 수밖에 없었다. 바벨론 사람들은 아키투 축제에서 그들의 주요 신이었던 마르둑(Marduk)을 칭송하는 내용이 기록된 바벨론 창조 설화인 에누마 엘리쉬(Enuma Elish) "높은 곳 위에서"를 낭송하였다. 하나님이 자연과 인간을 아름답게 창조하셨다는 내용과 달리, 에누마 엘리쉬는 자연 창조가 신들이 서로 전쟁하면서 만들어졌다는 내용을 이야기한다. 에누마 엘리쉬에서 "심연"을 뜻하는 티아맛(Tiamat)은 신들의 어머니이며, 용의 형상을 지니고 있다. 이 티아맛을 뱌벨론의 주요신인 마르둑이 번개 화살을 이용해 죽인다. 마르둑은 티아맛의 상체를 이용해 하늘을 만들어내고, 하체를 이용해 바다와 땅을 만들었다. 또한, 그는 인간을 창조하기 위해 티아맛의 피와 티아맛의 부하였던 킹구(Qingu)의 시체를 사용했다. 에누마 엘리쉬에서의 인간은 신들을 위해 노동을 하는 부속물에 불과하였다. 이러한 에누마 엘리쉬의 창조설화와 달리 하나님이 만든 창조물은 아름답다는 것을 강조하기 위해 창세기의 저자는 "하나님이 보시기에 좋았더라"(히브리어로 토브)라는 문구를 일곱 번에 걸쳐서 사용한 것이다.

또한, 하나님이 인간을 창조한 목적은 하나님의 형상인 인간이 하나님의 대리자로서 자연을 보호하기 위함이었다. 창세기 1장 27절을 직역하면 다음과 같다. "그리고 하나님이 인간을 그의 형상으로 만들어내셨다. 형상으로 하나님이 그를 만들어내신 것이다. 그리고 남자와 여자를 그가 만들어내셨다." 27절에서 형상이라는 단어가 두 번 등장한 것은 인간이 하나님의 형상으로 창조되었다는 것을 강조하기 위함이다. 하나님의 형상은 히브리어로 "şelem Elohim"(첼렘 엘로힘)이며, 라틴어로 "Imago Dei"(이마고 데이) 이다. 첼렘의 본래 뜻은 고대 이집트 왕의 형상에 대한 자기 이해와 관련되어 있다. 즉, 고대 이집트 왕은 자신을 신의 형상으로 이야기했으며, 그 본질적인 의미는 "신의 대리자"를 뜻하였다. 따라서 창세기 1장 27절에서 하나님의 형상이 주는 본질적인 의미는 신의 대리자로서 인간은 하나님이 아름답게 창조한 자연 만물을 아름답게 가꾸고 보호해야 할 책임이 있다는 것이다.

이런 의미에서 창세기 1장 28절은 27절에서 강조했던 하나님의 대리자인 인간이 자연을 아름답게 다스려야 함을 강조하고 있다. 영국의 철학자이며, 정치인이었던 프란시스 베이컨(Francis Bacon)은 그의 저서 노붐 오르가눔(Novum Organum, 새로운 기관)에서 창세기 1장 28절을 인간 중심에서 해석하였다. 즉, 그는 인간에게 주어진 지상명령을 인간이 자유롭게 자연을 탐구할 수 있는 근거로 보았으며, 자연은 인간이 지배해야 할 대상으로 간주하였다. 이것은 27절의 하나님의 대리자로서 창조된 인간이 자연을 올바로 다스려야 한다는 관점과 상충되는 입장인 것이다. 28절 본문을 직역하면 다음과 같다. "그리고 하나님이 그들을 만드셨고 그들에게 말씀하셨다. 열매를 맺어라. 그리고 번성하여라. 그리고 지상 위에 충만하여라. 그리고 그것을 지배하여라. 그리고 바다의 물고기와 하늘의 새와 땅 위에 기어 다니는 살아 있는 모든 생명체를 다스려라." 베이컨은 지배하여라(히브리어로 카바쉬)와 다스려라(히브리어로 라다)라는 두 단어에 집착한 나머지, 27절의 신의 대리자로서 인간의 역할을 간과하였던 것이다. 또한 하나님이 인간에게 준 명령인 "열매를 맺어라", "번성하여라", "충만하여라", "지배하여라", "다스려라"와 같은 명령이 실현되기 위해서는 인간이 자연을 아름답게 가꾸어야만 가능한 명령이다. 하나님의 형상을 지닌 인간은 하나님의 대리자로서 자연을 아름답게 관리하였을 때, 바다의 물고기와 하늘의 새와 땅 위에 기어 다니는 모든 생명체를 적절하게 관리할 수 있는 것이다.

생태계의 위기는 하나님의 대리자인 인간이 자연을 올바로 관리하지 못함에서 비롯되었다. 자연은 본래 하나님이 아름답게 창조한 하나님의 걸작품이다. 인간은 자신의 유익을 추구하기 위해, 자연의 관리자로서 자신의 역할을 망각하고 자연을 마음껏 파괴하였다. 창세기의 저자는 인간과 자연이 유기적으로 연관이 되어 있기에, 하나님의 대리자로서 자연을 관리해야 한다는 의무를 부여하였다. 이러한 의무를 올바로 수행할 때, 자연은 인간이 번성할 수 있는 보금자리를 마련해줄 수 있는 것이다. 오늘 우리 그리스도인은 스스로 하나님의 대리자임을 되돌아보고, 자연을 아름답게 가꿀 수 있도록 노력할 필요가 있다.

• • •

1. 하나님이 자연과 인간을 창조하였을 때, "좋다"(히브리어로 토브)라고 표현하였습니다. 어떠한 면에서 인간과 자연이 "좋다"라고 말할 수 있을까요?
2. 하나님의 형상이며, 하나님의 대리자인 우리가 자연을 더욱 아름답게 가꾸기 위해 구체적으로 실천할 수 있는 것은 무엇이 있을까요?

생태적 동반자의 선택 — 예/아니오

조은하*

> 땅과 그 안에 가득 찬 것이 모두 다 주님의 것
> 온 누리와 그 안에 살고 있는 모든 것도 주님의 것이다.
> 【시편 24:1】
> 하나님의 사랑이 참으로 그 속에서 온전하게 되었나니
> 사랑 안에 두려움이 없고 온전한 사랑이 두려움을 내쫓나니
> 【요한일서 2:5, 4:18, 개역개정】

딸아이가 어린 시절 진지하게 질문했습니다. 학교에서 과학 상상화를 그려야 하는데 무엇을 그리는 것이 좋겠냐는 겁니다. 그래서 되물었지요.

"너는 무엇이 그리고 싶냐"라고….

"하늘을 나는 자동차와 버튼 하나로 모든 것이 조종되는 집과 알약으로 된 식량을 그리고 싶냐"라고….

딸아이가 말이 없습니다. 잘 모르겠다는 것이지요. 내친김에 이

---

* 목원대학교 교수

야기합니다.

"엄마는 앞으로 과학이 해야 할 일은 북극의 곰들이 다시 맘 놓고 얼음 위를 걸을 수 있도록 해주는 것이라고 생각해."

봄이 오면 개구리들이 풀숲 개울에서 뛰어놀고, 지천으로 흐드러진 진달래 꽃잎으로 화전도 부칠 수 있고, 우산 없이 나간 외출을 핑계 삼아 오는 비를 맘껏 맞아도 방사선 오염을 걱정 안 해도 되는 모습으로 되돌려 놓는 것이 필요하다고 이야기했습니다. 이런 당연한 현실을 상상해야 하는 것이 우리의 자연이었습니다.

어린 딸은 훌쩍 자라 숙녀가 되었습니다. 과학 상상화에서 생각했던 하늘을 나는 자동차는 이제 실제 출현이 멀지 않았다고 합니다. 인공지능은 우리 삶의 전 영역을 바꾸어 놓고 있습니다. 외출 후 가스불이 켜져 있는지 걱정하지 않아도 되고 우연히 흘러나오는 음악 소리에도 대답해주는 영리하고 똑똑한 인공지능은 이제 우리 생활의 일부가 되어 있습니다.

빅데이터는 내가 좋아하는 음악을 알아서 SNS에 골라서 올려줍니다. 때론 내가 한 이야기의 주제가 구글 마이크를 통해서 인식되어 SNS 광고로 올라오는 것을 보면서 경악을 금치 못할 때도 있습니다. 이렇게 과학 상상화는 현실이 되어 가고 있습니다.

그러나 북극의 곰들은 녹아내리는 얼음에서 갈 곳이 없고 피골이 상접한 모습으로 뉴스에 가끔 보입니다. 인간의 영리함으로 무차별적으로 파괴한 자연은 결국 코로나로 인간에게 돌아왔고 혹독하고 고단하며 외로운 시간으로 견디어내야 했습니다. 잠시 멈추고 거리를 두고 모든 것들을 기다려야 하는 시간이었습니다. 사랑한다면 잠시 멈추어야 한다는 것이 이 시간의 원칙이었습니다. 사랑은 우주적인 지식입니다. 상대를 알고 인정하고 공존하는 것입니다. 이사야가 상상했던 이리가 어린양과 함께 살고 표범이 어린염소와 함께 눕고 어린아이가 독사 굴에 손을 넣어도 해함이 없는 함께 어울리고 더불어 사는 세상이 곧 여호와를 아는 지식이 충만한 세상입니다(사 11:1-11).

혹독한 겨울을 지내고 어김없이 봄이 오며 꽃들이 피어납니다. 아무것도 해준 것 없는데도 올 시간이 되니 또다시 우리 곁을 찾아와 주었습니다. 아무것도 안 해서…. 그 때문에 우리 곁에 다시 와준 것 같습니다.

신학자 숀 코플래드는 믿음을 갖는다는 것은 "삶에는 예, 파괴에는 아니오"라고 과감하게 대답하는 것이라고 이야기합니다. 그런데 현대사회를 살아가는 우리는 늘 삶의 선택 앞에서 우유부단합니다. 눈에 보이는 것을 무제한적으로 선택하고픈 욕망에 매이게 하는 현대의 소비 지향적 문화. 우리의 주체성과 인격을 많은 소유와 부로써 측정하고자 하는 물질주의적 사고방식.

또한 "아니오"라고 대답할 때 누군가에게서 멀어지는 두려으로 집단적인 문화 속에 안주하고 싶어 하는 경향성 때문입니다.

사랑으로 산다는 것은 생명에 민감한 것을 의미합니다. 같이 더불어 사는 생태적 동반자들(eco-fellows)과 온전한 삶을 이루어가는 것을 말하는 것입니다. 하나님이 우리에게 베풀어주신 '붉은 은총'(Red Blessing, 구원 은총)에 응답하는 삶은 곧 '초록 은총'(Green Blessing, 창조 은총)의 감동을 일상 속에 구현하며 사는 삶입니다.

봄은 하나님이 창세기를 다시 쓰신다는 계절입니다. 푸른 하늘 아래 흐드러진 마른 가지 끝 초록 새순에서 오늘도 베풀어주시는 하나님의 초록 은총을 발견합니다.

•••

1. 코로나를 경험하면서 초록 은총이 우리의 신앙에 주는 의미를 성찰해볼까요?

2. 삶에는 '예', 파괴에는 '아니오'라고 하는 과감한 대답에 따라 나의 일상 속에서 '예', '아니오'를 한 가지씩 생각해 보세요.

만물 안에 깃든 완전한 사랑

백소영*

땅과 그 안에 가득 찬 것이 모두 다 주님의 것,
온 누리와 그 안에 살고 있는 모든 것도 주님의 것이다.
【시편 24:1】
하나님의 사랑이 참으로 그 속에서 온전하게 되었나니
사랑 안에 두려움이 없고 온전한 사랑이 두려움을 내쫓나니
【요한일서 2:5, 4:18, 개역개정】

    모든 단어는 의미가 텅 빈 개념어일 뿐이다. 사건으로 채워지기 이전에는 말이다. 가장 보편적이요 고귀한 가치라고 말하는 '사랑'도 그렇다. 부모님의 사랑을 떠올릴 때 창자 밑에서부터 뜨거운 것이 울컥 올라오는 까닭은 나를 위해 기꺼이 자신을 내어주셨던 사건들이 차곡차곡 내 속에 쌓여있기 때문이다. 반평생 동반자로 살아온 배우자의 사랑을 확신하는 사람이라면 그 근거 역시 구체적인 사건의 축적이다. 힘들고 어려운 일은 내가 조금 더 짊어지려 했던

* 강남대학교 기독교학과 교수

남편/아내의 모습들, 그러기 위해 내 몫을 기꺼이 양보하거나 포기했던 선택들이 '사랑'이라는 단어를 의미 있게 한다.

육체적 열정, 로맨스, 필리아, 아가페…. '사랑'의 스펙트럼은 다를지라도 그것이 진정한 의미의 '사랑'이라면, 그 모든 사랑의 사건은 한 가지 공통의 특성을 갖는다. 나에게 속한 것을 너에게 주는 것. 나의 경계를 넘어 너에게로 나아가는 것. 그러다 어느덧 경계 자체가 희미해져서 '우리'로 연대하고 연합하게 되는 것. 그래서 우리가 진정한 사랑으로 서로를 마주 본다면 사랑의 '자기초월적 힘/에너지'는 언제나 이기적인 인간 본성의 작동방식을 뒤흔드는 혁명적 사건을 일으키는 법이다.

그런데 슬프게도, 단독자로 평가받고 경쟁의 속도와 정도에 가속도가 붙는 후기-근대 자본주의 사회를 통과하다 보니 나 하나 살아남기가 난제인 시절이다. 어느덧 뭐든 혼자 하는 '1인 문화'가 시대적 조류가 되었다. 나만 생각하는 사람에게 사랑은 더 이상 선택지가 아니다. 모든 문화에는 관성이 있는지라 아직까지는 가족, 연인, 이웃이 존재하긴 하지만, 마주봄의 방식이 철저히 개인주의적이요 자본주의적이 되어버렸다. 이 제도를 '당연'(taken-for-granted)으로 받아들이며 살아남기의 생존 전략에 몰두하다 보니, 관성으로 겨우 끌고 온 '사랑'이라는 가치가 점점 본성을 잃어가고 있다.

요즘 주변을 돌아보면 사랑조차도 제도 속에서 오염되어 버린 듯하다. 부모는 무한경쟁 승자독식의 사회에서 사랑의 이름으로 자녀들의 생긴 모양, 가진 재능을 무시하고 자본화 가능성과 성공 경쟁력만을 획일적 잣대 삼아 몰아간다. 연인들이 사랑을 표현하고 입증하는 방법도, 사람을 대상화하고 분절하고 상품화하는 자본주의 사회의 그것과 너무나 닮아있다. 교회도 '사랑'을 말하지만, 그 열매가 어디 달려 있는지 확인할 길이 없다. 오히려 코로나19 이후 시민사회의 주된 시선은 집단 이기주의에 빠진 교회를 질책하는 목소리가 더 높다.

이럴 땐 어찌해야 하나? 결국 우리는 다시 사랑할 수 없을까? 사랑과 같은 '낭만적' 가치는 생존에 불리하니 치워버리는 것이 좋을까? "교수님, 저는 어디까지 혼자 해야 하는 걸까요?" 생존 경쟁에 지친 학생은 안타깝게 묻는데, 이 문명의 끝에서 내가 내뱉은 말은 잔인할 수밖에 없었다. "아마도 고독사?" 저주가 아니었다. 우리가 지금 이 문명의 방향을 틀지 못한다면, 종국엔 누구도 피할 수 없는 후기-근대적 개인의 마지막 순간일 수 있다는 탄식이었다. 그 끔찍한 종말을 피하기 위하여 우리는 다시 마주 보아야 할 텐데, 사랑의 사건을 만들어야 할 텐데, 어디서부터 어떻게 시작해야 할까?

시편 기자는 우리에게 그 출발점을 알려 준다. 이 땅에 충만한 모든 것들은 다 하나의 기원, 즉 여호와 안에서 생명으로 연결되어 있다고.

> 땅과 그 안에 가득 찬 것이 모두 다 주님의 것, 온 누리와 그 안에 살고 있는 모든 것도 주님의 것이다(시 24:1).

"주님(야훼)의 것", 이는 결코 자본주의적 소유 선포를 의미하는 것이 아니다. 근원과 유지와 돌아갈 곳을 모두 다 포함하는 말이다. 한 하나님에게서 나왔고 하나님의 생명의 힘에 의해 유지되며 그 생명이 다했을 때 주께로 돌아간다는 뜻이다. 시편 기자의 신앙고백이며 동시에 우주의 존재론적 실재이다. 만물이 주님 안에 있다. 당 짓고 편 가르고 내 가족, 내 교회만 우선하는 이들은 더 큰 '우리'의 범주를 미처 보지 못했기 때문이다. 그래서 야훼의 범주를 밝히 본 사람들은 누구나 이웃을 사랑했다. 남이 아니라서, '주님의 것'이라는 공동의 운명을 알아서!

신학적으로는 이런 신관을 '범재신론'(panentheism)이라고 부른다. 만물이 하나님이라는 것(pantheism)이 아니라 만물 안에 하나님께서 깃들어 계시다는 뜻이다. 그래서 무릇 하나님을 사랑하는 사람은 만물을 사랑할 수밖에 없다. 풀과 나무의 생명력 안에 깃든 하나님의 돌보심을 느끼고, 뭇 생명의 들숨과 날숨 안에서 함께 하시는 하나님의 임재를 발견하기에…. 그래서 그 생명의 스러짐을 안타까워하고, 고통의 숨결에 어쩔 줄 모르는 것, 그 생명이 충만하도록 내 에너지를 다 쓰게 되는 선택, 그것이 사랑이다. 예수께서 십자가라는 사랑의 사건을 일으키신 힘이 그것이었다. 겟세마네에서 '아버지의 사랑'에 승복했기 때문이다.

그러나 실재하는 하나님을 발견하고 느끼기에 현대인들은 너무 바쁘다. 너무 욕심이 많다. 너무 물질적이다. 너무 자극적이다. 그래서 생명의 영이신 하나님, 세미한 음성으로 우리 존재를 감싸시는 그분을 발견하지 못한다. 결국 하나님을 밝히 드러내는 길은 신자들의 몫이지 싶다. 우리는 사랑의 사건을 눈에 보이게 함으로써 하나님을 세상에 드러내는 존재로 부르심을 받았다. "누구든지 하나님의 말씀을 지키면, 그 사람 속에서는 하나님께 대한 사랑이 참으로 완성됩니다. 이것으로 우리가 하나님 안에 있음을 압니다"(요일 2:5). 행여 견적이 안 나오는 제안이라고 생각하는 그리스도인이 있다면, 적어도 당신은 그리스도의 사랑을 아직 모르는 자이다. 두려움으로 가득한 자이다. "사랑에는 두려움이 없습니다. 완전한 사랑은 두려움을 내쫓습니다. 두려움은 형벌과 맞물려 있습니다. 두려워하는 사람은 아직 사랑을 완성하지 못한 것입니다"(요일 4:18).

• • •

1. '하나님은 사랑이시다'라는 말을 나는 어떻게 이해하고 받아들이고 있나요?
2. 사랑의 하나님이 구체적인 형상으로 드러나시는 '사건'을, 나의 일상에서 만들고 있나요?

생명을 향한 도둑질과 진정한 풍성함

이민형[*]

도둑이 오는 것은 도둑질하고 죽이고 멸망시키려는 것뿐이요
내가 온 것은 양으로 생명을 얻게 하고 더 풍성히 얻게 하려는 것이라
【요한복음 10:10, 개역개정】

코로나19로 전 세계의 인간들이 잠시 활동을 멈춘 사이, 일시적이기는 했지만, 지구별의 곳곳에서 반가운 소식들이 들려왔습니다. 공기 중 유해 물질이 줄어들어 맑은 하늘이 드러났고, 인적이 뜸해지자 동, 식물들의 개체 수가 늘어났습니다. 각종 오염물질이 줄어드니 물이 맑아졌고, 물이 맑아지니 수많은 물속 생물들이 우리에게 아주 가까이 다가왔지요. 그간 오로지 인간과 인간이 만들어 놓은 흔적들만 보이던 하늘과 땅과 바다에서 신의 창조물들이 고개를 내밀기 시작한 것입니다.

반가운 소식에 기분이 좋아져 늦은 밤 마실을 나왔습니다. 아무도 없는 거리에서 아주 잠시나마 마스크를 내리고 한껏 들이마신

_____

[*] 성결대학교 교수

찬 공기가 너무나 맑아 공기가 몸속을 도는 동안 마음이 행복해졌습니다. 하지만 이내 심경이 복잡해지더군요. 마스크와 맑은 공기의 역설적 관계 때문이었다고나 할까요? 코로나19가 종식되어 마스크를 벗게 되는 날이 온다면 답답함이야 사라지겠지만, 조금 전에 마셔 본 맑은 공기는 마주하기 힘들 테니 말이지요. 전문가들은 지금 우리가 경험하고 있는 자연의 소생이 지극히 한시적인 현상에 불과하며 포스트 코로나 시대가 되면 이전보다 더한 환경의 파괴가 일어날 것이라고 이야기를 합니다. 자본의 논리만을 따라가게 되면, 그동안 팬데믹으로 인해 멈춰야 했던 수많은 산업의 현장들은 몇 배 더 가동될 것이고, 그러다 보면 짧은 기간 동안 오염 수치가 급증할 것이기 때문입니다.

물론 잠시 멈추었던 인간들이 다시 걸음을 내딛는 것을 무조건 부정적으로만 볼 수는 없는 노릇입니다. 누군가에게는 생존이 달린 일이고, 또 누군가에게는 정신적 우울감에서 해방될 수 있는 기회일 테니까요. 모든 것을 아름답게 보려는 눈으로 현실의 단편만을 바라보면, 사실 우리가 바라는 일상의 회복은 어느 가수가 노래한 것처럼 손을 맞잡고, 함께 마주 보고, 웃고, 껴안는 것과 같이 당연히 여겨왔던 것들을 되찾는 소소한 회복입니다. 단지 놀이터에서 마음껏 뛰어놀아야 할 아이들이 서로 마스크를 고쳐 씌워주며 "코로나 걸려" 하고 이야기하는 모습을 보고 있자니 그 간절함이 갈수록 커지는 것뿐이지요.

하지만 간절한 마음과 함께 커가는 것은 불안함입니다. 소소한 것에 대한 간절함이 그 정도를 넘어선 욕심이 된다면 그래서 코로나 이전을 바라는 것이 단지 서로를 껴안는 수준이 아닌 모든 것의 회귀라면, 결국 앞서 언급한 전문가들의 예측이 맞아떨어진다면, 하는 불길한 예감이 엄습해왔기 때문이지요. 간절했던 소소한 것들의 회복에 눈이 멀어 또다시 신의 창조물들을 우리 손이 닿지 않는 지구별의 구석으로 몰아낼 것을 생각하니, 소름이 돋았습니다.

반가움, 그리움, 안타까움, 두려움. 길고 긴 생각이 돌고 돌아 다시 원점으로 돌아왔고, 그제야 눈에 들어온 이 성경 구절이 예전처럼 읽히지 않습니다.

도둑이 오는 것은 도둑질하고 죽이고 멸망시키려는 것뿐이요 내가 온 것은 양으로 생명을 얻게 하고 더 풍성히 얻게 하려는 것이라(요 10:10).

과연, 누가 도둑일까요? 고대 신화에서부터 흘러나온 악마일까요? 아니면, 악마의 꾐에 넘어간 일부 인간들일까요? 그것도 아니면, 신앙이 없는 이들일까요? 그렇게 이 성경 구절을 받아들였던 적이 있었던 것 같습니다. 아주 단순했지만 그래서 더 선명했던 신앙의 기억이지요. 하지만, 머리가 자라고, 세상에 놓이고 나니 분명한 것이 사라졌습니다. 그래서 도둑이 누구인지 구분이 힘들었지요. 그런데 이제 다시 선명히 보입니다. 탐욕과 이기심에 눈이 먼 인간들. 이렇게 표현하면 나와는 거리가 먼, 아수라와 같은 존재들이라 생각이 들겠지만, 그들은 나이며 우리이고, 어쩌면 우리 모두입니다. 코로나19로 잠시 우리의 걸음이 멈춘 사이 자연을 향한 도둑질과 살육과 파괴를 잠시 멈추었을 뿐입니다.

그렇다면 그리스도 예수에게서 생명을 풍성히 얻는 것은 누구일까요? 지금까지 인간이 헤집어 놓은 하나님의 창조세계를 생각해 본다면, 결국 "양들"에서 제외될 것은 우리 인간들이지 않을까요? 이러한 결론이 적잖이 무섭고, 두렵습니다. 하지만, 그간 우리가 벌인 일들을 생각하면 그 어떤 변명이나 불평도 내세울 염치가 없습니다. 전 세계를 아프게 한 질병으로 고통받는 이들을 생각하면 이러한 이야기를 해서는 안 되겠지만, 어찌 보면 코로나19는 인간에게 다른 면에서 큰 뉘우침을 요구하고 있는지도 모르겠습니다.

언젠가 들었던 울리히 벡의 "해방적 파국"이라는 표현이 떠오릅니다. 포스트 코로나의 회복을 기대하는 우리는 먼저 우리의 도륙으로 인해 파국을 맞이한 생태를 기억해야겠지요. 그리고 회복과 회귀는 사람과 사람 사이의 따뜻한 거리, 그것까지여야 함을 다짐해야 할 것입니다. 그것이야말로 하나님께서 우리에게 주실 진정한 풍성함이 아닐까요?

● ● ●

1. 이미 생명을 가지고 있는 우리에게 생명을 "풍성히" 얻는다는 것은 어떤 의미일까요?

2. 지금까지 신앙적 경계를 내세워 스스로를 양으로 여겼던 우리가 사실 지구별에게는 도둑일 수 있다면, 과연 우리는 무엇이 되도록 노력해야 할까요?

불필요한 잉여분이 없는 풍성함

신현태 *

도둑이 오는 것은 도둑질하고 죽이고 멸망시키려는 것뿐이요
내가 온 것은 양으로 생명을 얻게 하고 더 풍성히 얻게 하려는 것이라
ὁ κλέπτης οὐκ ἔρχεται εἰ μὴ ἵνα κλέψῃ καὶ θύσῃ καὶ ἀπολέσῃ· ἐγὼ
ἦλθον ἵνα ζωὴν ἔχωσιν καὶ περισσὸν ἔχωσιν.
【요한복음 10:10, 개역개정】

오늘 본문에서 가치 단어 '풍성함'을 직접적으로 나타내는 헬라어 단어는 περισσὸν(페릿손)이다. 이 단어는 원형 περισσός(페릿소스)의 형용사, 대명사, 목적격, 중성, 단수의 형태로 등장한다. 이 단어가 사물에 쓰일 때는 "비상한, 평범하지 않은, 이상한, 넘치는" 등의 뜻을 나타내고, 사람에게 쓰일 때는 "비범한, 주목을 끄는" 등의 뜻으로 해석된다. 70인역(LXX)에도 이 단어의 용례가 나오는데, "남아 있는 것"(출 10:5), "비범한, 뛰어난"(단 5:23) 등으로 해석되는 것으로 볼 수 있다.

---

* 장로회신학대학교 교수

신약성경에도 이 단어가 등장하는데, 형용사로는 단지 6회(마 5:37; 47; 롬 3:1; 고후 9:1; 요 10:18)만 사용되었다. 특별히 요한복음 10장 10절에서는 이 헬라어 단어 περισσὸν(페릿손)은 예수 그리스도께서 가져오신 생명의 '풍성함'을 나타내기 위해 사용되었다. 본문은 예수 그리스도께서 이 땅에 오심이 '양으로 생명을 얻게 하고 더 풍성히 얻게' 하시기 위해 오신 분으로 묘사한다.

사실, 요한복음 10장은 선한 목자에 대한 예수님의 강화(講話, 1-18)와 예수님과 유대인과의 대화(22-39)로 구성되어있다. 여기서 우리가 주목해야 할 부분은 10장의 기사 전체가 수전절(하누카)의 배경하에서 쓰였다는 것이다. 수전절은 주전 164년에 일어난 성전 정화 사건을 기념하여 드리는 절기이다. 주전 168년 헬라 문화와 종교를 강력하게 추진하였던 로마 황제(안티오커스 4세)는 하나님을 예배하기 위해 세워진 예루살렘 성전에 제우스 제단을 세우고 돼지를 희생 제물로 드리는 제사를 강행하기 시작했다. 이에 격분하여 유대민족은 저항운동을 시작하게 되었고 마침내 주전 164년에 '마카비 전쟁'에서 승리함으로 더럽혀진 예루살렘 성전은 다시 회복, 정화되어 하나님께 봉헌하게 된다. 즉 수전절은 더럽혀진 예루살렘 성전을 정화시킨 이스라엘의 역사적인 사건을 기념하는 절기라고 할 수 있다.

본문은 이러한 역사적 사건의 배경 속에서 예수님을 양들에게 "생명을 얻게 하고 더 풍성히 얻게 하시는 분"으로, 선한 목자로 소개한다. 선한 목자이신 예수님은 자신을 희생할 뿐만 아니라 자신의 생명을 내어줌으로 우리에게 풍성한 생명을 선물해 주시는 분이시다(11-15).

본문에서는 선한 목자이신 예수님과 반대되는 단어도 등장한다. 바로 강도(κλέπτης, 클렙테스)이다. 요한복음 저자는 이 강도를 양들을 도둑질할 뿐만 아니라 그들을 파괴하며 더 나아가 양들의 목숨을 앗아가는 존재로 묘사한다. 강도의 주 관심사는 양들과의 친밀하고도 내적인 관계가 아니라 오로지 자신의 이익과 돈에 있는 듯하다. 그러하기에 강도는 양들의 생명에는 전혀 관심을 보이지 않는다. 오로지 그들은 양들에게 죽음을 가져오게 할 뿐이다. 강도는 다른 것을 희생시켜 자신의 풍성함을 채우려고 할 뿐이다. 이러한 끝없는 탐욕의 열망은 결국 상대방을 파멸과 죽음으로 몰고 갈 뿐만 아니라 자신에게는 풍족함이 아닌 '과도한 남음(초과분)'의 이익을 제공할 뿐이다.

재미있는 것은 이 헬라어 περισσός(페릿소스)라는 단어가 비판적으로 사용될 때는 "불필요한, 남는"이라는 뜻으로도 사용된다는 것이다. 이러한 단어의 용례는 진정한 풍성함이 무엇인지를 우리에게 알려 준다. 즉, 진정한 풍성함이란 최대의 부를 자신에게 쌓아 놓는 것이 아니라 '남김없이', '불필요한 잉여분이 없는', '모두가 골고루' 생명을 누리는 상태를 의미하는 것은 아닐까? 이렇게 본다면, 진정한 풍성함은 나의 풍성함에 초점이 맞추어져 있다기보다는 내 이웃에게, 이 사회에게, 이 생태계에게, 이 지구에게, 이 우주에게 맞추어져 있다고 확대해석할 수 있을 것이다.

'과도한 풍성함의 추구'는 소비지상주의의 사회 속에서 사는 우리를 자칫 우리의 이웃과 자연을 착취하는 삶으로 인도하는 위험성을 제공할 수도 있다. 따라서 우리는 우리의 풍성함을 위해 우리의 시간과 노력을 사용하기보다는 이웃과의 조화를 위해, 자연의 풍성함을 위해 사용해야 할 것이다. 이러한 풍성함의 의미에 대한 재발견은 수전절을 통해 더러워진 예루살렘 성전이 정화되어 하나님께 봉헌된 것처럼 성도로 부르심을 받은 우리에게도 자신의 내면적인 성전을 정결케 하는 계기가 되기를 소망한다.

• • •

1. 선한 목자이신 예수님을 따르는 우리에게 있어서 '풍성함'이란 무엇을 의미할까요?
2. 우리의 이웃, 지구의 '풍성함'을 위해 우리는 어떤 삶의 형태를 추구하며 살아가야 할까요?

상상의 굶주림과 일용할 양식

곽호철[*]

> 오늘 우리에게 일용할 양식을 주시옵고
> 【마태복음 6:11, 개역개정】
> 마음이 가난한 사람은 복이 있다. 하늘 나라가 그들의 것이다.
> 【마태복음 5:3】

유럽의 10대들이 수업을 거부하고 시위에 나섰습니다. 과잉소비에 대해 비판을 가하며 기후위기 시대에 어떻게 살아가야 할지에 대해 어른들의 변화를 촉구한 것입니다. 어른들이 아니라, 어린아이들이 들고 일어섰습니다. 앞으로 다가올 미래를 담보로 현재 과잉소비를 하고 있는 세대에 대한 분노의 표출입니다. 우리 세대가 무엇을 필요로 하며 살아왔기에, 미래의 세대가 자신들의 삶을 걱정하며 주어진 필수교육을 거부하고 길거리로 나선 걸까요? 그들의 간절함은 미래의 주역들이 걱정할 만큼 우리의 필요가 잘못 계산되었다는 것을 말하는 거겠죠. 그들의 울부짖음을 생각할 때, 우

---

[*] 연세대학교 교수, 기독교환경교육센터 살림연구소 소장

리는 어떤 필요를 갖고 살아야 할까요?

예수께서는 제자들에게 주신 기도, 우리가 주의 기도라고 부르는 기도를 통해서 "오늘 우리에게 일용할 양식을 주시옵고"라고 기도할 것을 가르치십니다. 예수께서는 왜 제자들이 일용할 양식을 달라는 기도를 하나님께 드리도록 했을까요? 다양한 해석들이 가능하지만, 우선 출애굽하는 이스라엘이 광야에서 받았던 만나가 떠오릅니다. 그들은 만나를 비축할 수 없었습니다. 일용할 양만을 가지고 있어야 했고 남는 것은 축적해 놓았다가 다음에 음식으로 사용할 수 없었습니다. 모아 놓았다가 팔 수도 없었습니다. 그들의 공동체 생활은 축적이 아닌 하루의 필요를 따라 사는 삶이었습니다. 매일 비우는 삶이 그들의 여정을 가볍게 했을 것입니다. 미래를 준비한답시고 긁어모으면 누군가는 많은 것을 싸짊어 다니고 누군가는 없어서 고통을 겪어야 했을 것이기 때문입니다. 만나가 비축 가능한 음식이었다면 하나님께서 허락하신 거룩한 광야 생활이 많이 가진 자와 적게 가진 자의 지배와 종속으로 왜곡되는 출애굽 이전의 삶으로 돌아갔을지도 모릅니다. 다행스럽게도 만나의 기적은 이스라엘 백성들이 거룩한 여정을 이어가도록 그들의 육체적이고 영적인 짐을 가볍게 만들었습니다. 일용할 양식 외에는 필요를 생각하지 않았기 때문입니다.

하나님께서 우리에게 주신 삶도 출애굽처럼 거룩한 여정입니다. 이 거룩한 여정은 필요 이상을 욕망할 때 그 의미와 목적이 사라집니다. 새뮤얼 존슨은 거대한 피라미드를 보면서 인간의 충족 불가능한 욕망을 가리켜 상상의 굶주림이라고 했습니다. 이스라엘 사람들이 이집트에서 강제로 만들어야 했고, 늘 바라보아야 했던 건축물인 피라미드는 상상의 굶주림을 자극했습니다. 그 상상의 굶주림은 충족이 불가능합니다. 충족이 불가능한 상상을 강요받았던 이스라엘 백성들에게 만나는 어쩌면 상상의 치유제 역할을 했을 겁니다. 충족 불가능한 욕망을 그들의 몸과 마음에서 충분히 씻어내기 위해서 아마도 40년이라는 긴 시간의 광야 생활이 필요했는지 모릅니다.

"오늘 우리에게 일용할 양식을 주시옵고"라는 기도가 우리에게 매일 필요한 것은 소비문화가 가져다주는 상상의 굶주림이 피라미드보다 더 강력한 마력으로 우리를 사로잡고 있기 때문입니다. 피라미드보다 더 과시적인 삶에 사람들이 유혹되어서 상상의 굶주림에 더 깊이 빠져듭니다. 과잉소비는 상상의 굶주림이 불러일으킨 행동양식입니다. 더 많이 소비해야 하고 더 고가의 제품을 소비해야 더 나은 인간인 것처럼 보입니다. 그러나 더 많고 더 비싸고 더 화려한 것을 가지려는 욕망과 굶주림은 늘 비교급이기 때문에 만족할 수도 없고 그칠 수도 없습니다. 문제는 그 충족 불가능한 욕망을 채우기 위해서 미래 세대가 누려야 할 공적인 삶의 터전이 무너지고 있다는 것입니다. 현재를 채우려는 욕망이 우리 후손의 미래를 그 근본부터 갉아먹고 있습니다.

우리의 필요를 다시 생각해야 합니다. 예수께서는 일용할 양식을 위해 기도하라고 제자들을 가르치셨습니다. 우리에게 필요한 것은 일용할 양식입니다. 우리가 일용할 양식 이상을 추구하는 현재, 먹을 것을 쌓아두고 있으면서도 수많은 이들이 굶주림으로 고통을 당하며 죽어가고 있습니다. 우리의 필요는 생명을 살리는 것으로 축소해야 합니다. 우리의 필요가 생명을 살리는 것이 아닌 교환을 위한 것일 때 혹은 과시를 위한 것일 때, 다른 사람을 고통에 빠뜨리기도 하고 우리 후손들의 미래를 어둡게 만듭니다.

지금 우리는 필요 이상의 것을 많이 갖고 있습니다. 그런데도 사회는 계속 우리에게 더 필요하다고 부추깁니다. 더 가져야 한다며 광고하고, 소비를 진작시켜 경제가 살아나야 한다고 합니다. 그런데 경제적으로 어렵다고 하는 코로나 팬데믹 상황에서 사치품의 소비가 많이 늘었다고 합니다. 먹고 살기에 막막한 사람들이 부지기수로 늘고 있는데 사치품 소비는 더 늘고 있는 이 모순은 공동체를 배려하지 않은 소비문화와 거기에서 파생된 '필요'가 상상의 굶주림이 되어 인류 문명을 좀먹고 있다는 걸 보여줍니다.

기도로 우리의 마음을 정결하게 정화하듯, 기도로 우리의 '필요'를 정화해야 할 때입니다. 중언부언하는 기도를 예수께서 금지하시고 간결한 기도를 가르쳐주셨습니다. 바로 그 주의 기도 안에 중언부언하듯 무차별적으로 욕망을 표출하는 우리의 필요를 '일용할 양식'으로 축소해서 제한해야 합니다.

미래 세대의 굶주림과 미래 세대의 고통이 예측 가능할 정도로 지구 생태계가 병들고 있습니다. 인간이 인간세를 만들면서 상상된 굶주림을 채우기 위해 지구 생태계를 무자비하게 약탈했기 때문입니다. 이제 교회는 상상의 굶주림을 눈감거나 추인하는 습관을 벗고, 모두와 함께 나누고 비우고 치유하고 회복시키는 상생의 경주를 해야 할 때입니다. 피조물의 신음 소리와 미래 세대의 신음 소리 그리고 소외된 자들의 신음 소리 앞에서 우리의 필요를 줄여 생명의 회복과 모두의 상생을 위해 힘을 써야 할 때입니다.

···

1. 일용할 양식으로 우리가 만족하지 못하는 이유는 무엇일까요?

2. 지금 자신이 처한 현실에서 줄일 수 있는 '필요'는 무엇일까요?

공동체와 필요에 대한 감수성

이창호 *

오늘 우리에게 일용할 양식을 주시옵고
【마태복음 6:11, 개역개정】
마음이 가난한 사람은 복이 있다. 하늘나라가 그들의 것이다.
【마태복음 5:3】

기독교의 정의론을 탐색할 때 누구보다도 먼저 만나 봐야 할 신학자 한 사람을 꼽으라면 아퀴나스를 생각할 수 있다. 아퀴나스에 따르면, 정의는 크게 두 가지다. 하나는 특수 정의인데, 그 의미를 살려 이름을 붙인다면 소통적 정의라고 할 수 있을 것이다. 정의는 몫(due)을 정당하게 주고받는 것이다. 마땅히 받아야 할 보상이 있다면 받을 만큼 받아야 하고 치러야 할 대가가 있다면 치를 만큼 치르는 것이 정의라는 말이다.

다른 하나는 일반 정의인데, 그 의미를 살려 공헌적 정의와 분배 정의로 나누어 설명할 수 있다. 먼저 공헌적 정의는 공동체의 삶과

---

* 장로회신학대학교 교수

연관이 깊은 정의이다. 인간이 인간답게 살아가는 데 필요한 삶의 조건들을 확보하고 또 향유하기 위해서는 개인의 힘이나 노력만으로는 안 된다는 전제를 내포하는 정의 개념인데, 그러한 조건 마련을 위해서 공동체에 속한 구성원들이 함께 노력하고 공헌해야 한다는 공적 지향과 책임을 중시하는 정의라고 할 것이다. 나를 위해 또 우리 모두를 위해 자기 자신을 공적 유익 혹은 공공선을 위해 내어놓을 수 있다는 윤리적 의도와 실천을 내포하는 정의 개념인 것이다. 어거스틴은 공동체와 공공선을 위해 자기 자신을 기꺼이 희생할 줄 아는 참된 신자들이 공적 공동체 안에서 실제적으로 그렇게 살고자 힘쓴다면 그것처럼 공공선 증진에 이바지하는 것이 없을 것이라고 주장한다. 그의 주장에는 공헌적 정의에 대한 규범적 지향이 강하게 작동하고 있다고 볼 수 있다.

다음으로 분배 정의는 공적 자산을 공정하게 잘 나누는 삶을 규율하고 안내하는 정의이다. 어떤 기준으로 분배하느냐는 분배 정의의 구현을 위해 핵심적인 과제가 될 것이다. 일반적으로 대표적인 기준은 두 가지다. 하나는 공과(merit)이고 다른 하나는 필요(need)이다. 공과를 기준으로 삼아 분배한다면, 공과 과의 크기에 따라 분배를 달리하게 될 것이다. 공(功)이 많은 이에게 더 많이 주고 과(過)가 더 큰 이에게 더 큰 책임을 지우는 식이다. 이러한 분배의 기준과 방식이 상식적으로 당연하다는데 넓은 공감이 있을 수 있겠지만, 이 기준이 분배를 위한 유일한 기준이 되거나 혹은 지배적 작용을 하게 될 때 생길 수 있는 부정적 결과에 대해서는 진지하게 고려할 필요가 있겠다. 대표적인 보기로 사회적 약자 소외의 심화가 아닐까 한다. 이런 맥락에서 다른 기준 곧 필요가 중요하다.

필요의 기준을 적용하여 분배 정의를 구현하고자 한다면, 사회 구성원들 가운데 '필요'가 더 있는 이들에게 더 주는 것이 마땅하다. 삶을 위해 기본적으로 필요한 요건들을 보장받지 못하고 있는 이들을 우선적으로 배려하여 그들의 필요를 채워주는 것이 분배 정의의 구체적인 실천이 될 것이다. 기독교 사회윤리의 중요한 기여를 여기서 생각해 볼 수 있는데, 특별히 '가난한 이들을 위한 우선적 선택'(preferential option for the poor)이라는 개념을 주목할 필요가 있다. 가난하고 소외된 이들을 우선적으로 고려하고 그들이 삶의 필요를 확보하고 인간다운 삶을 살 수 있도록 힘쓰는 게 기독교회와 신자들이 마땅히 해야 할 바이며 이를 위한 구체적인 실천은 정의 곧 분배 정의의 실천이 되는 것이라는 사회 윤리적 함의를 담고 있는 개념인 것이다.

아퀴나스의 정의 구분에 따르면, 공헌적 정의와 분배 정의는 일반 정의로 묶을 수 있는데 이 두 정의를 관통하는 규범적 실제적 연결고리는 '필요'라는 점을 밝혀 두고자 한다. 동료 구성원들의 필요를 위해 공적으로 공헌하는 삶을 살아야 한다는 것이다. 특별히 더 필요한 이들을 위해 우선적으로 배려할 줄 아는 공동체가 정의의 관점에서 성숙한 공동체라고 할 수 있는 것이다. 이 지점에서 정의에 대한 윤리적 논의를 생태적으로 확장해야 한다고 생각한다. '필요'를 목적으로 하여 우리 모두가 공헌해야 할 대상이 되는 공동체는 인간 공동체로 한정해서는 안 되고 인간이 아닌 다른 존재들도 포함하는 전체 생명(생태) 공동체가 되어야 할 것이라는 말이다. 우리가 살고 있는 생명 세계 안에 함께 살아가고 있는 모든 구성원이 각자 영위해야 할 생명을 충분히 향유하며 살기 위해 필요한 삶의 요건들을 확보하는 데 있어 공동의 노력이 요구된다는 것인데, 인간 구성원들의 각성과 노력이 특별히 요청된다고 할 것이다. 인간종만을 위한 것이 아니라 모든 동료 존재들을 위한 공적 '공헌'을 다짐하고 힘써야 한다는 말이다.

또한 인간이 아닌 다른 동료 피조물에게 더 '필요'가 있는 것이 아닌지 예민하게 살펴야 할 것이며 필요를 찾았다면 그 필요를 채우기 위한 생태적인 공적 실천을 함께 모색해야 할 것이다. 내쉬(James A. Nash)는 생물의 권리장전[1]을 통해 하나님의 피조물로서 마땅히 보장받고 향유해야 할 기본적인 생물의 권리들을 제시하는데, 여기에 옮겨본다. '존재하기 위하여 자연의 경쟁에 참여하는 권리,' '개체 생물이 자신의 생태학적 기능을 수행하기 위하여 기본적인 필요와 기회를 만족스럽게 가질 수 있는 권리,' '건강하고 온전한 서식처를 가질 권리,' '자신과 같은 종류를 재생산할 수 있는 권리,' '인간에 의해 멸종되지 않고 자유롭게 발전될 수 있는 잠재력을 충분히 발휘할 수 있는 권리,' '인간의 잔인하고 악독하고 경솔한 사용으로부터 해방될 권리,' '인간의 행위에 의해 붕괴된 자연이 본래 상태의 모습으로 회복되도록, 인간의 개입을 통하여 보상받을 수 있는 권리,' '종의 생명력 유지에 필요한 자원을 공정하게 분배받을 수 있는 권리' 등이다. 이 권리들이 동료 존재들의 필요를 구체적으로 또 섬세하게 살피는 데 유익할 것이라고 생각한다. '필요'에 대한 감수성과 인식을 심화하면서 동료 존재들이 필요를 충족하여 하나님이 허락하신 존재와 생명의 뜻을 더욱 풍성하게 구현하는 데 이바지하

---

1 James A. Nash, *Loving Nature: Ecological Integrity and Christian Responsibility*, 『기독교 생태윤리』, 이문균 역 (서울: 한국장로교출판사, 1991), 290-295.

고 그리하여 동료 존재들과 더불어 더욱 아름다운 공동체를 일구어
갈 수 있기를 바란다.

• • •

1. 피조물의 필요에 응답하시기 위해 힘쓰시는 하나님의 일하심에 대해서 묵
   상해 봅시다.
2. 가까운 삶의 자리에 있는 인간이 아닌 동료 존재의 필요를 살피고 그 필요를
   채우기 위해 구체적으로 무엇을 할 수 있고 또 해야 하는지 생각해 봅시다.

아름다움을 회복하는 신앙

구미정 *

보시기에 참 좋았다.
【창세기 1:31】
내가 여호와께 바라는 한 가지 일 그것을 구하리니
곧 내가 내 평생에 여호와의 집에 살면서 여호와의 아름다움을 바라보며
그의 성전에서 사모하는 그것이라.
【시편 27:4, 개역개정】

　　기독교 신앙은 천지창조에 대한 믿음에서 출발한다. 우주는 우연히 발생하지 않았다. 하나님이 창조하셨다. 그것도 '말씀'으로 창조하셨다는 묘사가 창세기 1장에만 아홉 차례나 반복된다. 숫자 9는 한 자리 숫자로 적을 수 있는 가장 큰 수다. 동양에서는 아주 높고 크고 깊은 것들을 9에 비유할 때가 많았다. 구천, 구척장신, 구중궁궐 같은 표현이 이에 해당한다. 서양의 경우는 다르다. 수학에서 '피타고라스 정리'로 유명한 피타고라스 학파는 10에서 1이 모자란

---

* 숭실대학교 초빙교수, 이은교회 목사

9를 불길한 수로 여겼다. 이런 세속의 통념을 성서는 뒤집는다. 3을 신성시하는 전통에 따라 3의 제곱인 9를 거룩한 완전수로 내세웠다.

하지만 더 중요하게 다루어야 할 내용은 따로 있다. 이 신앙고백이 고대 바빌로니아 제국에서 노예살이하던 디아스포라 유대인들 사이에서 터져 나왔다는 사실을 깊이 성찰해야 한다. 그들을 지배하던 제국은 『에누마 엘리쉬』라는 경전을 통해 백성들의 삶과 사고를 규율했다. 이 경전은 우주가 신들의 투쟁에서 비롯되었다고 가르쳤다. 다신론 체계에서 가장 힘센 마르두크(Marduk) 신을 '최고신'으로 섬기며, 현실에 만연한 폭력을 정당화했다. 왕족, 귀족, 성직자가 부와 권력을 세습하는 것이 신의 뜻이었다. 노예는 죽도록 일만 하며 상층계급을 섬기도록 정해져 있었다. 노예에게는 감정도, 영혼도 없으므로 신을 예배할 권리도 없었다. 이러한 이데올로기에 저항하는 반박문이 창세기의 창조신앙이다. 하나님을 '유일신'으로 고백하고, 다른 신들은 우상이라고 선언한다.

말씀으로 이루어지는 하나님의 창조는 평화롭기 그지없다. 폭력과 전쟁이 난무하는 마르두크의 창조와 전혀 다르다. 말을 건다는 행위 자체가 사랑의 표현이다. 그리고 사랑하면 원래 나쁜 것도 다 좋게 보이기 마련이다. "하나님이 지으신 그 모든 것을 보시니, 보시기에 심히 좋았더라"(창 1:31). 히브리어 '토브'는 '선하다, 좋다, 아름답다' 등 여러 의미를 지니는데, 창세기 1장에 일곱 차례 등장한다.

고대 서남아시아 세계에서는 7을 불길한 수로 여겼다. 우리 문화에서 결혼 날짜나 이사 날짜를 잡을 때 길일을 따지듯이, 그들에게 제7일은 피해야 할 흉일이었다. 그날은 인간에게 해를 입히는 신들이 활보하는 날이라 여겼다. 그래서 바알 숭배자들은 제7일에 일하지 않았다. 제7년에는 땅도 묵혔다. 이렇게 휴경하면 죽음의 신 모트(Mot)가 활성화되는데, 바알이 모트와 전쟁을 벌여 응징해야 풍년이 든다고 믿었다.

여기서 다시금 창세기 저자는 가나안 토착 신앙이 불길하게 여기던 수를 거룩한 수로 승화하는 재치를 발휘했다. 하나님이 6일 동안 창조하신 만물에 대해 일곱 차례나 '토브'를 연발하더니, 급기야 제7일을 거룩한 날로 선포했다. 이날은 하나님이 쉬신 날이기 때문에, 노예처럼 사람대접을 받지 못하는 사회적 약자들이 쉬어야 한다고 천명했다. 노예제도를 혁파하는 발랄한 상상력이 아닐 수 없다.

미국 화가 바넷 뉴먼은 20세기 예술의 특징을 이렇게 정의했다. "현대예술을 이끄는 충동은 미를 파괴하려는 것이다." 하기야 마르셀 뒤샹이 흔하디흔한 화장실 변기에 '샘'이라는 제목을 붙여 전시회에 출품한 게 1917년의 일이니, 뉴먼의 말에도 충분히 고개가 끄덕여진다. 정말로 현대예술은 아름다움에 대한 고정관념에 도전하는 걸 주업으로 삼는 듯하다. 기존 가치에 대한 전복행위 자체가 예술이라면, 창세기 저자야말로 전위예술가가 아닌가? 하나님의 창조를 묘사하면서 어쩜 그리 전복적인 상상력을 자유롭게 구사하는지 감탄스럽기 그지없다.

창조신앙을 갖는다는 건 하나님의 '토브'를 깨닫는다는 뜻이다. 천지 만물을 아름답게 바라보는 눈부터 회복해야 한다. 하나님은 '빛'을 창조하셨다. 빛이 생기자 비로소 어둠을 구별할 수 있게 되었다. 빛으로 인해 어둠에도 의미와 가치가 부여되었다. 하나님의 눈에는 어둠마저 '토브'였다.

그러니 인생에 닥치는 어둠을 어찌 부정하기만 할 텐가? "별들의 바탕은 어둠이 마땅하다/… /지금 어둠인 사람들만/별들을 낳을 수 있다"(정진규, 〈별〉 중에서). 이 시를 이해하지 못하는 사람은 인생의 어둠을 진지하게 대면하지 못했거나 처절하게 극복하지 못한 사람이기 쉽다. 그리고 우리는 살면서 운 좋게도 어둠을 맞닥뜨려보지 않은 사람보다는 무수한 어둠을 겪고도 그 어둠에 삼켜지지 않고 여전히 빛을 뿜어내는 사람에게서 아름다움을 느낀다.

요컨대 아름답다는 건 총체적인 판단이다. 선천적이거나 후천적인 장애로 신체 일부가 손상된 사람도 얼마든지 아름다울 수 있다. '미담'(美談)이라는 단어를 떠올려보라. 이때의 아름다움은 감동과 연관되지, 단순한 외적 생김새와는 무관하다. "아름답다 예수여"(새찬송가 144장 4절)를 찬양하면서 예수의 외모를 상상하는 사람은 없을 것이다. 이 찬송가는 예수의 아름다움을 십자가와 연결한다. 예수의 무고한 고난과 타자를 향한 섬김이 아름답다는 말이다.

그러니까 하나님의 '토브', 곧 아름다움을 회복하는 신앙이란 피조물의 고난에 동참하는 실천과 이어져야 한다. 하나님이 손수 지으신 세상, 곧 인간과 인간 이외의 피조물이 함께 거주하는 집이 허물어져서는 안 된다. 그리스도인들이 하나님의 사랑과 자비, 정의와 평화를 전염시키는 '토브-바이러스'가 되어 이 집을 에덴으로 가꾸어나갈 때, 그리스도인 각자가 비로소 하나님의 성전으로 우뚝 세워질 것이다.

내가 여호와께 바라는 한 가지 일 그것을 구하리니 곧 내가 내 평생에 여호와

의 집에 살면서 여호와의 아름다움을 바라보며 그의 성전에서 사모하는 그것이라(시 27:4).

. . .

1. '예쁘다, 곱다, 아름답다'의 차이는 무엇일까요? 우리 문화가 외면적이고 감각적인 부분에만 치우쳐, 아름다움의 총체성을 망각하고 있지는 않은가요?

2. '선과 악을 알게 하는 지식의 나무' 열매를 따 먹은 인간은 좋다/나쁘다, 선하다/악하다, 아름답다/추하다는 판단마저 자기 욕망에 따르기 일쑤입니다. 이 죄악에서 벗어나려면 어떻게 해야 할까요? 각자 삶에서 아름다움을 회복하기 위한 실천 사례를 이야기해 봅시다.

* 이 글의 일부는 필자의 저서 『그림으로 신학하기』(서로북스, 2021)에서 가져왔음을 밝힙니다.

초록 얼굴의 하나님

임은*

> 보시기에 참 좋았다.
> 【창세기 1:31】
> 여호와께 바라는 한 가지 일 그것을 구하리니
> 곧 내가 내 평생에 여호와의 집에 살면서 여호와의 아름다움을 바라보며
> 그의 성전에 사모하는 그것이라.
> 【시편 27:4】

"하나님은 아름답습니까"라고 질문하면 많은 기독교인은 "당연히 하나님은 지극히 아름답습니다"라고 답할 것이다. "초록 얼굴의 하나님은 아름답습니까?"라고 묻는다면 어떨까? 갑자기 모두 고개를 갸웃거릴 것이다. 초록 얼굴의 하나님이라니. 인간 중심적인 사고(Anthropocentric)에 빠져있는 우리는 하나님을 인간의 형태로밖에 상상하지 못하고, 인간이 세운 미의 기준으로 봤을 때 초록 얼굴을 한 사람의 형태인 하나님은 상상하기 어렵기 때문이다.

생태신학자 월레스(Mark I. Wallace)는 그의 글 '초록 얼굴의 하나

---

* 심리치료사(캐나다 공인), 목회상담사

님: 생태 대학살 시대의 기독교'(The Green Face of God: Christianity in an age of Ecocide)에서 하나님은 초록(God is Green)이라고 말하며 생명의 영, 성령이 곳곳에 깃든 창조세계야말로 삼위일체 하나님의 모습이라며, 이를 초록 얼굴의 하나님이라는 표현을 하였다. 칼빈 또한 창조세계는 아름다운 집과 같아서 그 안에 채워진 풍성하고 훌륭한 모든 것이 바로 하나님을 말해주는 것이라고 하며[1] 창조세계는 아름다운 책과 같이 크고 작은 모든 창조물이 보이지 않는 하나님을 볼 수 있게 해준다고 했다.[2]

즉 창조세계는 하나님의 계시이며 발현인 것이다.

아름답습니까? 라고 물으면, 우리는 흔히 외적인 아름다움을 먼저 생각하고, 그 때문에 상당수의 사람이 성형수술까지 하면서 세상의 아름다움의 기준에 맞추려고 한다.

그러나 성경 안에서 아름다움을 표현하는 '토브'(טוב)라는 단어는 원래 '좋다, 선하다'는 뜻의 히브리어이고, 영어로는 good, beautiful로 번역되곤 하는데 주로 내적 아름다움을 표현한다. 창세기의 "보시기에 좋았다"라고 할 때도 이 토브(טוב)라는 표현을 쓰는데 즉 아름다운 것은 마음을 좋게, 기쁘게 하고 그 안에는 선함이 내재 되어 있기에 성경 안에서는 은총, 즐거움, 선함으로 해석되기도 하는

---

1 "The creation is quite like a spacious and splendid house, provided and filled with the most exquisite and the most abundant furnishings, Everything in it tells us of God" - John Calvin from his "Institutes of the Christian Religion" 1599 AD.
2 "First, by the creation, Preservation, and government of universe, since that universe is before our eyes like a beautiful book in which all creatures, great and small, are as letters to make us ponder the invisible things of God" - John Calvin, Article 2 of the Calvinistic Belgic Confession from 1561.

것이다.3 따라서 시편 27편 4절에서 다윗이 말하는 여호와의 아름다움이란 곧 선함과 은총, 즐거움 등이 모두 포함된 하나님의 특성을 말하는 것이고 이를 사모한다는 것은 하나님처럼 아름답게 되기를 바란다는 소망을 말함이다. 따라서 기독교 신앙 안의 아름다움에는 선함을 향한 사모함의 가치가 포함되어 있다.

그러면 다시 "초록 얼굴의 하나님(창조세계)은 아름답습니까?"라는 질문으로 돌아가 보자. 생태계 대량 파괴 시대(Ecocide)의 초록 얼굴의 하나님은 어떤가?

십자가에 못 박혀 고통받는 예수님의 모습처럼 처참하기만 하다. 이제까지 하나님을 오직 인간의 모습으로만 생각하고 나머지 창조세계는 착취하고 이용하는 수단으로만 사용했기에 초록 얼굴의 하나님은 십자가 위에서 못 박혀 피 흘리며 죽어가던 예수님처럼 고통받고 있음은 누구도 부인하지 못할 현실이고, 그 극명한 증거가 바로 COVID-19의 팬데믹인 것이다.

삼위일체적 하나님에 대한 이해가 생태적 수준까지 확장되어 보다 많은 사람이 창조세계가 바로 초록 얼굴의 하나님 모습의 발현으로 이해할 수 있다면, 우리가 하나님의 아름다움을 사모하듯이, 창조세계가 아름답게 되기를 바라게 될 것이다. 이렇게 보면, 미학적 차원에서 "아름다움"의 절대적 가치, 상대적 가치의 담론과는 조금 다르게, 신학적 관점에서 "아름다움"의 가치에는 선함의 회복, 정의의 회복이라는 개념도 포함되어야 할 것이다. 우리에게는 아름답지 않은 것을 보면 기분이 좋지 않고, 불쾌한 감정이 올라오

---

3 시편 90:17(은총), 잠언 3:17(즐거움), 잠언 15:26; 16:24(선함).

며, 이것이 선하지 않고 우주 질서에 어긋나 있음을 직관적으로 아는 예수님의 눈이 있다. 하나님이 지으신 창조세계의 아름다움을 다시 회복하기를 사모하는 마음, 그 정의의 마음이 바로 예수님이 십자가에 매달리는 고통과 같은 어려움도 극복하고 생태적 헌신을 가져오는 힘이 될 것이다.

신학자 위르겐 몰트만은 생태위기는 인간 자신의 위기라고 강조하며 그의 책 『창조세계 안의 신』(*God in Creation*)에서 특히 하나님의 영에 관한 이야기를 다음과 같이 했다. "우리가 만약 창조주와 그의 창조세계를 삼위일체적으로 이해한다면 하나님의 영이 창조세계에 살아있는 모든 존재 안에 온전히 거하고 그들로 하여금 그 영 안에서 살고 삶 속에 살게 한다는 것을 알게 된다. 창조세계에 내재된 비밀은 바로 그 안에 하나님이 함께 하신다는 것이다.[4]

하나님을 멀리 떨어진 하늘을 가리키며 찾지 않고, 바로 지금, 이 순간 발 딛고 서 있는 땅에도, 뺨을 스치는 바람에도, 따스한 햇볕에도 빗방울 속에도 현존함을 늘 함께하시는 선하고 아름다운 정의의 하나님을 알게 된다면 우리 신앙은 비로소 삶 속으로 녹아들

---

4 Moltmann's eschatological vision then shapes and is integrally related to his understanding of God the creator and of god's creation, as his book God in creation shows, A signature teaching of that book is Moltmann's extensive exposition of the role of the Spirit of God in and throughout the whole creation. "... if we understand the creator, his creation, and the goal of that creation in a Trinitarian sense," Monltman explains, "then the creator, through the spirit, dwells in his creation as a whole, and in every individual created being, by virtue of his Spirit holding them together and keeping them in life, The inner secret of the creation is this indwelling of God." — H. Paul Santmire, So that he might fill all things, 263.

게 될 것이다. 우리 삶 속에 초록 얼굴의 하나님이 예수님의 눈으로 생태 정의를 회복하게 된다면, 성령이 곳곳에 깃든 창조세계는 바로 이 땅 위의 천국(Heaven on the Earth)이 되고 비로소 하나님의 아름다움이 모든 창조물을 통해 드러나게 될 것이다.

• • •

잠시 주위를 둘러봅니다.

창밖으로 보이는 풍경, 집 안의 모습,

거울 속의 나의 모습도 둘러봅니다.

그리고 잠깐 눈을 감아 봅니다.

고요한 중에, 가만히 숨을 들이마시고, 내쉬며

하나님의 숨결(루하)을 온몸에 가득 느껴 보십시오.

그렇게 천천히 차분하게 온몸이 생명력으로

그리고 빛으로 가득 차오르는 상상을 해봅니다.

이제는 예수님의 눈동자로 세상을 바라본다는 마음으로

천천히 눈을 떠서 다시 한번 주위를 둘러봅니다.

마음속에 어떤 생각들이 오고 가는지요.

예수님의 눈동자로 바라보는 세상은 아름다운지요?

내면 안의 부끄러운 진실을
마주할 수 있는 용기

권수영[*]

> 마음을 강하게 하고 용기를 내십시오.
> 그들 앞에서, 두려워하지도 말고 무서워하지도 마십시오.
> 주 당신들의 하나님이 당신들과 함께 가시면서,
> 당신들을 떠나지도 않으시고 버리지도 않으실 것입니다.
> 【신명기 31:6】

코로나19로 인해 우리는 모두 예전엔 깊이 깨닫지 못했던 일상의 소중함을 알게 되었다. 마스크가 이리도 중요한지 예전에는 미처 몰랐다. 코와 입을 막아주는 마스크 말고, 아주 오래전부터 우리는 마음의 마스크를 쓰고 살아왔다. 심리학자들은 사람들이 자신의 진짜 모습을 가리고, 다른 사람들에게 보여주는 자신의 겉모습을 인위적으로 만들어간다는 점에 주목했다. 마음의 마스크는 '페르소나' 혹은 '가면'이라고도 불린다.

---

[*] 연세대 연합신학대학원 교수, 기후위기기독교신학포럼 공동대표

스위스의 정신과 의사이자 정신분석학자인 칼 융(Carl Jung)은 "자신을 온전히 받아들이는 일이야말로 세상에서 가장 무서운(te-rrifying) 일"이라 언급하기까지 했다. 그래서일까? 혹자는 다른 사람들에게 친절한 사람으로 인정받기 위해, '스마일' 가면을 쓴다. 또 다른 사람들은 주변으로부터 무시당할까 두려워 일부러 '까칠이' 가면을 쓰기도 한다. 종교인들 역시도 이러한 마음의 가면을 자주 착용한다. 종교인들은 주로 어떤 가면을 쓰게 될까?

정부의 엄중한 코로나19 방역지침에도 불구하고 대면 예배를 강행하던 한 목사님은 예배를 드리지 않으면 망하지만, 예배를 드리면 천국에서 신선한 공기가 내려와 마스크를 벗어도 된다고 선포했다. 융의 진단을 빌리자면 진정한 그리스도인처럼 보이기 위해서 '거룩한 예배자' 가면을 쓰고 있는 모양새다. 이런 모습은 꼭 우리 한국 그리스도인들만의 현상은 아니다. 16세기 유럽에 흑사병이 창궐했을 때 종교개혁자 마르틴 루터는 약을 복용하지 않고 대면 모임에 민감하게 주의를 기울이지 않는 그리스도인들을 강하게 질책하곤 했다. 어쩌면 이는 '거룩'의 가면을 쓰고, 자신의 불완전성과 불안을 숨기고 마치 신(神)처럼 되려는 인간 본성에 대한 당연한 경고일지 모른다.

우리 안에는 자신도 모르는 불안과 두려움, 자신 존재에 대한 자괴감과 부적절감이 숨겨져 있다. 하지만 이를 오롯이 받아드리는 일은 결코 쉽지 않다. 자기 자신의 속마음을 알고 싶어 심리상담사를 찾아온 이들도 정작 자신의 내면의 골짜기를 내려갈 참이면 이내 브레이크를 잡는다. 소위 마음의 저항이 시작된다. 내담자들은 자신의 마음속 무력한 아이가 숨겨져 있거나, 난폭한 괴한 같은 공격성이 숨겨져 있다는 사실을 좀처럼 수용하기 어렵기 때문이다. 하지만, 그러한 부끄러운 자신을 받아들이는 용기를 발휘하는 이들에게만 비로소 자신을 초월한 힘에 대한 신뢰와 함께 치유의 문이 열린다.

제266대 교황 프란체스코는 한 프랑스 사회학자와의 인터뷰에서 자신의 삶에서 큰 전환점이 된 한 가지 사건을 소개한 적이 있다. 교황은 자신이 42세 때인 1979년 아르헨티나 예수회 수장으로 재직하면서 반년이 넘게 일주일에 한 번씩 여성 정신분석가를 찾아갔노라고 고백하였다. 당시 아르헨티나는 군부 독재 시절이어서 종교지도자인 그에게 여러모로 심적인 어려움이 있었으리라 예상된다. 하지만, 그가 자신의 인생에 정신분석을 받았던 경험이 가장 큰 도움이 되었다고 밝힌 이유가 무엇일까? 그저 단순히 외부로부터 오는 각종 스트레스에 대한 전문가의 위로를 받을 수 있었기 때문이 아니었다. 자신의 내면 안에 숨겨진 부끄러운 진실을 마주할 수 있었던 용기가 지금의 자신을 만들었다는 당당한 고백이었다.

성서에 등장하는 하나님의 사람들도 마찬가지다. 성서에는 하나님 앞에 당당한 모습으로 자신 있게 자신을 주장하는 위인을 도무지 찾기 어렵다. 모세는 자신을 지도자로 부르시는 하나님 앞에 무력한 자신의 모습을 고백했고, 심지어 예수도 죽음 직전 십자가를 피할 수 있게 해달라고 아이처럼 울부짖으며 매달렸다. 그들은 모두 자신의 연약하고 부끄러운 내면을 주저하지 않고 드러냈다. 이런 자기수용의 마음을 가지려면 실로 어마어마한 용기가 필요하다.

코로나19는 우리에게 또 다른 우리 자신의 부끄러운 모습을 담담히 마주하게 했다. 자연과 동물 그리고 생태계에 대한 우리의 파괴적인 공격성이다. 21세기 동물과 인간에게 공통으로 감염된다는 '인수공통 감염병'이 인류에게 등장한 것은 오로지 우리 인간 개개인의 탐욕과 교만 때문이었다. 그리스도인들은 하나님께서 인간에게만 '생육하고 번성하고 충만하라'고 복을 주신 줄로 알았다. 창세기 1장 20-23장에 보면, 인간을 창조하시기 바로 전날, 물속의 생물들과 공중 나는 새들을 지으시고, "그들에게 복을 주시며 이르시되 생육하고 번성하여 여러 바닷물에 충만하라 새들도 땅에 번성하라"고 먼저 축복하셨다.

하지만 하나님처럼 되려는 인간은 너무도 당당하게 생태계를 망가뜨려 왔다. 이제 인공지능과 의학의 발전으로 영원히 살기를 꿈꾸었던 인간은 마스크 없이는 나다닐 수도 없는 지경에 이르러서야 우리가 생태계에 무슨 짓을 했는지 돌아볼 수 있게 된 것이다. 아이러니하게도 인간이 멈추자 자연이 살아났다. 플라스틱 폐기물로 고통받았던 물속 생명체와 서식지를 빼앗겨 내몰렸던 야생동물들도 모처럼 생기를 되찾았고 매연으로 숨쉬기조차 힘들었던 하늘도 청명함을 되찾았다. 이제 우리 인간이 추악한 우리의 내면을 마주할 용기가 절대적으로 필요하다. 기후변화나 자연 재난이 자연의 반격이나 선전포고라며 두려워할 것이 아니라, 우리로 인해 말 못하며 아파했던 자연의 외마디 신음소리로 들을 수 있어야 하지 않을까?

신명기 31장에 보면, 120세 노인이 된 모세가 약속의 땅을 눈앞에 두고 자신의 한계를 고백하는 장면이 등장한다. 자신은 더 이상 이스라엘 백성을 이끌 힘을 잃었고, 심지어 요단을 건너지 못하리라는 하나님의 음성을 들었다고 고백한다. 지도자인 그는 또다시 자신의 한계를 거침없이 드러내는 용기를 보여준다. 적군의 화살을 맞고 전사하면서 남긴 이순신 장군의 유명한 명언과 대조적이다. "어서 방패로 나를 가려라. 나의 죽음을 알리지 말라." 모세는 달랐다. 자신의 죽음이 결코 이스라엘 민족의 끝장이 아님을 굳게 믿었다. 여호와 하나님께서 앞서 가시며 함께 하시고 동행하실 것을 절대적으로 신뢰했기 때문이다. "너희는 강하고 담대하라. 두려워하지 말라. … 네 하나님 그가 너와 함께 가시며 결코 너를 떠나지 아니하시며 버리지 아니하실 것임이라." 그렇다. 인간의 끝장은 하나님의 시작이다.

코로나19가 시작된 2020년이 마무리되고, 2021년 새해 첫날, 한 뉴스 프로그램의 앵커는 두 가지 질문을 하며 뉴스를 열었다. 첫 번째 질문은 "언제 우리가 일상을 되찾을 수 있을까?" 그리고 두 번째 질문은 "우리가 다시 일상으로 돌아가야 할까?"였다. 두 번째 질문은 우리가 다시 예전의 모습으로 되돌아간다면 생태계 교란이 재개될 것이고 인류는 또다시 재앙의 악순환을 면치 못할 것이라는 자성이 담긴 질문이었다. 우리 그리스도인들에게도 똑같은 질문이 필요하다. 그동안 자연은 하나님의 축복 받은 창조물이 아닌 것처럼 학대하고 파괴했던 우리의 죄성을 받아드릴 용기가 필요하다. 그리고 신처럼 되려는 우리의 교만을 벗고 우리의 불완전성을 받아드릴 용기가 필요하다. 그래야 신(神) 없이 신(神)처럼 살려는 불안한 존재가 아니라, 하나님의 인도하심을 따라 함께 살아가는 동반자의 역사가 시작된다.

∙∙∙

1. 우리 내면을 돌아봅시다. 혹시 거룩함을 내보이려는 마음의 가면을 쓰고 있지는 않나요? 그 가면은 혹시 우리가 하나님처럼 되려는 교만을 가리고 있지 않은지 살펴봅시다.

2. 자신의 부끄러운 내면을 있는 그대로 마주하고 받아들일 용기를 냈던 성서의 인물들처럼 되기 위해서 우리는 어떤 일을 해야 할까요? 특히 생태계를 아프게 했던 자신의 모습을 바꾸기 위해서는 오늘 어떤 일을 시작할 수 있을까요?

아주 심기

홍승만*

> 너희는 강하고 담대하라 두려워하지 말라 그들 앞에서 떨지 말라
> 이는 네 하나님 여호와 그가 너와 함께 가시며
> 결코 너를 떠나지 아니하시며 버리지 아니하실 것임이라 하고
> 【신명기 31:6】

하나님께서 가나안 입성을 앞둔 여호수아에게 '용기'를 주시는 실제적인 권면을 묵상하며, 여호수아가 '용기'를 얻어 하나님이 약속하신 땅에 '아주 심기'를 준비하기 위해 나아가는 과정을 살펴볼 수 있다.

영화 〈리틀 포레스트〉(2018년)를 보았다. 주인공 혜원이는 고등학교를 졸업하고 서울에 있는 대학에 진학했다. 졸업 후 교원임용시험을 준비하였지만, 아쉽게 떨어지고 만다. 혜원이는 낙심한 나머지, 한겨울에 고향으로 내려오고, 빈집에 채워진 자물쇠를 열면서 영화가 시작된다. 엄마는 혜원이가 대학에 진학하면서 자신의

---

* 대한예수교장로회(통합) 교단 목사, 장로회신학대학교 대학원 선교학과 박사과정

꿈을 위해 타지로 떠나셨기 때문에, 혜원이는 겨울부터 봄, 여름, 가을을 지나 이듬해 겨울까지 엄마의 기억이 스며 있는 아름다운 고향에서 혼자 4계절을 지내게 된다. 하지만 엄마가 어릴 적부터 틈틈이 가르쳐 주신 요리들을 해 먹고, 또 고향에 남아 있던 단짝 친구들과 함께 지내며, 자연과 더불어 고향에 조금씩 뿌리를 내려가는 자신을 다시금 발견한다.

혜원이는 이른 봄에 도착했던 엄마의 편지를 책상 한구석에 던져놓았다가, 늦가을에서야 열어본다. 엄마는 간간이 혜원이에게 편지를 보내 소식을 전했고, 또 음식 만드는 법을 편지에 담아 보내곤 했다. 그것이 엄마와 혜원이의 소통 방식이었다. 그제서야 혜원이는 엄마의 진심을 알게 된다. "엄마는 혜원이를 이곳에 심고 뿌리 내리게 하고 싶었어. 혜원이가 힘들 때마다 이곳의 공기와 바람과 햇볕을 기억한다면 언제든 다시 털고 일어날 수 있다는 것을 엄마는 믿어. 우리 두 사람은 지금 잘 돌아오기 위한 이 여행의 출발선에 서 있다고 생각하자." 이것이 엄마가 혜원이에게 알려 주고픈 진심이었다.

혜원이는 엄마가 알려 준 대로 늦가을에 딴 감을 처마에 매달아 두었다. 그리고 그 감이 곶감이 되어 한창 맛있게 된 한겨울에, 혜원이는 서울 생활을 정리하기 위해 서울로 올라간다. 단짝 은숙이가 갑자기 서울로 떠난 혜원이를 대신해 심어놓은 양파밭을 손질하며 원망할 때, 재하는 다독인다. "혜원이는 곧 돌아올 거야. 혜원이는 지금 '아주 심기'를 준비하는 중이거든." 혜원이가 준비하고 있는 '아주 심기'는 양파 농사에서 중요한 과정이다.

"양파 농사는 모종 심기에서 시작되지. 가을에 씨를 뿌리고 밭로 잘 밟고 건조와 비를 피해 짚단을 덮어 열흘 정도 두었다가, 싹이 나면 짚단을 걷어줘. 어느 정도 싹이 자랄 때까지 두었다가, 그 양파의 싹을 거름을 주었던 밭에 옮겨주는 거야. 이처럼 더 이상 옮겨 심지 않고 완전하게 심는다고 해서 '아주 심기'라고 하지. 이 '아주 심기' 후 뿌리가 깊게 자랄 때까지 겨울 추위를 잘 견뎌낸 양파는 겨울 서릿발에 들떠 얼어 죽을 염려도 없어지고, 겨울에 심은 양파는 봄에 심은 양파보다 몇 배 더 단단하고 맛있어지는 거야."

양파 농사의 '아주 심기'를 통해서 겨울을 이겨낸 양파가 맛있어지듯이, 하나님께서 여호수아에게 주신 용기의 말씀에 힘입어 여호수아와 이스라엘 백성들은 가나안으로의 '아주 심기'를 위해 출발할 수 있게 되었다. 여호수아는 오랜 시간 모세 아래에서 배우며, 일찍부터 하나님께 엎드린 지도자였고, 하나님이 광야에서 이스라엘 백성을 어떻게 인도하셨는지 지켜본 지도자였다. 그는 일찍이 갈렙을 비롯한 11명의 선발된 이들과 가나안 땅으로 정탐을 다녀왔기에, 그는 누구보다 가나안 땅을 잘 아는 지도자였다. 그렇지만 그는 막상 광야에서 태어나 자란 새로운 세대를 이끌고 가나안 땅 입성을 앞두고 두려워하고 있었다. 이에 하나님께서는 "강하고 담대하라 두려워하지 말라 그들 앞에서 떨지 말라 이는 네 하나님 여호와 그가 너와 함께 가시며 결코 너를 떠나지 아니하며 결코 너를 떠나지 아니하시며 버리지 아니하실 것임이라"고 말씀하시며, 여호수아에게 용기를 주신 것이다.

혜원이가 엄마가 가르쳐준 지혜 속에서 용기를 가지고 고향에서 '아주 심기'를 준비한 것처럼, 여호수아 역시 하나님이 주신 말씀 속에서 용기를 얻어 하나님이 주시겠다고 약속하신 땅, 그가 일찍이 믿음으로 다녀온 땅, 가나안으로의 '아주 심기'를 위한 출발점에 비로소 선 것이다. 다이애나 버틀러 배쓰는 말한다. "변화의 시기에 영저인 지도자들과 공동체는 상실감을 느끼는 사람들을 위로하기 위해 필요한 것이 아니라, 오히려 회중의 두려움을 긴급 대처와 용기로 변화시키도록 도와줄 필요가 있다."[1] 그렇다. 광야는 가나안으로의 '아주 심기'를 위해 하나님이 준비하신 장소였고, 가나안은 '아주 심기'를 위한 땅이다.

우리가 살아가는 집인 지구는 지금 급격한 기후위기와 코로나 19 팬데믹으로 몸살을 앓고 있다. 그동안 우리는 하나님이 주신 약속의 계명을 잊어버리고, 우리 자신을 잃어버린 채 살아왔다. 그러나 고향에 돌아온 혜원이가 엄마가 가르쳐준 소중한 지혜를 기억하면서 자신을 되찾아가고, 또 고향에 깊이 뿌리내리기 위해 용기를 내어 '아주 심기'를 준비한 것처럼, 이 위기 앞에서 우리는 하나님의 약속인 '창조 질서 보전과 회복'의 사명을 다시 붙들고, 더불어 살아가는 이 지구를 살리려는 '아주 심기'의 출발선에 서 있다. 하나님께서는 우리에게 용기를 주신다. 그래서 우리는 용기를 얻어 하나님의 선교의 터전인 이 땅을 다시 살리고 섬기기 위한 '아주 심기'를 준비하고 있다. "땅과 거기에 충만한 것과 세계와 그 가운데에 사는 자들은 다 여호와(하나님)의 소유"(시 24:1)임을 고백하면서 말이다.

---

1 Diana Butler Bass, *Christianity After Religion : The End of Church and the Birth of a New Spiritual Awakening* (New York : Harper One, 2012), 251.

．．．

1. 우리가 우리의 터전인 지구를 다시 살리기 위해 '용기' 있는 걸음을 나서야

   하는 이유는 무엇인가요?

2. 개인 혹은 교회공동체, 지역사회가 현재의 지구의 위기 상황을 회복하기

   위해 해야 할 '아주 심기'에는 무엇이 있을까요?

생태정의를 추구하는 신앙

김신영 *

그는 상한 갈대를 꺾지 않으며,
꺼져 가는 등불을 끄지 않으며, 진리로 공의를 베풀 것이다.
【이사야 42:3】

이제 환경 문제는 우리 시대에 빼놓을 수 없는 핵심적 사안이다. 기후변화와 탄소배출, 친환경 산업이나 재생가능에너지는 정치, 경제, 예술 등 모든 분야에 걸쳐 조명을 받고 있다. 하지만 이런 상황 속에서도 가장 드러나지 않는 것이 있다. 바로 환경정의 혹은 생태정의의 문제이다. 벡(Ulrich Beck)은 산업사회와 과학기술의 발전은 인간 사회의 진보와 풍요로움을 선사했지만 동시에 위험사회를 야기했다고 말한다. 현대사회의 위험은 소수의 사적 이윤추구 과정에서 야기되었지만, 그 위험의 부담은 공적이라는 특징을 갖는다. 또한 위험이 전 세계적인 것이고 결국 모든 인류가 처하게 될 상황이라 해도 위험에 노출되는 정도와 그 시기는 상대적이다. 위

---

* 기독교환경교육센터 살림연구소 부소장

험을 보이지 않는 먼 지역이나 사회 외부로 전가할 수 있는 수단을 가진 사회는 그만큼 위험의 도래를 미룰 수 있다. 하지만 그러한 수단을 갖고 있지 못한 사회는 그들의 삶과 거의 상관없는 것들로 인한 위험의 직접적이며 치명적인 피해자가 된다.

우리는 우리가 사용하고 버리는 폐기물은 어디로 가는지, 우리가 소비하는 에너지는 어디에서 생산되어 어떤 시스템을 통해 우리에게 전해지는지에 대해 잘 모른다. 2013년에 음식물 쓰레기를 바다에 갖다 버리던 것이 금지되자 음식물쓰레기 문제가 드러나기 시작했고, 2018년에는 중국이 쓰레기 수입을 금지하자 폐플라스틱 처리 문제가 대두되기 시작했다. 그전까지 우리는 다른 나라에 유해 폐기물 처리를 맡기거나 음식물 쓰레기를 바다에 투기해 왔지만, 이제는 이 위험을 우리 땅 어딘가에서 관리하고 처리해야 한다. 위험을 영토 밖으로 보내는 것이 금지되자 우리 사회 어딘가에 있는 누군가가 이 위험을 감당해야 하는 현실이 닥친 것이다. 더 이상 위험을 외부화할 수 없게 되자 우리 사회 안에서 폭탄 돌리기가 시작된 것이다.

환경정의나 생태정의의 문제는 이처럼 물질적 흐름을 통해 드러난다. 생태정의의 문제는 우리 주변에 있는 물질들의 흐름을 세밀하게 관찰할 때 비로소 보이게 되고, 그 물질들이 인간이나 동식물들 혹은 토양이나 물과 대기 같은 생태계를 통해 문제화될 때 드러난다. 자연을 추상화하고 신비화하는 방식의 접근은 자연과 인간을 분리한다. 자연의 독자적인 영역을 신비화하고 인간이 이를 훼손하는 것을 막고자 환경보호나 환경보전 등의 운동이 전개되기도 한다. 하지만 이런 식으로 자연에 이분법적으로 접근하는 것은 환경정의나 생태정의가 포함하는 권력과 지식, 물질과 힘, 문화나 제도의 네트워크를 간과하게 만든다.

환경사에서 환경정의는 미국의 워렌 카운티(Warren County) 사건에서 시작된 것으로 본다. 이 사건은 유해물질을 유색인종들이 주로 거주하는 지역에 처분하려던 것이 인종차별운동과 맞물려 일어났다. 이후 미국은 환경적 이익뿐 아니라 위험에 있어서 인종, 소득, 문화, 사회계급과 무관하게 모든 사람이 차별을 받지 않고, 건강하고 쾌적한 환경을 누릴 권리를 지닐 수 있도록, 그리고 환경법, 규제, 정책의 개발, 이행 및 집행에서 공정한 대우와 의미 있는 참여를 할 수 있도록 법적으로 보장하게 되었다.

위험시설의 입지는 보통 도시지역에 멀리 떨어진 곳에서 이루어진다. 하지만 대의민주주의 정치체제 하에서 적법한 절차를 통해 이러한 일들이 진행된다면 이를 막기는 쉽지 않다. 법과 제도에 익숙하지 못한 주민들은 거대 자본과 전문가 집단을 상대하기 쉽지 않고, 이 때문에 삶의 터전을 잃고 거기에 건강상 피해를 입는 사람들이 생기는 경우도 적지 않다. 하지만 이러한 피해의 원인을 스스로 입증해야 하는 피해자들의 상황은 정당하게 다루어지지 못한 채 분노와 억울함으로 점철된다. 이러한 사태는 좁게는 쓰레기소각장이나 핵발전소와 같은 시설이 들어서는 특정 지역에서 경험되고 있는 일이며, 넓게는 기후변화로 인해 광범위한 지역의 불특정 다수의 사람이 경험하고 있는 일이다.

이러한 환경 부정의는 대개 물리적으로 드러난다. 먼저 대기, 수질, 토양이 오염되고, 생물들이 죽어가기 시작하며 결국에는 사람들의 생명도 위협받는다. 이처럼 환경 부정의는 생명을 위협하는 죽음의 사건을 동반한다. 인간의 탐욕과 무절제함과 이기심은 인간을 둘러싼 환경뿐 아니라 지구촌의 이웃에게 죽음을 요구하며 그 세력을 확대하고 있다. 따라서 기독교환경운동 영역에서 생태정의 운동은 종교적 언어가 지닌 추상성과 초월성의 한계를 극복해야 한다. 환경 부정의는 물질적으로 드러나는 문제인 동시에 사회적-제도적 차원에서 절차적 정당성을 확보한 상태에서 발생하기 때문이다.

따라서 기독교 차원에서의 생태정의 운동은 하나님이 창조한 사물들이 지닌 가치와 그들 간의 연결망을 꿰뚫어 보는 데에서 시작될 수 있다. 생명과 살림의 기회를 박탈당하고 있는 존재들이 보이기 시작할 때, 비로소 진정한 생태적 회심과 각성이 일어날 수 있기 때문이다. 그러기 위해서는 청지기 정신이나 창조신앙과 같은 전통적 용어뿐 아니라 다양한 언어와 은유를 가지고 생태위기의 절박함을 담아 표현할 수 있어야 한다. 전통적이고 교리적인 종교의 언어들을 가지고 현재의 생태위기와 환경 부정의를 표현할 수 있는 시점은 이미 지났다. 우리가 흔히 창세기에서 읽어내는 숭고한 자연의 이미지는 더 이상 유효하지 않다. 우리는 이미 이 모든 것을 파괴할 수 있는 버튼을 눌렀고, 아직도 그 버튼에서 손을 떼지 않고 있기 때문이다.

생태정의가 무시되고 간과되는 이유는 그것에 대해 우리가 잘 모르기 때문이 아니다. 정보는 이미 넘쳐난다. 문제는 우리가 피조 세계와 소통하고 공감할 수 있는 언어와 감수성을 결여하고 있다는 데에 있다. 우리는 가까이에서 벌어지고 있는 참혹한 생태적-환경적 부정의의 현실을 보고 듣고 종종 여기에 동참하고 있으면서도 이를 신앙적으로 사유하지도, 어떻게 실천해야 할지도 모르는 경우가 많다.

신앙의 개인적 차원과 사회적 차원을 균형 있게 고려하는 건강한 신앙을 추구하는 데에도 적지 않은 시간이 걸렸다. 하지만 이제는 생태적 차원까지 고려하는 신앙으로 나아가야 한다. 하지만 그 시간이 너무 촉박하다. 지구 시스템이 붕괴되는 속도는 예상보다 빠르기 때문이다. 이를 위해 기독교 신앙이 추구해야 하는 실천을 개인적, 사회적, 생태적 차원으로 나누어 이것의 필요성과 상호연관성에 대해 생각해 보기를 바란다. 그리고 경건한 그리스도인의 삶에서 생태적 신앙을 위해 어떠한 실천을 할 수 있을지 그리고 이러한 실천들이 기존 신앙체계와 어떻게 조화를 이룰 수 있을지 진지하게 고민해보아야 할 때이다.

•••

1. 기독교 신앙이 추구해야 하는 실천을 개인적, 사회적, 생태적 차원으로 나누어 이것의 필요성과 상호연관성에 대해 생각해 봅시다.

2. 경건한 그리스도인의 삶에서 생태적 신앙을 위해 어떠한 실천을 할 수 있을까요? 그리고 기존 신앙체계와 이러한 실천들이 어떻게 조화를 이룰 수 있을까요?

하나님의 정의

조영호*

> 사람아 주께서 선한 것이 무엇임을 네게 보이셨나니,
> 여호와께서 네게 구하시는 것은
> 오직 정의를 행하며 인자를 사랑하며 겸손하게
> 네 하나님과 함께 행하는 것이 아니냐
> 【미가 6:8, 개역개정】

21세기 우리는 유례없는 기후위기 현상들을 경험하고 있다. 기후위기는 더 이상 독립적인 문제가 아니다. 그것은 인류가 직면하고 있는 주요 문제들 속에서 인식되어야 하는 인간의 문제이자 인간 사회와 문화의 문제이다. 기후위기가 만들어내는 문제는 단순히 날씨나 자연 재난에 국한되지 않는다는 점에서 그렇다. 기후위기는 인구, 식량, 에너지, 식수, 난민 문제 등과 긴밀하게 연결되어 있다. 기후변화는 인간의 삶과 생활 방식 그리고 사고방식에 커다란 영향을 미치는 동시에 영향을 받는다. 이런 의미에서 기후위기

---

* 안양대학교 교수

의 문제는 인간 자신의 문제이고 인간 사회와 문화의 문제인 것이다. 인간의 문제로서 기후위기는 (생태) 정의의 문제라고 할 수 있다. 즉, 기후위기는 사회적 정의와 생태 정의라는 이중적 문제를 내포하고 있는 정의의 문제인 것이다.

독일 교회는 이미 2007년부터 사회적 불평등, 즉 정의의 문제를 기후위기의 중요한 과제로 이해하고 제시해 왔다. 기후위기는 인간 사회의 중심부와 주변부 사이의 불평등을 첨예화한다. 기후위기를 통해 직접적인 피해를 보는 대상과 국가가 이러한 문제를 명확하게 보여준다. 이미 많은 결과가 보여 주고 있는 것과 같이 기후위기의 1차적 희생자는 가난한 나라, 지역 그리고 인간이다. 즉, 사회적 약자가 곧 생태적 약자이고 기후위기에 의해 직접적인 생존의 위협을 받는 기후 약자인 것이다. 따라서 정의에 대한 관심 없이 기후위기를 이해한다는 것은 사실상 불가능하거나, 최소한 불명확할 수 있다. 기후위기는 모든 사람에게 동일하게 나타나는 보편적 문제라는 것이 일반적인 이해다. 이러한 이해는 기후위기가 제기하는 생태정의 문제의 한쪽만을 이야기하고 있는 것이다. 기후위기는 전 인류에게 보편적으로 나타나는 현상인 동시에 불평등을 극대화하는 문제이기도 하다. 왜냐하면 기후위기는 사회적 약자와 경제적 약자들에게 더욱 혹독한 고통을 부가하는 부/정의의 문제이기 때문이다.

이 현상은 마치 타이타닉의 침몰과도 같은 모양새를 갖추고 있다. 우리가 모두 알고 있는 것과 같이 근대의 기술의 총화이자 진화의 꽃이며 거대주의의 상징인 타이타닉의 침몰은 인류 사회에 엄청난 충격을 준 사건이었다. 타이타닉의 비극은 승선하고 있던 모든 사람에게 공통적이고 보편적인 것이라고 생각할 수 있다. 그러나 영화 '타이타닉'이 보여주듯이 이 배의 침몰을 인지한 순간 선장과 선원이 한 첫 번째 대책은 무엇이었는가? 그것은 바로 3등 칸을 봉쇄하는 일이었다. 공통적이고 보편적일 것이라 추론되는 타이타닉의 비극은 사실 차별적이었으며 경제적 약자에게 더욱 혹독했던 것이다. 기후위기는 타이타닉의 비극과 같이 생태 정의의 문제를 야기하고 있다. 그러므로 이 문제를 위해 우리는 온 생명을 위한 윤리적 책임감과 공동체적 연대성을 생각해야 한다.

성경에 의하면 온 생명에 대한 윤리적 책임과 공동체적 연대성의 시작은 하나님에게 근거하고 있다. 성경이 말하는 하나님은 의로운 분이다. 즉, 성경은 하나님을 정의로운 분으로 고백한다. 하나님의 정의, 그분의 의로움은 사회가 구성되는 방식에 관한 것으로 정치적, 경제적, 생태적 구조, 권력과 부가 분배되는 방식 그리고 그것이 사회 공동체에 미치는 영향을 말한다. 그래서 선지자 아모스는 "오직 정의를 물 같이, 공의를 마르지 않는 강 같이 흐르게 할지어다"(암 5:24)라고 노래한다. 이 노래와 같이 하나님이 꿈꾸는 것은 그의 정의와 의로움이 춤추고 노래하는 그의 나라이다. 하나님의 나라는 정의로운 나라, 공정한 나라, 자유의 나라, 사랑의 나라 그리고 무엇보다 생명의 나라다.

정의의 하나님은 자신의 정의와 사랑을 모든 생명에게 베푸시는 은혜의 하나님이며 공의의 하나님이다. 정의의 하나님은 그의 사랑과 정의를 모든 사람에게만 공평하게 베푸시는 분이 아니다. 정의의 하나님은 우주적 하나님으로 당신이 창조한 온 생명에게도 그의 사랑과 은혜를 베푸시는 분이다. 하나님의 정의, 곧 하나님이 베푸시는 사랑은 온 생명을 위한 그의 은혜이다. 창조자 하나님의 정의와 사랑은 우주적인 은혜다. 그리고 이러한 정의의 하나님이 베푸시는 우주적 은혜는 인간 구원을 위한 적색 은총일 뿐 아니라, 온 생명을 구원하시는 '녹색 은총', '생명의 은총'이다. 예수님은 하나님이 악한 사람에게나 선한 사람에게 동일하게 햇빛을 비추고 비를 내린다고 말씀하신다(마 5:45). 구원자 하나님은 창조자 하나님이다. 구원자이자 창조자인 하나님은 당신의 정의와 은총은 모든 사람 뿐 아니라 온 생명에게도 동일하게 베푸신다.

한 신학자는 "하나님의 이름은 정의"라고 말한 바 있다. 만약 우리가 이 주장과 같이 하나님의 이름을 정의라는 것에 동의할 수 있다면, 우리는 생태 정의를 생명의 하나님, 살림의 하나님의 정의라는 말에도 동의할 수 있을 것이다. 생명의 하나님은 생명의 풍요로움을 꿈꾸시는 하나님이다. 그리고 생명의 하나님은 생명의 근원으로서 온 생명을 살게 하시고 살리시는 살림의 하나님이다. 따라서 살림의 하나님은 온 생명을 살게 하시는 분이다. 이 살림의 하나님이 사랑하는 색은 무엇일까? 물론 생명의 하나님, 살림의 하나님은 생명의 풍요로움을 사랑하시는 분이시니 색의 풍요로움과 풍성함을 사랑할 것이다. 그러나 그가 사랑하는 모든 색 중에 하나만을 이야기하라면, 그것은 아마도 저 생명의 찬란함을 간직한 초록이 아닐까? 초록을 사랑하는 생명의 하나님은 동시에 정의의 하나님이시다. 정의의 하나님은 기후위기가 제기하는 생태적 정의의 문제를 풀기 위해 씨름하시는 분이 아닐까? 생명위기의 시대를 살아가는 우리, 그리스도인들은 하나님의 생명에 대한 사랑과 정의의 몸부림을 함께하는 사람들일 것이다. 생명의 몸살, 사랑의 몸살을

앓으며 우리는 온 생명에 대한 윤리적 책임과 공동체적 연대성을
삶으로 살아 내어야 하는 것은 아닐까?

•••

1. 기후위기 시대 하나님 은총의 빛깔은 무엇일까?
2. 생태 정의와 하나님 정의의 관계는 무엇인가? 우리는 어떻게
   하나님의 정의와 사랑으로 살 수 있을까?

창조주 하나님 앞에 서 있는
피조물 인간의 존재 방식

이인경*

> 지혜는 그것을 얻는 사람에게는 생명의 나무이니,
> 그것을 붙드는 사람은 복이 있다.
> 【잠언 3:18】

　'삶의 지혜'라는 말이 있다. 그것은 대개 몸으로 경험으로 익힌 것들로서 책으로 이론으로 배운 지식 못지않게 세상을 살아가는 데에 유용하다는 평가를 받는다. 처세술로서의 삶의 지혜인 셈이다. 이러한 처세술은 주로 약자들에게 요구되어왔다. 공식적으로든 비공식적으로든 다양한 형태의 권력이 위계화되어 있는 현실에서 약자들은 살아남기 위해 그리고 살아가기 위해 삶의 지혜라는 명목으로 처세술을 수용해야 했다. 이처럼 처세술을 받아들여야 하는 위계적 사회구조는 그러한 사회구조에서 만들어진 처세술 자체에 특정 세계관을 내포하기 마련이다. 그러므로 처세술은 단순히 현실

---

* 계명대학교 교수

을 살아가기 위한 스킬이 아니라 특정 세계관을 서서히 내면화시켜서 기존 질서를 합리화하는 역할을 한다.

현재 한국 사회에 작동하고 있는 삶의 지혜는 무엇일까? 1990년대 이후 한국 사회는 '자기 주도적으로 자기계발하는 개인'과 '평생학습 하는 인간'으로서의 시민이라는 인간상이 강조되어왔다. 이러한 인간상은 자유를 내세운 새로운 형태의 신자유주의에서 나온 것이다. 독재정권에 항거한 민주화운동의 결과로 1987년 이후 절차적 차원의 정치적 자유를 얻은 한국 사회의 시민들은 신자유주의의 무한경쟁 논리가 낳은 '스스로 자기계발하는 개인'을 자발적으로 수용했다. 그전에는 약자라서 등 떠밀려 소위 처세술로서의 삶의 지혜를 받아들여야 했다면, 이제는 신자유주의의 '평생 자기계발하는 개인'이라는 새로운 처세술을 '스스로, 자기 주도적으로' 내면화한 것이다. 이러한 현상을 가리켜 '주인 없는 노예'라고 표현하기도 한다. 2000년대를 전후하여 자기계발담론이 성행하고 다양한 분야의 자기계발서가 쏟아져 나온 것은 이러한 배경에서였다고 하겠다.

이러한 자기계발담론과 자기계발서들은 각자도생과 승자독식이라는 신자유주의의 무한경쟁 논리를 담고 있다. 2021년 현재에도 형태를 달리하여 여전히 자기계발담론이 이어지고 있다. 자기계발에 지친 개인들을 위로하는 '힐링의 인문학'이 자기계발담론에 추가되었다는 점에서 형태를 달리할 뿐, 그 기조는 변함없어 보인다. 각자도생과 승자독식 구조에서는 사람을 서바이벌 게임에 참가한 개인으로만 바라보게 한다. 내가 살아남기 위해서는 남을 돌보거나 배려해서는 안 된다는 것이다. 나의 범위를 가족이나 특정

이익집단으로 확대할 경우에도 그 경계 바깥의 남 즉 외부인은 돌봄과 배려의 대상이 아니다.

그리스도인들과 교회도 이러한 풍조에서 자유롭지 못한 것 같다. 나의 범위를 동일신앙집단으로 확대했을 뿐, 신자유주의의 무한경쟁논리를 신앙의 이름으로 정당화하고 신학화 한다. 성공의인(成功義認), 번영신학 등이 이러한 배경에서 나왔으며, '힐링의 신앙'은 '힐링의 인문학'의 기독교적 버전에 다름 아니다.

그리스도인은 삶의 지혜를 어디서 찾아야 할까? 그리스도인은 하나님이 창조주이시며 인간은 그의 피조물이라고 고백한다. 이러한 창조신앙은 각자도생과 승자독식의 무한경쟁논리를 비판하고 거부하게 하는 근거가 된다. 창조신앙은 '하나님 앞에 서 있는 인간', '더불어 사는 인간'을 말하기 때문이다. 창조신앙은 인간이 하나님을 창조주로 고백하는 피조물로서의 관계, 동료 인간과의 평등한 관계, 공동피조물인 자연과의 유기적인 관계 속에 있음을 보여준다. 창조신앙을 고백한다는 것은 흙으로 창조된 인간이 원래 위치를 찾는 것을 뜻한다. 창조주 하나님 앞에 겸허하게(낮은 자세로) 땅 가까이(피조물로서 공동 피조물인 자연과 함께) 서 있는 존재임을 고백하는 것, 그것이야말로 그리스도인의 삶의 지혜가 아닐까? 그 지혜를 구하고 그 지혜 속에서 자신의 정체성과 존재 의미를 찾은 그리스도인들의 이야기가 교회 안에서 울려 퍼지기를!

●●●

1. 여러분은 창조신앙이 삶의 지혜의 원천이라고 생각하시는지요?
2. 여러분의 교회 안에 각자도생과 승자독식을 정당화하는 논리와 프로그램이 있는지요? 있다면 어떻게 문제제기하고 바꿀 수 있을까요?

다섯 가지 생태학적 지혜

송준인*

지혜는 그것을 얻는 사람에게는 생명의 나무이니,
그것을 붙드는 사람은 복이 있다.
주님은 지혜로 땅의 기초를 놓으셨고, 명철로 하늘을 펼쳐 놓으셨다.
그분은 지식으로 깊은 물줄기를 터뜨리시고, 구름에서 이슬이 내리게 하신다.
【잠언 3:18-20】

　　[1] 생육하고 번성하라 ― 하나님께서는 천지창조 시 다섯째 날과 여섯째 날에 물고기와 새와 짐승과 인간에게 생육하고(Be fruitful) 번성하라(increase in number)고 말씀하셨다. 생육하는 능력, 곧 자기 종의 다른 개체를 낳는 능력은 번성하는 피조물의 중요한 특성이다. 하나님의 뜻은 인간만이 아니라, 전체 피조물이 생육하고 번성하는 것이다. 따라서 인간의 생육을 구실로 하나님께서 다른 피조물에게 주신 생육의 복을 빼앗지 말아야 한다. 예컨대, 신명기 22:6-7은 이렇게 말한다. "길을 가다가 나무에나 땅에 있는 새의

---

* 청량교회 담임목사, 총신대학교 교수

보금자리에 새 새끼나 알이 있고 어미 새가 그의 새끼나 알을 품은 것을 보거든 그 어미 새와 새끼를 아울러 취하지 말고 어미는 반드시 놓아줄 것이요 새끼는 취하여도 되나니 그리하면 네가 복을 누리고 장수하리라" 여기에서 우리는 땅의 열매들을 이용할 수는 있지만, 땅의 생육하는 능력을 파괴해서는 안 된다는 생태학적 지혜를 얻게 된다. 스스로 번성하는 땅의 능력을 보전해주는 이런 지혜는 지구 생태계가 행복한 삶을 유지하는데 중요한 요소가 된다.

[2] **지속가능성의 윤리** — 땅은 하나님께서 공급하시는 것에 의지해서 생육한다. 피조물은 스스로 번식하며 또 다른 피조물을 위한 양식을 생산한다. 이렇게 순환과 체계를 이루어 상호 의존하는 세상 속에서는 하찮고 미미하게 보이는 생물조차도 가치가 있다. 이 신학적 주제로부터 지속가능성(sustainability)이라는 윤리적 원리가 나온다. 우리는 우리의 존재를 지탱해주고 유지 시켜 주며 영양을 공급해주는 것을 훼손하거나 완전히 파괴해서는 안 된다. 또한 다른 피조물들이 스스로 지속해 가는 능력을 불필요하게, 생각 없이 손상시켜서도 안 된다. 여기에서 생명체들이 스스로 존속하고 번식할 수 있는 능력을 보전할 수 있는 방식으로 행동하라는 생태 윤리적 원칙이 나온다. 좀 더 정확하게 말하면, 우리는 그러한 피조물들을 돌보고 현명하게 이용하여 미래 세대에게 물려주어야 할 조건부 의무를 지닌다. 우리가 생존하고 존재를 이어가기 위해서는 식물과 동물을 이용할 필요가 있으며, 모든 피조물과 마찬가지로, 우리도 다른 유기체들을 소비함으로써 부분적으로 우리의 환경에 영향을 끼친다. 그러나 우리에게는 인간의 후세뿐만 아니

라 우리에게 재화와 서비스를 제공해주는 비인간 피조물들의 후세까지도 부양해야 할 책임이 있다.

[3] **선한 삶을 분별하며 살아내는 지혜** — 생육이라는 신학적 주제와 지속가능성이라는 윤리적 원칙에 따라 나오는 덕목이 바로 지혜와 희망이다. 지혜란, 오랜 경험을 통해 단련되고, 뛰어난 기억력에 의해 다듬어진 비범한 통찰력을 기초로 삼아 건전하고 실제적인 판단을 내리는 능력이다. 지혜는 사람들에게 진정 선한 삶이 어떤 것인지 알게 해주고, 또한 그렇게 살 수 있게 해주는 지적인 탁월성이다. 구약성경의 지혜문학이 주장하듯이, 그리스도인들에게 지혜는 하나님을 경외하는 데서 생겨난다. 달리 말해, 성경적 관점에서 보면 지혜는 하나님을 온전히 예배하고 하나님의 뜻을 아는 데 뿌리를 두고 있다. 그러므로 생태학적으로 지혜로운 사람들은 하나님께서 창조주로서 만물의 주인이라는 것을 알며, 하나님의 좋은 미래에는 지구의 번성이 포함된다는 사실도 안다. 따라서 지혜로운 사람들은 자신의 삶을 통해 그러한 미래를 증언하면서 장기적인 안목으로 피조물의 생육을 위해 일한다. 지혜는 중용이 아니다. 지혜에 반대되는 악덕은 어리석음이다. 곧 건전한 판단력을 상실한 상태다. 어리석은 사람은 분별력이 없다. 그런 사람은 안목도 없으며, 과거로부터 배우려고 하지도 않는다. 생태학적으로 말해서 어리석음이란 마치 지구를 한없이 착취하고 소모해도 되는 것처럼 행동하는 경향을 말한다. 자연 속에서 물이 정화되는 것과 같은 생태계의 서비스는 눈에 들어오지 않고, 공기오염과 같은 생태학적 손실들은 나와는 무관한 일로 여긴다. 오늘만을 위해 살아가는 어리석은

사람이 행동하는 것을 보면, 미래 따위는 중요할 것 없다고 여기는 것 같다. 그런 사람은 종자로 남겨둔 마지막 곡식까지 먹어 치우는 어리석은 사람이다.

[4] 만물의 회복에 대한 희망을 품는 지혜 — 생태학적 지혜를 가진 사람은 희망을 품고 살아간다. 희망이란 장래의 좋은 일에 대해 확신을 품고 기대하는 것이다. 좋은 미래를 상상하면서, 그런 미래가 가능하다는 믿음과 그런 미래가 실현되기를 바라는 열망을 굳게 붙잡는 것이 희망이다. 그리스도인들에게 이런 기대는 하나님의 약속과 약속을 지키는 분이신 하나님의 성품에 굳건히 뿌리를 두고 있다. 그리스도인들은 피조물과 맺는 당신의 언약을 지키시며, 또 예수님을 죽음에서 일으켜 장차 이루어질 만물의 회복에 대한 징표로 삼으신 하나님을 예배하며, 바로 그 사실 때문에 희망을 품는다. 생태학적 의미에서 희망은 하나님의 선하신 손안에 좋은 미래가 달려 있다는 확신을 품고 피조물들의 조화로운 샬롬을 갈망하는 것이다. 하나님께서 무지개의 언약을 기억하시듯이, 생태학적 희망도 무지개를 마음에 둔다.

[5] 여호와를 경외하는 지구정원사의 지혜 — 잠언 3장 18절은 지혜를 가슴에 품는 자들에게 지혜는 생명나무라고 말한다. 생태학적 지혜를 가진 자는 생육하고 번성하는 지구에 공헌하는 사람들이다. 잠언 3장 19-20절은 우리가 살고 있는 이 창조세계가 하나님의 지혜로 이루어졌다고 선포한다. 땅에 터를 놓은 것, 하늘을 견고히 세운 것, 깊은 바다를 갈라지게 하신 것, 공중에서 이슬이 내리

게 하시는 것, 이 모든 것이 바로 창조주이신 하나님의 지혜로 말미암았다는 것이다. 이 지구가 생육하고 번성하는 것이 하나님의 뜻이다. 여호와를 경외하는 것이 지혜와 지식의 근본이다. 생태학적 지혜를 가진 사람은 하나님의 뜻을 아는 사람들이다.

지구는 생육하고 번성한다. 우리에게는 지구가 베푸는 결실을 지속가능한 방식으로 이용해야 할 도덕적 책무가 있다. 따라서 우리는 지혜와 희망의 미덕을 지속적으로 성숙시켜 나가야 한다.

• • •

1. 성경에서 지혜라는 단어가 나오는 곳을 찾아보고 그 문맥을 살펴봅시다. 그리고 그중에서 생태학적으로 의미가 있는 것들을 찾아서 하나님의 지혜와 하나님을 경외하는 인간의 지혜에 대해서 깊이 묵상해 봅시다.
2. 생육하고 번성하는 지구를 위해서 생태학적 지혜를 사용하려면 우리는 어떤 것부터 실천해야 할까요? 지속가능한 지구 생태계를 위해서 우리가 할 수 있는 작은 일부터 이야기해 봅시다.

할 수 있을 만큼이 아닌,
죽어가는 지구가 요구하는 만큼의 책임

이정배 *

> 당신들은 오늘까지 이렇게 오랫동안 당신들의 겨레를 저버리지 않고,
> 주 당신들의 하나님이 명하신 것을 성심껏 다 지켰습니다.
> 【여호수아 22:3】

'책임'의 영어 표현을 보면 반응할 수 있는 능력이란 말뜻을 지
녔다. 하늘과 땅(자연) 그리고 사람(사회)에 대한 반응이라 보면 좋
겠다. 천지인이 어우러진 삶을 옳게 살기 위함이다. 여기서는 주로
자연 생태계에 대한 인간의 반응을 다뤄야 할 것 같다.

바젤의 스승이었던 프릿츠 부리는 책임의 신학자로 불려졌다. 『책
임의 신학』(*Theologie der Verantwortung*)이라는 저서를 출판했으니
그럴 만도 하다. 그에게 책임은 곧 은총이기도 했다. 그의 신학을 연
구한 가톨릭 신학자는 부리교수의 신학을 "은총으로서의 책임"(Ver-
antwortung als Gnade)으로 정의했고, 그것이 그대로 박사논문 제목

---

* 현장(顯藏)아카데미 원장, 전 감리교신학대학교 교수

이 되었다. 그런데 어떻게 책임이 은총일 수 있을까?

신학자 부리는 종교(신앙)의 핵심을 '절대의존의 감정'이라 봤던 19세기 신학자 슐라이에르마하의 생각을 창조적으로 비틀었다. 주지하듯 슐라이에르마하는 일상의 인간의식을 의존성과 자유의 종합으로 보았다. 현실을 살면서 절대 자유한 사람도 없고 맹목적으로 의존되는 삶도 없다는 것이다. 부분적으로 자유하며 부분적으로 의존되는 삶이 우리들 일상이고 현실이다. 어느 순간 자신이 절대 의존되었다는 경험이 발생될 때 그 경험의 기원(Woher)이 바로 하느님이고 그 순산을 종교(신앙)의 탄생이라 여겼다. 도그마로부터 신앙을 자유케 한 공로는 있으나 종교를 개인적 차원에 한정시켜 버렸다. 이에 견줘 부리는 책임을 갖고 하느님을 보고 신앙을 이해했다. 그만큼 세상과 자연이 우리의 반응을 적실히 요구했던 까닭이겠다. 누구도 일상에서 절대 책임을 행사할 수 없다. 적당히 책임지고 적당하게 뒤로 빠지는 것이 우리들 일상사이다. 하지만 강도 만난 자의 현실 앞에서 우리 삶을 그곳으로 이끄는 절대 책임의 순간이 발생한다. 그 순간을 일컬어 부리는 은총이라 하였다. 피하고 싶은 자리, 지나쳐야 했을 그 자리로 이끄는 자가 하느님이고 그 순간 나의 반응(책임)이 바로 은총이란 것이다. 제사장은 예배를 위해 현장을 지나쳤고 율법학자는 규정에 따라 피를 보면 안됐기에 현장을 피해갔다. 그렇다면 유대인에게 사람 취급 받지 못한 채 척지며 살았던 사마리아인 역시 현장에 눈길 주지 않아도 좋았다. 원수였음에도 다가갔던 그 순간을 일컬어 이반 일리치는 성육의 신비를 보았다. 육화의 신비는 절대 책임을 요구하는 현장 속에서만 발생한다는 것이다.

오늘 무제약적 책임을 요구하는 상황은 기후붕괴 현실에서 여실히 드러난다. 오이코스, '집'이라 불리는 자연공간이 생존 불가능할 정도로 파괴된 탓이다. 지금처럼 살면 2050년 지구가 거주 불가능한 생태계가 될 것이란 경고가 더 이상 엄포일 수 없게 된 것이다. 이 점에서 부리교수와 관계했던 두 사상가의 생각을 논해야겠다. 현상학자이자 영지주의 연구가인 한스 요나스, 그는 『책임의 원리』(*Prinzip der Verantwortung*)에서 오늘의 자연 생태계 위기에 대해 다음의 반응을 요청했다. 자정 능력을 잃은 오늘의 자연 앞에서 갓 태어난 어린아이를 향한 무한 책임을 느끼라 한 것이다. 갓 태어난 아이에게 필요한 무한 책임이자, 무한 돌봄이다. 적당한 책임, 내가 할 수 있을 만큼의 돌봄이 아니라 신생아가 생존할 수 있을 만큼의 반응이다. 이처럼 자연은 인간에게 자신을 돌봐 달라는 무한 책임을 요청하고 있다. 현상학자인 그는 하느님 대신 자연이 인간에게 무한 책임을 일으킨다고 봤을 뿐이다. 알버트 슈바이처의 생명 외경론 역시 이 시대에 필요한 각성을 일으킨다. 존재하는 모든 것, 심지어 미물일지라도 살려고 하는 의지를 갖고 꿈틀거린다고 했다. 하지만 살려고 하는 자신의 의지 실현을 위해 남의 의지를 꺾어야 하는 것이 현실이다. 특별히 인간은 그 의지가 과해 뭇 생명을 멸종 상태로 이끌고 있다. 홀로세를 인간세 나아가 자본세로 만들고 있는 것이다. 하여, 할 수 있을 만큼 여타 존재의 살려는 의지를 최소한 희생시키며 살 방도를 모색해야 옳다. 슈바이처 생명 외경은 이 점에서 자연이 인간에게 요구하는 적실한 반응이다. 탄소제로 사회를 꿈꾸고 동물권을 보호하는 일도 여기서부터 시작될 수 있겠다.

이런 선상에서 책임을 논할 멋진 책 한 권이 최근 번역 출판되었다. 독일 철학자 패터 슐로터다이크의 저서 『너는 너의 삶을 바꿔야 한다』가 그것이다. 한 마디로 책임에 대한 재 정의인 셈이다. 이 책에서 저자는 한스 요나스의 현상학적 맥락에서 다음처럼 책임을 요구한다. "대 재난 상태의 지구, 그것이 지금 고통 받고 있는 신의 모습이 되어 인류에게 명령을 하고 있다. 네 삶을 달리 만들라고". 내 것/네 것으로 나누던 일체 이념, 종교를 넘어서, 책임의 대상을 전 지구적으로 확장시켜 지구를 구할 수 있는 면역체계를 만들어 내라는 것이다. 이런 명령을 받고 있는 우리 인류, 아니 기독교인들은 어떻게 과제를 수행할 수 있을까? 무제약적 책임이 은총이라 여길 수밖에 없다. 하늘이 주시는 힘으로 백사천난한 노력을 통해 다른 삶을 살아가야 한다. 해서 다석 유영모는 제 몸(욕망) 줄여 뜻 키우는 것이 십자가와 부활 사상의 핵심이라 하였다.

이제부터 책임, 그 한마디 말로 우리 신앙을 정의해 보자. 할 수 있을 만큼이 아니라 죽어가는 지구가 요구하는 만큼의 책임을 살아내야만 할 것이다. 그것이 천지청조의 하느님을 고백하는 기독교인들이 현실을 살아내는 방식이리라. 동식물에게 이름을 지어 불러 주라는 하느님의 말씀 앞에 부끄럽지 않아야 할 것이다.

• • •

1. 붕괴된 자연에 대한 무한 책임감을 하늘 주시는 은총으로 여길 수 있을까요?
2. 아픈 자연이, 지구가 내게 하는 말을 기억하여 기록해 보세요. 십자가에 달린 지구가 나에게 어떻게 달라지라 명(命)하는가요?

기후변화·기후재앙의 현실에 대한
교회의 과제와 윤리적 책임

정경호*

> 당신들은 오늘까지 이렇게 오랫동안 당신들의 겨레를 저버리지 않고,
> 주 당신들의 하나님이 명하신 것을 성심껏 다 지켰습니다.
> 【여호수아 22:3】

　　오늘날 지구촌 세계의 곳곳에서 기온의 상승으로 인한 기후재앙의 소식들을 접할 때마다 깜짝 놀라지 않을 수 없다. 우리가 익히 아는 바대로 지구 온난화의 원인 물질로 손꼽히는 이산화탄소는 지구 온난화의 주범인 온실가스 중 하나이다. 이런 온실가스의 배출로 산업화 이후 지구의 온도는 1℃ 상승했는데 지구 온도가 1℃ 더 오르면 가뭄이 지속되고, 농부들은 농토와 거주지를 잃고, 물 부족 인구는 5천만 명으로 증가하며, 킬리만자로의 만년빙이 사라질 것이라고 한다. 만약 기온이 2℃ 상승하면 사용 가능한 물은 20~30% 감소하고, 해빙이 녹아 해수면이 7m나 상승할 것이어서 남태평양

---

* 영남신학대학교 명예교수

의 섬들은 대부분 가라앉을 것이다. 그러므로 기온 상승으로 인한 기후재앙은 가난한 남반구의 나라들이 가장 큰 피해를 보게 될 것은 너무나 뻔한 사실이다.

기후변화의 문제가 기후위기의 문제로 그리고 기후재앙의 문제로 나타나 2009년 9월 필리핀에 퍼부은 홍수로 인한 이재민의 수가 무려 28만여 명이나 되었고 2010년 7월 파키스탄에 찾아온 몬순 호우는 파키스탄 국토의 5분의 1을 침수시키고 2천만 명의 이재민을 낳기도 하였다. 2020년 6월엔 중국에서 두 달 이상의 장마로 353만 헥타르 농경지가 침수되었고 28,000여 가구가 침수되어 4,000만여 명의 이재민들 낳았다. 우리 또한 두 달여간의 장마로 부산과 곡성에서는 1,230명의 이재민과 1,114억의 피해를 보았음을 경험하였다.

이러한 기후재앙의 문제는 세계 전역에 퍼져 있어 어느 곳도 안전한 곳이 없을 정도이다. 2019년 그리고 2020년 겨울 북극의 온도가 영상 30도 이상이 되는가 하면 북극의 얼음이 녹아 러시아 해안가 북극의 얼음이 떠내려와서 무더운 여름이 서늘한 여름이 되기도 하였다. 그뿐만이 아니다. 호주는 2019년 9월 가뭄과 불볕더위로 인해 시작된 대규모의 산불이 약 6개월 동안 계속되는 바람에 남한의 면적보다 더 넓은 1억 3,400만 헥타르 삼림이 사라져버렸다. 해마다 미국 서부지역을 중심으로 일어나고 있는 대형 산불이 2019년 어김없이 캘리포니아 지역에 발생하여 서울의 여섯 배나 되는 면적을 잿더미로 만들어버리고 말았다. 세계의 뉴스들은 이러한 재앙이야말로 기후온난화의 저주라고 보도한 바 있다.

여기서 우리는 기후변화와 기후위기를 넘어 기후재앙을 불러온

장본인은 무엇인지 알아볼 필요가 있으며 그것은 누구의 책임인지를 따져볼 필요가 있다. 2018년 경제협력개발기구(OECD) 회원 35개국 중에서 이산화탄소 배출량이 집계된 26개 나라 가운데 미국은 50억 8,770만 톤, 일본은 11억 7,660만 톤, 독일은 7억 6,380만 톤에 이어 한국은 네 번째로 6억 7,970만 톤을 기록했다고 한다. 한국의 경우 수도권에서 절반가량의 이산화탄소를 배출하고 있는 것을 알 수 있다. 그러나 집계에서 빠진 중국은 2018년도에 이산화탄소 배출량이 92억 970만 톤이며 인도는 22억 3,400만 톤이며 러시아는 16억 9,700만 톤이라고 하는데, 이렇게 보면 세계에서 가장 많은 이산화탄소를 배출하는 나라는 중국, 미국, 인도, 러시아, 일본, 독일, 한국이지만 나라의 면적과 인구를 비례하면 우리나라가 이산화탄소를 가장 많이 배출하는 나라 중에 하나인 것만은 확실하다. 기후변화의 문제는 하나님께서 만드신 그 형상들이 부수어져 가고 있는 것은 물론 우리 인간을 포함한 모든 생명들이 생명 파괴의 현실과 생명 죽임의 위협에 직면하고 있음을 보여주는 시대적 징조인 것이다.

비비엔 라이크(Vivienne R Reich)는 코로나19(COVID-19)의 이름으로 "코로나 바이러스가 인류에게 보낸 편지"를 우리 인간들에게 보내왔다. "… 지구가 소리쳐 외쳤을 때 당신들은 오히려 귀를 막았습니다.… 지구는 도와 달라 외쳐왔습니다. 대규모 홍수로 외쳐도 당신들은 듣지 않았고, 큰 산불들로 외쳐도 당신들은 듣지 않았고, 강력한 폭풍과 돌풍에도 당신들은 들으려 하지 않았습니다. 해양 오염으로 바다 생물이 죽어가도 당신들은 여전히 지구의 외침을 듣지 않았습니다. 빙하가 녹아내리는 심각한 경고에도, 혹독한 가뭄에도, 지구가 얼마나 심각한 폐해를 당하고 있는지 들으려 하지 않았습니다. 욕심은 멈추지 않고, 무수한 증오에도, 매일 수많은 생명이 죽어가도 당신들은 그저 당신들의 삶을 이어갈 뿐이었습니다.… 더 이상 지구를 오염시키는 것을 멈추어 주십시오. 더 이상 전쟁을 멈추어 주십시오. 더 이상 탐욕에 넘쳐 물질적인 것에 집착하지 마십시오. 타자라고 하는 이웃과 사회를 환대의 마음으로 나누고 사랑하십시오. 우주 안에 있는 모든 생명공동체를 배려하고 보살펴 주십시오. 더 이상 물질적인 것에 집착하지 마십시오. 그리고 마지막으로 창조주를 의지하고 신뢰하십시오. 그렇지 않는다면 내가 다시 돌아오게 될 것입니다."

그는 코로나의 입을 빌려 오늘의 시대적 징조에 대한 올바른 지적을 하고 있는 것이다. 지구의 기온이 상승한다는 것은 결국 인간의 탐욕과 이기심, 인간 자신만의 안전과 편리함, 인간의 생명과 행복한 삶만 추구하는 사회경제정치문화 심지어 신앙을 위해 인간 이외의 다른 생명공동체에 대해서 아무런 관심을 갖지 않고 살아왔다는 것을 말해주고 있다. 자연을 마음껏 파괴하여 높은 시멘트 건물을 세우거나 전력 공급을 위해 무분별하게 화력발전소를 세우곤 하였다. 뿐만 아니라 북반구의 사람들이 편리한 생활을 위해 타고 다니는 수많은 자동차도 이산화탄소를 배출하여 하나님의 형상을 지니고 있는 인간과 하나님 보시기에 좋다고 하신 자연의 모든 생명공동체를 신음하며 죽어가게 하고 있는 것이다.

이제는 자연만 신음하는 것이 아니라 우리 인간마저도 기후재앙으로 절규하면서 생명의 위협을 받고 있는 것은 오늘의 사회 · 정치 · 경제 그리고 과학과 기술문명 심지어 기독교 신앙 속에 물질을 우선으로 하는 맘몬(mammon)이라는 신(mammon god)을 섬기는 반(反) 하나님적이며 반(反) 창조적인 삶을 마음껏 살아왔던 죄성의 결과이다. 특히 이는 사회적·경제적·문화적으로 윤택한 삶을 살아가는 선진국 북반구의 사람들의 책임이다. 우리 한국도 경제적으로 윤택한 북반구에 속하고 있는 것이기에 결코 예외가 될 수 없다. 북반구 사람들의 소비지향적이며 자기중심적인 삶의 형태 때문에 극빈의 남반구 이웃들은 물론 숨을 쉬며 살아가는 모든 생명공동체가 자연재앙의 피해를 직접적으로 보고 있기에 그것은 곧 우리들의 책임이다.

구약성서에서 지도자 여호수아는 요단강 동쪽에 살아가고 있는 르우벤 지파와 갓 지파 그리고 므낫세 반 지파의 사람들이 사회와 민족의 공동체를 섬기고 봉사하면서 하나님께서 명하신 것들에 대하여 책임감을 가지고 잘 실천하였다고 한다(수 22:3). 사도 바울은 우리 기독인들을 향해서 교회 안에서는 물론 오늘의 기후위기·기후재앙의 세상 속에서 "공공의 유익"과 "공공의 선"(common good)을 위한 일에 책임을 다하는 것이 성령께서 바라는 것이라고 역설한다(고전 12:7). 그렇기에 생태환경 파괴라고 하는 반 하나님적인 시대적 징조를 보면서도 신앙의 깊은 잠을 잤던 지난날에서부터 깨어나야 하고(reawaken), 우리 자신의 신앙과 삶을 어떻게 살아왔는지 뉘우치면서 되돌아보아야 하며(review), 그리고 생태정의를 수반하는 생태신앙으로 새로운 삶(renew)을 살겠다는 굳은 다짐을 하여야 한다. 그런 후, 하나님이 바라시는 아름다운 세상, 인간 중심의 세상이 아니라 인간이 자연 생태계와 그 속에 살아가는 모든 생명공동체를 섬기고 봉사하는 종으로서의 사명에 새롭게 초점을 맞추어(refocus) 살아가야만 21세기를 살아가는 우리 신앙인의 책임을 다하는 것이라 믿는다.

여성신학자요 동시에 기후변화 시대의 신학은 어떠해야 하는지를 모색하였던 맥페이그(Sallie McFague)는 오늘의 세계 속에서 신학을 한다는 것은 교리를 만들어가는 것이 아니고 모든 사람으로 하여금 기후위기의 시기·기후재앙의 시기에 올바른 신앙의 삶을 살아가도록 새로운 비전을 제시하지 못하면 바른 신학이 아니라고 역설한다. 다시 말해서 오늘의 세상을 향하여 새로운 대안을 제시하지 못하는 교회와 기후재앙의 시기에 윤리가 담겨 있지 않는 신앙은 참 신앙이 아니다. 그러므로 오늘 우리가 적어도 기후위기·기후재앙의 세상에서 인간은 물론 숨 쉬며 살아가는 모든 생명공동체가 안전한 생명과 온전한 생명 그리고 풍성한 생명을 누리며 살아가는 세상을 만들어가는 것이야말로 하나님이 바라시는 아름다운 세상을 만들어가는 것이고 21세기의 오늘 우리 교회의 과제요, 신앙인의 책임이다.

●●●

1. 기온 상승, 기후변화와 기후위기 그리고 기후재앙으로 지구와 그 속에 숨 쉬며 살아가는 모든 생명공동체가 신음하며 절규하는 세상 속에서 우리가 고백할 죄성의 모습은 무엇이며 우리의 신앙은 어떻게 달라져야 할 것인지 구체적으로 기록해 보자.

2. 우리나라는 기온 상승을 유발하는 이산화탄소 배출을 가장 많이 하고 있는 나라 중의 하나이며 우리 때문에 가난한 농어촌은 물론 아시아의 가난한 나라들이 자연 재앙으로 피해를 받고 있기도 하다. 우리 인간은 물론 함

께 살아가는 모든 생명 공동체들의 생명들이 "안전한 생명"(security of life) "온전한 생명"(full humanity) "풍성한 생명"(life in fullness)을 누리며 살 수 있는 하나님이 바라시는 세상을 도모하기 위해서 어떤 책임 있는 삶을 살아가야 할 것인가?

그런 평화 없어라!

손성현*

악한 일은 피하고, 선한 일만 하여라.
평화를 찾기까지, 있는 힘을 다하여라.
【시편 34:14】

비발디의 〈세상에 참 평화 없어라〉(nulla in mundo pax sincera)를 듣는다. 평화로운 선율이다. 우아한 현악기들의 안내를 받아 천상을 거니는 듯 소프라노의 목소리가 청아하다. 분위기와 멜로디가 너무 평화로워 가만히 듣고 있노라면 제목의 비장함은 거의 느껴지지 않는다. 첫 번째 아리아가 끝난 후의 여운까지도 평화롭다. 그런데도 기어이, 서글픈 탄식 같은 그 제목을 떠올리는 것은 왜일까? 어쩌면 마음 깊은 곳에서 그 탄식에 공감하고 있기 때문일 것이다.

"평화는 없다"(nulla pax). 평화를 바라는 사람들의 간절함에 찬물을 끼얹는 듯 단호하게 외치는 예언자들이 있었다. 예레미야가 그랬다. "그들이 딸, 내 백성의 상처를 가볍게 치료하면서 말한다.

---

* 창천감리교회 청년부 담당 목사

'평화, 평화!' 그러나 평화는 없다"(렘 8:11). 에스겔도 그랬다. "그들이 내 백성을 유혹하여 말한다. '평화!' 그러나 평화는 없다"(겔 13:10). 사람들이 듣기 좋아하는 평화를 말해주던 "그들", 사람들이 갖고 싶어 하는 평화를 빌어주던 "그들"은 예루살렘의 유력한 종교지도자들이었다. 불안한 시대를 살아가는 사람들에게 평화를 선언하며 안심시키는 것이야말로 "그들"의 주된 관심사였다. 그러나….

그런 평화는 없다고 예레미야와 에스겔은 잘라 말한다. 차라리 평화 없음의 현실을 직시해야 한다고 외친다. 하나님을 우러르며 이웃을 사랑하는 삶보다는 물질적 풍요로움과 개인적인 안정을 추구하느라 '깨져버린 샬롬'의 실상을 봐야 한다. 그걸 보며 깜짝 놀라야 한다. 슬퍼해야 한다. 그 충격과 슬픔이 실천적 지혜와 만나 방향을 틀 수 있어야 한다. "악한 일은 피하고, 선한 일만 하여라. 평화를 찾기까지, 있는 힘을 다하여라"(시 34:14). 하지만 과연 가능할까?

세상에서(in mundo) 지금 벌어지고 있는 일을 보면 절망적이다. 인간과 마찬가지로 이 세상에서 살아갈 수밖에 없는 동물들에게 어떤 일이 일어나고 있는지를 보면 평화라는 말은 입에 올리기조차 민망하다. '집에서 기르는 짐승'이라는 의미에서 '가축'(家畜)이라 불리던 소, 돼지, 닭은 더 이상 '집'에서 살지 않는다. 인간의 주거지에서 멀리 떨어진 곳에서, 인간이 최대한 보지 않고 보고 싶지도 않은 방식으로 쉴 새 없이 도살되고 있다. 인간이 먹을 고기가 되기 위해서다. 오로지 그것을 위해서다!

과학자 호프 자런(Hope Jahren)은 지난 50년 사이 '이 세상에서' 일어난 변화를 도표처럼 이해하기 쉽게 설명해준다. "1969년에 비해 소는 50퍼센트 정도 더 도축되어 소고기 생산량은 두 배가 되었고, 돼지는 3배 더 많이 도축되어 4배 더 많은 돼지고기가, 닭은 6배 더 많이 도살되어 10배 더 많은 닭고기가 생산되었다. […] 오늘날 인간이 10억 톤의 곡물을 먹어 소비하는 동안 또 다른 10억 톤의 곡물이 동물의 먹이로 소비되고 있다. 그렇게 먹여서 우리가 얻게 되는 것은 1억 톤의 고기와 3억 톤의 분뇨다."[1] 참 쉬운 설명이다. 마음은 어렵다. 엄청난 양의 고기를 생산하기 위해 지구에서 사용 가능한 담수의 30퍼센트가 쓰인다. 그렇게 해서 얻는 고기의 양보다 3배나 많은 배설물에는 인간이 짐승들의 성장 촉진을 위해 투여한 항생제가 섞여 있다. 그것은 뭘 의미하는가? 과학자는 친절하게 설명해준다. 땅과 물속으로 스며든 항생물질의 영향으로 땅과 물속의 미생물은 더욱 강력하게 진화하여 생물들을 습격할 것이다. 세상에나!

그러니 지금처럼, 혹은 지금보다 더 육식을 즐기면서 내내 평화로울 수 있는 세상을 꿈꾼다면, 굳이 예언자가 아니더라도 단호하게 말할 수 있다. "그런 평화는 없다." 인간과 가장 가까웠던 동물들의 평화는 이미 비참할 정도로 무너져있다. 그것이 인간에게도 파국을 가져올 날이 멀지 않았다. 두려운 일이다. 예언자가 아닌 과학자는 말한다. "OECD 국가들이 매주 하루만 '고기 없는 날'을 정해 지킨다면, 올 한 해 배곯는 사람들을 모두 먹일 수 있는 1억 2,000만 톤의 식량용 곡물이 여분으로 생기게 된다."[2] 그의 차분한 통계가 희망의 파장이 되어 전달되기를 바라는 것은 그저 그녀의 이름

---

1 호프 자런, 『나는 풍요로웠고, 지구는 달라졌다』 (김영사 2020), 71-75.
2 위의 책, 77.

(호프) 때문일까?

예언자 이사야의 이름은 "도움은 야훼(여호와)"/"야훼가 도우셨다"는 뜻이다. 그는 이 세상에서 도무지 가능해 보이지 않는 그림하나를 공유한다. "그 때에는 이리가 어린 양과 함께 살며, 표범이새끼 염소와 함께 누우며, 송아지와 새끼 사자와 살진 짐승이 함께풀을 뜯고, 어린아이가 그것들을 이끌고 다닌다"(사 11:6). 그때는하나님께서 메시야를 보내주신 때다. 메시야가 다스리는 세상에서는 동물들도 평화롭다. 무엇보다 약자를 먹을거리로 여기지 않는다. 늑대와 표범과 사자가 육식을 포기한다. "함께 살며, 함께 누우며, 함께 먹는" 집 같은 동산, 동산 같은 집의 정경이 아름답다. 놀기좋아하는 아이는 그 동물들과 두루 다니며 노느라 정신이 없다.

나의 의지와 노력만으로는 안 되는 일이니 하나님의 도우심을구해야겠다. 경쟁 세상의 살풍경 속에서 나의 상상력까지 메말라버렸으니 예언자의 그림을 자꾸자꾸 떠올려야겠다. 메시아 예수그리스도께서 이미 열어 보이신 나라의 완전한 실현을 믿고 꿈꾸며내 안의 맹수들을 길들여야겠다. 나의 식탁부터 조심스럽게 바꿔나가야겠다. 고지식한 바보처럼 보일 수도 있지만, 고기 없는 식탁의 횟수를 늘려가며 고기 없는 식탁으로 누군가를 초대해야겠다. 평화가 깨져버린 세상의 아픔을 쓰라린 맘으로 응시하며 평화를 향해 내 몸의 방향을 틀어야 한다.

〈세상에 참 평화 없어라〉를 다시 듣는다. 안토니오 비발디가 가사로 채택한 것은 누가 썼는지도 알 수 없는 오래된 라틴어 텍스트다. 가사를 찾아보니 의미심장한 두 단어가 덧붙여 있다. "쓰라림 없는!"(sine felle) 다시 읽어보니 내용이 절절하게 다가온다. "쓰라림 없는 참 평화는 세상에 없어라. 순수하고 진실한 평화는 당신 안에 있도다. 감미로운 예수여!"

● ● ●

1. 누군가가 우리에게 다가와서 '네가 계속해서 지금처럼 살아간다면 평화는 없다!'고 선언한다면 나는 뭐라고 대답할까요? 어떤 느낌이 드나요?
2. 나의 주위에 육식을 포기하고 채식을 시작한 친구가 있나요? 그와 함께 차분히 이야기를 나눠 봅니다. 내가 할 수 있는 일을 몇 가지만 적어 봅시다.

보고 바라며 믿음으로 이루는 평화

김상덕*

> 그 때에는 이리가 어린 양과 함께 살며,
> 표범이 새끼 염소와 함께 누우며,
> 송아지와 새끼 사자와 살진 짐승이 함께 풀을 뜯고,
> 어린아이가 그것들을 이끌고 다닌다.
> 【이사야 11:6】

　보이지 않는 것을 보는 것은 본질적으로 영적인 행위입니다. 우리의 눈이란 사물과 세상을 보는 중요한 신체적 기관입니다. 인간은 눈을 통해 가장 많은 정보를 습득하고 판단하고 행동합니다. 우리는 눈을 통해 사람과 만나고 세상을 봅니다. 그러나 '본다는 것'(seeing)은 단지 신체적 기관으로서 눈의 기능을 말하는 것보다 더 넓은 의미로 사용되곤 합니다. 예를 들어, 우리가 세상을 보는 눈(관점)은 무엇이 더 의미 있고 소중한 일인지에 대한 가치판단을 내포합니다. 따라서 현명한 사람은 당장 눈에 보이는 것에 연연하기보다 눈

* 한국기독교사회문제연구원 연구실장

에 보이지 않지만 중요한 가치에 따라 살아갑니다.

성경은 우리가 무엇을 보느냐가 곧 우리의 신앙과 깊은 관련이 있다고 말합니다. 히브리서 저자는 "믿음은 바라는 것의 실상이요 보지 못하는 것의 증거"(히 11:1)라고 전합니다. 믿음의 본질이란 이 세상에서 우리가 무엇을 바라보고 살 것인가를 선택하는 것이기 때문입니다. 따라서 거듭난 그리스도인은 눈앞에 보이는 이득이나 육신의 정욕이 아니라, 눈에 보이진 않지만 영원한 하나님나라의 가치를 좇아 매일을 살아가는 것입니다.

역설적이게도 무엇을 본다는 것은 눈앞에 있는 것을 봄으로써 그 너머에 중요한 것을 보지 못하게도 합니다. '견물생심'(見物生心) 이란 말처럼 눈으로 말미암아 욕심이 생겨나고 그 욕심은 다시 우리의 눈을 멀게도 합니다. '돈에 눈이 멀다'라는 이 단순한 표현은 세월이 지나도록 유효하고 오늘날 자본주의 시대에선 더욱 더 중요하게 다가옵니다. 예수님은 제자들에게 재물과 하나님을 겸하여 섬길 수 없다고 가르치셨습니다. 재물에 대한 욕심이 우리 눈을 어둡게 만들어 정작 우리가 바라보아야 할 하나님을 보지 못하는 경우가 다반사입니다. 돈만 바라보고 집착하면 결국 돈의 노예가 되고 맙니다.

J. R. 톨킨은 그의 소설 『반지의 제왕』에서 죄의 유혹을 '절대 반지'로 상징화합니다. 그리고 반지의 유혹이 얼마나 강력한 지를 다양한 등장인물들을 통해 알려줍니다. 중간계를 멸망으로 이끌기 위한 사우론의 힘의 근원 또한 이 절대 반지에 있었습니다. 호빗족 프로도는 절대 반지를 없애기 위한 원정대에서 반지를 운반하는 역할을 맡았는데, 그는 이야기 내내 반지의 힘에 눌려 힘겨운 여정을

감내해야 했습니다. 이야기가 절정에 다다랐을 때, 프로도는 마침 내 모르도르의 운명의 산에 오르게 됩니다. 마지막 남은 힘을 쥐어 짜내어 산에 오르지만 반지의 힘은 더욱 거세게 그를 짓누릅니다. 지칠대로 지친 프로도는 자신이 살던 샤이어 마을이 보이지 않는다 고 절망합니다. 반지의 힘이 그를 완전히 사로잡았을 때 그의 눈은 멀게 됩니다. 반지가 사라지고 나서야 프로도는 평화로웠던 샤이 어의 모습이 보인다는 말을 남깁니다.

우리가 죄 가운데 거할 때 나타나는 가장 큰 특징은 바로 우리의 시야가 좁아진다는 것입니다. 우리가 성령으로 충만할 때엔 우리 의 눈은 하나님을 보게 하고 동시에 우리 주변의 이웃을 돌아보게 합니다. 그러나 우리가 죄 가운데 있으면 우리의 눈은 오로지 자신 만을 위해 살아가는 탐욕스럽고 이기적인 존재가 되고 맙니다. 돈 에 눈이 멀고 탐욕이 우리를 지배하면 눈앞에 이득에만 급급하여 현명한 판단을 하지 못하게 됩니다. 하나님이 주신 이 땅과 자연들 을 돌보지 못하는 것도 이런 이유 중 하나입니다.

오늘날 기후위기와 자연의 파괴는 이미 오래 전부터 예측되고 경고된 것들입니다. 그런데도 인간은 당장의 유익과 탐욕을 채우기 위하여 끊임없는 개발을 이어왔고 자연을 파괴하는 선택을 해왔습 니다. 창세기는 인간의 죄로 말미암아 땅이 저주를 받았다고 말합 니다. 현대식으로 표현하면, 인간의 욕심이 자연과 환경을 병들게 하 고 있다는 것입니다. 성장과 개발이 당장의 풍요를 선물해주는 것처 럼 보이지만 결국 자원은 고갈되고 생태계는 파괴되어 더 큰 재앙으 로 다가올 것을 절실하게 깨닫지 못합니다. 한 치 앞을 보지 못하는 것이 우리 죄로 말미암은 인간의 특징인 것 같습니다.

성공과 성장이 너무도 당연한 사회는 개인과 집단의 성공과 안락한 삶에 대한 욕구를 정당화해줍니다. 그러나 성공과 성장이 무조건 좋은 것은 아닙니다. 왜냐하면 그로 인하여 누군가 피해를 받고 고통을 받는다면 말입니다. 오늘날 신자유주의 사회 속에서 우리가 가장 경계해야 할 것이 바로 이런 성공과 성장이란 이름으로 정당화되는 자기중심적인 욕심일지 모르겠습니다. 탐욕은 우리의 눈을 멀게 만듭니다. 당장 눈앞에 화려함만 보이고 우리 주변의 고통 받는 이웃을 보지 못하게 합니다. 힘없는 약자들의 고통과 신음하는 소리들을 듣지 못합니다. 하나님의 시선은 거기에 있는데도 말입니다.

보이지 않는 것을 보는 것은 본질적으로 영적인 행위입니다. 이를 위해서는 두 가지 방향으로 점검이 가능합니다. 하나는 지금 내가 보고 있는 것이 무엇인지를 돌아봐야 하고, 다른 하나는 내가 보지 못하는 것이 무엇인지를 돌아보는 것입니다. 나의 시선이, 나의 관심이, 나의 가치가 어디에 더 머물러 있는지를 살펴야 합니다. 그리고 그것이 정말 소중한 것들인지 사유하고 성찰할 필요가 있습니다. 내 욕심으로 인해 나의 눈이 어두워져서 정작 우리 주변의 소중한 것들을 놓치고 사는 건 아닌지 진지한 물음이 필요한 때입니다. 우리는 무엇을 보고 무엇을 보지 못하는지 말입니다.

이사야 선지자는 장차 도래할 하나님 나라의 모습을 마치 그림처럼 묘사합니다. 그곳에는 우리의 상식과는 전혀 다른 모습이 벌어지고 있습니다. 늑대와 양이, 사자와 송아지가, 어린아이와 안전하게 지낼 수 있는 공존의 가능성을 보여줍니다. 하지만 우리가 사는 이 세상은 무한경쟁 속에서 자신을 위해 남을 희생시키는 것이 정당화되고, 소득의 격차는 점차 심화되며, 경계를 긋고 혐오와 차별의 목소리가 커져가고 있습니다. 인종, 종교, 이념 등의 이유로 대립하면서 서로를 악마화하고 두려움을 조장하는 갈등의 사회 속에 살고 있습니다. 이러한 대립과 갈등의 근원에는 인간의 탐욕과 그것을 빼앗길 것을 두려워하는 마음이 자리합니다. 따라서 평화를 위한 첫걸음은 우리의 시선을 바꾸는 것부터 시작할 수 있습니다. 주님, 탐욕으로 가득찬 우리 눈을 여시고 평화로운 세상을 바라며 살아가게 하옵소서. 아멘.

• • •

1. 성공과 성장의 신화 속에서 나의 눈을 멀게 하는 탐욕의 대상은 무엇인지 생각해 봅시다.
2. 자기중심적인 시선에서 벗어나 내가 눈을 들어 돌아보아야 할 대상은 무엇인지 생각해 봅시다.

내면적 성숙에 관하여

송순재 *

> 그리하여 우리 모두가 하나님의 아들을 믿는 일과
> 아는 일에 하나가 되고, 온전한 사람이 되어서,
> 그리스도의 충만하심의 경지에까지 다다르게 됩니다.
> 우리는 사랑으로 진리를 말하고 살면서, 모든 면에서 자라나서,
> 머리가 되시는 그리스도에게까지 다다라야 합니다.
> 【에베소서 4:13, 15】

"교회에 오래 다닌다고 사람이 변하나요? 안 변합니다."

동료 한 분이 체념하듯 건넨 말이다. 이는 실상 사람에 따라 각기 다를 수 있고, 어떤 교회에 다니고 혹은 그 교회가 어떤 지향성을 가지고 가느냐에 따라 다를 수 있겠으나, 이 말에는 대체로 보아 내게도 상당 부분 피해갈 수 없는 문제의식이 담겨 있었다. 변하지 않으면 고형화되거나 퇴락해가는 수밖에 없다. '변하지 않는 신자'는

---

* 감리교신학대학교 은퇴교수

'변하지 않는 교회'와 관계가 있다. 변하지 않는 교회가 함의하는 바는 여러 가지다. 그중 하나는 '성장'이다. 교회가 이 '외형적' 과제에 몰두하는 동안 '내면적 성숙'이라는 문제는 간과되었다. 특히 근래에 들어 사회에서 심각한 의문의 대상으로 전락해가고 있는 한국 교회의 상황을 놓고 볼 때, 이를 화두로 삼아보고 싶다.

내면성이란 밖을 향해 있던 시선을 자기 자신에게로 돌렸을 때 경험되는 상태를 말한다. 사람 속에 깃든 영적 잠재성을 일컫지만 일정한 형성과정을 요하는 과제이기도 하다. 예민하게 들을 수 있도록, 그 뜻을 견실하게 수행할 수 있도록 마음을 모아야 한다. 하지만 지식을 쌓아가듯 '쌓는 공부'와는 달리, '버리는 공부'라 하는 게 옳다. 그런 뜻에서 우리는 성숙해지고 싶다. 하지만 여기서 말하는 '성숙'이란 어떤 경지에 도달한 상태를 뜻하지 않는다. 우리는 그러한 지향성을 따라 힘쓰기는 하지만 그러한 상태를 소유할 수는 없기 때문이다. 우리는 혹 어떤 상태에 도달했을지라도 다시금 흔들리고, 시시때때로 유혹에 시달리는가 하면, 다시금 치명적 실수나 오류로 추락할 위험에 처해 있는 존재이기 때문이다. 따라서 성숙이라는 말보다는 질적으로 어떤 '변동'의 흐름에 내맡겨져 있다고 하는 편이 낫겠다. 물론 이전보다는 더 많이 알게 되고 경험도 더해져서 과거와는 다른 사람이 되어가고 있는 게 사실이기는 하나, 하나님 앞에서는 초보자처럼 하루를 늘 다시 시작해야 하는 것, 그것이 바로 우리 내면성의 실상이다.

이는 마음으로 하는 일이지만 몸으로 하는 일이기도 하다. 마음 안에서는 온갖 오묘한 일을 그려볼 수 있지만, 그중 하나라도 실제로 해 보려면 말처럼 간단치 않다. 실제 변화는 일어나지 않고 늘 거기서 거기에 처박히기 일쑤고 그래서 다시금 내면의 요구에 내몰린다.

이를 위해 지금까지 성경공부와 기도, 예배에 힘썼다면 최근에는 명상법이 많이 거론되고 있다. 수도생활에서 일보 진보한 양상이라 할 수 있다. 여기에 몇 가지를 더해 보고 싶다. 인문학 독서와 토론, 음악과 미술과 건축 같은 예술의 세계에서 노니는 것 등이 그것이라면, 몸과 마음을 맑고 신선하게 만들어낼 수 있는 적절한 식사법과 다도(茶道), 성찰적 글쓰기, 산책과 산행, 다양한 형태의 노동 등이 또한 그런 것이라 할 수 있겠다.

한 사람의 내면이 영글기 위해서는 사회적 차원과의 교섭이 불가결하다. 개인은 사회와 순환관계 속에서 살아가도록 되어 있기 때문이다. 동반자 없이 이루어지는 개인적 수도 행위는 상상하기 어렵고 또 불가능하기도 하다. 헤겔은 이렇게 말했다. "혼자서는 악이고 둘이서는 선이다." 상호 대화적 관계없이는 이룰 수 없다는 뜻이다. 신앙공동체에 참여하는 게 필수적이며, 그중에서도 신뢰할 만한 작은 공동체에 귀속되는 것이 절대 유익한 이유이다. 아울러 이웃 종교 공동체 구성원들과 우정을 쌓아가는 것도 못지않게 중요하다. 시야를 넓혀주고 자신을 또 다른 시각에서 돌이켜 볼 수 있도록 해 주기 때문이다. 한 걸음 더 나아가 팍팍한 사회적 현실에 자신을 내어 맡기는 것, 이를테면 경제적 양극화나 사회정치적 갈등 상황을 풀어내기 위한 헌신적 행위도 그런 것이라 할 수 있다.

필요한 영역이 또 하나 있는데 그것은 바로 자연과의 관계망이다. 교회가 대체로 간과해 왔던 영역이다. 우리가 자연 안에서 태어나고, 이것을 삶의 기본 환경으로 삼고 있으며, 또 다시 자연으로 환원되는 존재라는 점을 생각해 보면 커다란 오류를 범해 온 셈이다. 자연은 보는 관점에 따라 다르게 나타난다. 그것은 단지 물리적 대상으로 여길 수도 있지만, 그 자체 독자적 생명체요 영원에 잇대어 있는, 그 끝을 알 수 없는 신비로운 존재로 볼 수도 있다. 보고 믿기에 따라 우리는 그곳에서 근원을 예감하고 신비로운 생명의 기운을 느낄 수 있는가 하면 혹은 없기도 할 것이다. 생태학을 논하기 위한 또 하나의 의미심장한 자리라 하겠다.

이 대목에서는 환경보호를 위한 종교 이념적 논의나 투쟁적 실천 행위에 앞서, "자연이 말을 걸어온다는 사실" 그리고 그러한 순간에 예민하게 응답할 수 있는 내적 상태, 그러한 순간을 위한 눈과 귀에 관한 내적 감수성에 초점을 맞추어 생각해 보고 싶다: 산과 강과 바다, 우람한 숲속에 피어난 어여쁜 꽃들과 수려한 나무들, 힘차게 솟아오르는 태양과 서서히 저무는 태양, 부드러운 바람과 광풍, 오솔길과 절벽과 폭포, 홀로 혹은 떼 지어 자유롭게 날아다니는 새들을 바라보며, 그 아름다움에 경탄을 발하지 않을 사람이 있을까? 자연이 아름답다는 사실 그리고 여기에 사람 마음이 매혹된다는 사실은 무엇을 뜻하는가? 이 매혹적 사건에 이끌리는 어느 길목에서 어쩌면 자연과의 대화가 시작될 수 있을 것이다. 이렇게 내면적 수도 행위는 늘 엄숙하고 혹독한 것만이 아니라 어떤 점에서 '낭만주의' 혹은 미학적 신비주의 같은 것을 필요로 한다.

독일의 동물 사진작가 로징(Norbert Rosing)은 캐나다 북극 지대와 노르웨이 극지방을 무대로 영하 30도를 오르내리는 가혹한 날씨와 힘겹게 싸워 가면서, 북극곰과 북극여우, 바다코끼리, 고래 등과 그들이 보금자리로 삼고 있는 극지방 생태계를 그려내고자 했는데, 그것은 무엇보다도 먼저 그 지역이 있는 그대로 보여주는 청정함과 신비로운 아름다움에 매료된 결과였다. 나아가서 그는 이 작품들을 통해서 기후변화 때문에 무서운 속도로 녹아내리고 있는 북극의 빙하가 그 지대에 서식하는 동물들을 어떠한 빈곤과 죽음으로 내몰고 있는지, 어떤 이유로 생태계 전체가 파국적 상태에 처하게 되었는지, 그럼에도 인간들은 얼마나 무감각하게 탐욕스런 질주를 계속하려 하는지에 대해서 엄중히 질책하고자 했다. 이런 눈으로 현 생태위기 상황을 직시하던 내게, 일찍이 마르쿠제(Herbert Marcuse)가 『일차원적 인간』(One-Dimensional Man, 1964)에서, 선진산업사회의 기술이 가능케 한 물질적 풍요와 거기에 또아리를 틀고자 하는 인간의 '천박함'을 파헤친 논지가 새삼 절박하게 떠올랐다. 어떠한 결과든 원인이 있는 법이다.

전 세계를 도탄에 빠뜨리고 있는 Covid-19의 기원에 관한 조사가 최근 이루어지고 있다. 아직 믿을만한 소식은 손에 들어오지 않았지만, 널리 받아들여지는 설은 인간이 자연세계로 무분별하게 밀고 들어감으로써 그 서식처를 잃어버린 동물들이 인간세계와 접촉하게 되었다는 것이다. 자연 난개발, 야생동물 식용, 동물바이러스 실험 등이 여기에 해당한다. 이번 경우가 정확히 어디에 해당하는지는 조사를 기다려봐야겠지만 어느 정도 신뢰할만한 정보에 도달할 수 있을지는 미지수이다. 생물학뿐 아니라 국제정치와 경제를 둘러싼 다양한 요인들이 복합되어 있고 그 실태는 그리 쉽게 풀어낼 수 있어 보이지 않기 때문이다. 그 어느 경우에서나 분명한 사실은 동물세계에 대한 인간들의 막돼먹은 태도라 할 수 있다.

얼마 전 해외의 한 저널에서 "생각하는 동물"에 관한 주제를 다룬 적이 있다. 보통 간과되기 쉬운 이 능력에 관해 새로운 눈을 뜨게 하는 글이었는데, 그것은 서울에서 일터를 내려놓고 몇 년 전부터 산중에서 살아가게 된 나에게 새삼 추궁해 오듯 나타난 현상이기도 했다. 모든 동물은 생각할 줄 알고 그 바탕에서 행동하며 살아가고자 하는 존재라는 사실 말이다. 보통 똑똑하다고 하는 개나 고양이뿐 아니라, 소와 염소와 집돼지나 멧돼지, 너구리와 담비는 물론이려니와 닭이나 새들도 그러하고 벌과 나비와 곤충들도 그러하였다. 자료를 보니 사자나 호랑이나 곰 같은 맹수류와 희귀한 방식으로 우정을 나누는 이들도 있었다. 농부들은 일상에서 이 사실을 이미 알고 있었음에도 말이다: "동물들은 다 알고 있어요."

나는 유난히 명민하게 움직이며 눈망울을 굴리는 고양이나 꼬꼬댁거리며 내 주위를 맴도는 닭에게 먹을 밥과 마실 물을 줄 때, 그들이 각각 말하는 소리를 이해해보려 하고 또 나도 말을 걸어보려 하곤 했는데, 그때마다 나는 고요해질 수밖에 없었고, 그 순간마다 나의 내면은 어떤 다른 질적 차원을 경험하곤 하였다. 이는 단지 동물을 지긋이 내려다보며 예뻐해 주는 것이나 더욱이 훈련을 목적으로 대하는 것과는 다른 류의 행동으로서, 이때 자연은 임의로 처분될 수 없는 존재로 나타나 있었다. 며칠 전 두 살이 되려면 반년을 더 기다려야 하는 손녀 아이가 밥 먹는 고양이 곁에 정겹게 다가가 어떤 인위도 없이 쓰다듬는 모습이 눈에 들어왔다. 자연세계와 거의 미분화되어 존재하는 경이로운 통일성이 거기에 있었다. 그러한 통일성이라는 점에서 모든 자연 피조물들과 벗하고자 했던 성 프란치스코(San Francesco, 1181-1226)나 '생의 외경'(Reverence for Life)을 설파하고자 했던 알버트 슈바이처(Albert Schweitzer, 1875-

1965)가 문득 떠올랐다. 진귀한 계기였다.

　일찍이 유영모, 함석헌, 김교신 선생님이 명석하게 가르쳐 보이신 것이 있다. 그것은 하루씩 잘 살아내라는 것이다. 앞에서 생각이 미치는 대로 몇 가지 짚어보기는 했으나, 일상에서 '한걸음'(日步) 내딛기 위한 구체적 몸짓 없는 논설들이란 한낱 헛소리에 지나지 않을 것이다.

• • •

1. '내면적 성숙'은 개인적 과제일 뿐 아니라 사회적 관계망과 자연과의 관계망을 필요로 한다. 그 여러 영역과 차원들은 각각 무엇을 뜻하는가?
2. 내면을 위한 '하루의 삶'은 구체적으로 어떻게 만들어낼 수 있는가?

내면의 성숙과 창조세계의 회복

주낙현*

> 그리하여 우리 모두가 하나님의 아들을 믿는 일과
> 아는 일에 하나가 되고, 온전한 사람이 되어서,
> 그리스도의 충만하심의 경지에까지 다다르게 됩니다.
> 우리는 사랑으로 진리를 말하고 살면서, 모든 면에서 자라나서,
> 머리가 되시는 그리스도에게까지 다다라야 합니다.
> 【에베소서 4:13, 15】

성숙한 인간을 향한 갈망은 여러 종교의 공통 현상 가운데 하나
이다. 이 갈망의 목적은 종교마다 그 언어와 표현이 다르지만, 가장
넓게 아우를 수 있는 말은 마음의 행복과 존재의 안녕이다. 이에 다
다르려는 수행과 기법이 문화와 종교마다 독특하게 발전하여 그 종
교의 특성을 이루기도 했다. 나아가, 세계화 흐름 안에서 그 경계는
과거처럼 분명하거나 벽으로 머물지 않고, 서로 풍요롭게 하는 만
남과 교류, 대화와 배움으로 나타나고 있다.

---

* 성공회 서울주교좌성당 주임 신부

인간의 행복과 안녕에 관해서는 종교만이 아니라, 일찍이 철학이 이에 기여했고 정치학이 관여했으며, 심리학과 정신의학 등이 인간 개인의 내면 분석으로 이를 돕고 있다. 한편, '인간이'라는 주격과 '인간의'라는 소유격의 주체로서 인간에게 제한된 시각에 대한 반성도 일고 있다. 생태학의 시선에서 보면, 인간은 지구와 우주라는 창조세계의 한 부분이지, 그 전체이거나 소유자가 아니다. 적어도, 그리스도인은 어떻게 이 도전을 아우를 수 있을까?

그리스도교 신앙은 인간의 행복과 안녕을 '구원 사건'이라는 독특한 개념과 논리 안에서 이해한다. 또한, 구원받은 삶이 반드시 갖춰야 할 내면의 사고방식과 상태, 이것이 삶의 관계로 드러나는 훈련과 실천을 통틀어 영성이라 부른다. 구원은 언제나 '밖에서' 온다. 성서는 인간이 자기 자신과 세계를 구원할 수 없다고 단언한다. 인간은 세계와 같이 하느님의 창조물이기 때문이다. 이 단언은 신앙의 전제이며 울타리이다.

인간의 타락은 창조세계의 훼손과 함께 가며, 그 회복도 함께한다. 회복의 역사가 시작된다. '밖에서' 인간과 창조세계에 침투해 오는 하느님의 사랑, 곧 예수 그리스도에게서다. 예수는 역사 안에서 인간이 만든 구별과 차별, 분열과 파괴를 사랑과 희생으로 회복하신다. 타락의 현장으로 내려가서 인간과 세계를 원래 창조 때로 끌어 올리는 상승 운동이다. 이것이 부활의 구원이다.

이 부활의 삶을 지탱하는 힘도 역시 '밖에서' 내린다. 성령은 부활을 경험한 신앙인의 공동체에 내려서, 이를 그리스도의 몸인 교회로 만든다. 이 변화와 일치가 교회의 시작이며, 교회는 '그리스도의 몸'으로서 창조세계 회복의 책임을 지니고 살아간다. 이를 위한 사랑과 회복의 삶이 인간 내면의 성숙과 성장 과정이다.

사도 바울은 내면의 성숙을 구원의 역사 안에서 이루어야 할 교회의 책임으로 가르친다. 에베소서 자체가 바울의 오랜 신앙 경험과 고난 그리고 빼어난 신학적 성찰 안에서 마련되었다. 사도가 말하는 내면의 성숙은 개인의 내적 체험이나 감정의 변화를 훌쩍 넘어선다. 신앙의 동료와 교회, 가정과 창조세계 전체를 아우르라는 호소가 절절하다. 그 내면의 본연은 창조세계 전체를 품는 일이기 때문이다.

그 조건이 매우 단단하다는 점을 되새겨야 한다. 믿음과 지식에서 공동체 안에서 일치를 이루는 일로만 온전할 수 있다(4:13). 믿음은 삼위일체 하느님의 구원 역사를 향한 전적인 신뢰이다. 신앙의 지식은 머리와 몸으로 받아들여 다른 이들과 나누고 배우며 퍼뜨리는 행동이다. 이 일에 협력하며 일치를 이루어야 그리스도의 몸인 교회가 역사에 제대로 설 수 있다. 이 실천 안에서 그리스도의 몸인 교회는 그리스도의 완전한 경지에 다다르도록 초대를 받았다.

하느님의 구원을 향한 신뢰가 흔들리는 시대다. 안타깝게도 이 현상은 신앙을 개인화하고 내면화하면서 생겨난다. 인간의 타락이 독차지할 수 없는 열매를 소유하고, 동반자를 탓하며 서로 다른 개인으로 만든 현실에서 비롯했다는 점을 되새겨야 한다. 사도 바울의 염려와 경고대로, 현대의 개인주의 문화가 교회에 스며들어 개인화하고 내면화하는 '풍조'(15절)와 구원의 영성을 식별해야 한다.

이 점에서 탁월한 영성 교사들과 학문의 전문가들은 입을 모은다. 내면의 성숙은 자신의 양심과 존재에 관한 깊은 성찰 안에서 자신의 본질과 에고를 식별하여 에고를 넘어서는 과정이라고. 그것은 자신과 세계가 좀 더 조화로운 삶으로 이루어 가도록 고민하고 노력하는 일이라고. 이는 결코 타협이 아니라, 함께 이루는 삶을 향한 분명한 책임을 나누며 조율하는 일이라고. 이때라야 종종 자신의 감정을 자신의 양심이라고 착각하는 일에서 벗어나, 흔들리는 감정을 평온하게 할 수 있다고.

사도 바울은 이를 식별하는 신앙의 잣대와 성장의 출발을 제시한다. 사랑과 진리의 실천이다. 이는 창조세계를 향한 하느님의 사랑과 희생에 비추어 인간의 행복과 안녕을 바라보라는 요청이다. 거짓과 술수에 담긴 교훈에 마음이 흔들리지 않고, 사실과 진실에 바탕을 두어 자기 생각과 행동을 점검해야 성장할 수 있다는 당부이다. 이것이 '모든 면에서 자라나서 그리스도에게까지 이르는' 길 위에 있는 신앙이다. 이 때문에 인간의 성숙과 창조세계의 온전한 회복은 '지금 여기에' 우리 삶에 함께 이뤄져야 하고, '그러나 아직' 걸어야 할 종말론적인 신앙이다.

∙ ∙ ∙

1. '내면적 성숙'이라는 말에서 가장 먼저 떠오르는 이미지, 또는 생각은 어떤 것인가요? 그 안에 자신이 아닌, 다른 사람, 공동체, 세계가 포함되어 있나요? 아니라면, 다시 상상하고 연결하면 됩니다. 다른 사람, 공동체, 창조세계는 자신의 '내면' 어느 자리에 연결의 지점을 마련할 수 있을까요?

2. 사도 바울이 말하는 '사랑과 진리'는 우리 일상생활, 특히 지구 기후 변화와 생태계 위기 상황을 향한 이해와 행동과 어떻게 관련이 될까요? 실제로 이 생태 문제와 관련하여, 신앙인의 일상에서, 교회 공동체 안에서 '사랑과 진리'로 응답할 작은 실천은 어떤 것이 있을까요?

생명을 향한 행동의 다른 이름

김진아 *

여러분은 서로 남의 짐을 져 주십시오.
그렇게 하면 여러분이 그리스도의 법을 성취하실 것입니다.
【갈라디아서 6:2】
옷 두 벌 있는 자는 옷 없는 자에게 나눠 줄 것이요
먹을 것이 있는 자도 그렇게 할 것이니라
【누가복음 3:11, 개역개정】

바울은 공동체 안에 극심한 갈등과 분쟁을 경험하고 있던 갈라디아교회 사람들에게 서로 짐을 져주라고 말합니다. 비록 공동체를 아프게 했던 실패와 죄책감과 원망이 여전히 남아 있을지라도, 서로의 짐을 져주는 일을 통해 그리스도인들은 하나님이 원하시는 믿음의 삶으로 나아갈 수 있다고 말합니다.

이 본문과 연결된 가치 단어는 '배려'입니다. 배려는 생각을 표현하는 말이자 행동을 설명하는 말입니다. 보다 구체적으로 말하

* 목사, 한국기독교장로회 총회교육원

면 배려는 나와는 다른 존재에게 머무를 공간과 기회를 내어주는 것이라고 하겠습니다. 갈라디아서에서 바울이 이야기하고 있는 '서로의 짐을 져주는 일'과 '배려'는 많은 부분이 닿아 있습니다. 생명을 향한 행동이라는 점에서 그럴 뿐 아니라 그 행동이 지향하는 목적에서도 공통점을 드러냅니다.

생명을 향한 행동으로서의 배려는 어떻게 시작될까요? 이 일은 타인과 생명 있는 모든 존재에 대한 새로운 인식(awareness)으로부터 초래됩니다.

바싹 마른 가지만 남아 죽은 줄 알았던 화분에 작은 초록빛 싹이 돋으면 갑자기 그 화분에 대한 시선과 손길이 달라집니다. 매일 들여다보고 볕이 잘 드는 자리로 옮겨 물을 주며 그 싹이 어떻게 지내는지 살피게 됩니다. 마치 그 돌봄에 기운을 얻는 듯, 작은 싹이 마른 가지들 틈에서 쑥쑥 자라나면 기특한 마음과 함께 행복감마저 느끼게 되지요. 생명에 대한 발견과 인식은 우리로 하여금 이전과는 다른 공간 또는 존재로 느끼게 하는 눈을 제공할 뿐 아니라 생명을 인식한 행동을 하도록 이끌어 줍니다.

생명에 대한 인식이 우리의 행동에 영향을 끼치는 것과 마찬가지로 아픔과 위기에 대한 새로운 자각 역시 행동에 영향을 주게 됩니다. 공동체 안에 아픈 지체가 있을 때 그를 가장 우선적으로 살피고 돌보는 것처럼 우리 삶의 현실에 대해 눈 뜨는 일은 우리로 하여금 생명을 향한 행동으로 나아가게 합니다. 기후변화로 인한 생태계의 모습이 얼마나 위태롭고 안타까운지를 있는 그대로 직면할 때 더 이상 이전과 같은 삶의 방식에 머무르지 못하게 되는 것과 같습니다. 아픔과 위기에 대한 새로운 자각이 우리를 무지와 무관심의 자리에서 벗어나게 합니다.

이처럼 희망에 관한 것이든 아픔과 위기에 관한 것이든 생명에 대한 인식은 우리로 하여금 서로의 짐을 지는 배려의 행동으로 나아가게 하는 힘을 가지고 있습니다. 우리가 생명을 인식하는 일에 무뎌지지 않도록 해야 하는 이유입니다.

서로의 짐을 지는 배려는 무엇을 목적으로 하고 있을까요?

바울은 서로의 짐을 나누어 지는 일의 목적이 회복임을 말합니다. 마찬가지로 생명을 향한 행동으로서의 배려가 목적하는 것은 온전한 회복입니다. 상처가 아물고 생기를 되찾게 되는 회복에 대한 기대는 생명을 향한 행동을 지속하게 해주는 힘입니다. 기꺼이 내 공간과 기회를 나누고 그 자리에 내가 아닌 다른 이의 짐을 들이는 일이 개인과 공동체의 보람과 기대가 되도록 하기 위해서 궁극적으로 이루어질 회복에 대한 소망을 잃지 말아야 합니다.

서로의 짐을 져주며 나아가는 배려의 길은 마냥 편안하고 즐거운 여정만은 아닙니다. 오히려 한 걸음 한 걸음이 결코 만만하지 않으며, 종종 단호하고 급진적으로 느껴지는 행동이 요구되는 어려운 일이기도 합니다. 그 행동이 어떤 것이어야 하는지 누가복음은 세례요한의 목소리를 통해 전합니다. 이 본문은 "우리가 무엇을 하리이까?"라고 묻는 청중들의 물음에 대한 세례자 요한의 답입니다. 그는 사람들을 향해 회개의 열매를 맺으라는 추상적인 말로 대답하지 않고 매우 구체적인 언어로 당장 무엇을 해야 하는지 말하고 있습니다. 그것은 특별한 순간에 대한 이야기가 아니라 일상의 삶에 입을 것과 먹을 것에 관한 것이었습니다.

옷 두 벌 있는 자는 옷 없는 자에게 나눠 줄 것이요 먹을 것이 있는 자도 그렇게 할 것이니라(눅 3:11).

옷을 두 벌 가진 사람은 넉넉한 소유를 자랑할 만한 사람이 아닙니다. 어쩌면 이제 겨우 여벌 옷을 가지게 된 사람인지도 모릅니다. 그에게 가진 것을 나누라는 명령은 너무 가혹한 것일까요? 말씀에서 주의 깊게 보아야 하는 것은 그 행위가 누구를 향해 있는가입니다. 생존의 위기에서 한 발 물러난 이에게 여벌 옷이 가진 의미와 지금 생명이 위협받는 처지에 놓인 사람에게 필요한 단 한 벌의 옷은 커다란 차이를 가집니다. 배려는 넉넉한 처지에 있는 사람이라야 할 수 있는 선심 쓰는 행위가 아닙니다. 성서는 생명을 행한 행동으로서의 배려가 그것을 필요로 하는 나와 다른 존재들 그리고 온 생명 세상의 구성원들에게 시급하게 나누어지고 베풀어져야 한다는 것을 가르쳐주고 있습니다.

오늘 우리가 살아가는 시간 속에서 생명의 회복과 자라남을 위해 내 공간과 기회를 나누는 배려는 매우 구체적이며 단호한 일상에서의 행동을 필요로 합니다. 우리가 생명을 향한 행동으로서의 배려를 실천할 때 그리스도의 법은 완성되며, 생명의 역사를 이루어 가시는 하나님의 일하심에 참여하게 됩니다. 그렇게 우리가 기대하는 생명의 회복은 이루어질 수 있을 것입니다.

생명을 인식하는 능력이 무뎌지지 않도록 영적 감수성을 예민하게 하고, 내 소유를 계산하며 머뭇거리기보다 생명을 향한 행동이라면 주저함이 없이 일어서며, 하나님을 믿고 모험하는 그리스도인의 삶을 살기 위해 노력할 때 회복과 구원의 약속은 우리가 경험하는 현실로 한 발자국 가까워질 것입니다.

●●●

1. 나의 일상에서 새롭게 인식하게 된 생명은 무엇입니까? 생명에 대한 인식

   이 나에게 어떤 변화를 가져왔나요?

2. 삶에서 내가 할 수 있는 생명을 향한 적극적인 행동, 배려는 무엇일까요?

타인을 향해 흐르는 기도와 신앙

김태섭 *

보라, 네가 이 모든 배려로 우리를 위해 마음을 많이 쓰는도다.

너를 위해 무엇을 하랴?

【열왕기하 4:13, 한글흠정역】

『표준국어대사전』은 배려(配慮)의 의미를 '도와주거나 보살펴 주려고 마음을 씀'이란 뜻으로 풀이하고 있다. 우선 공적인 맥락에서 생각한다면, 배려는 사회복지라는 개념과 연결될 수 있을 것이다. 기획재정부의 예산안을 보면, 2011년에 약 86조 정도였던 사회복지 재정 규모가 2020년에는 180조에 육박하고 있음을 알 수 있다.[1] 연간 복지예산 지출이 늘어나면서 노인, 장애인, 차상위 계층 등 사회적 약자에 대한 복지 혜택 역시 비례하여 증가하고 있다. 이처럼 경제 및 신체적 취약 계층에 대한 관(關) 주도의 배려는 해마다 개선되고 있는 것이 분명한 사실이다. 그렇다면, 민간 또는 개

---

* 장로회신학대학교 신약학 교수

1 https://www.index.go.kr/potal/main/EachDtlPageDetail.do?idx_cd=2739.

인 차원에서의 배려는 어떠한가? 통계청의 국가지표체계에 따르면, 20세 이상 자원봉사 참여 인구수는 2017년 전체 성인 인구의 6.8%에 이르렀다가 이후에는 5.2%(2018년), 4.9%(2019년), 3.2%(2020년)로 급감하고 있다.[2] 또한 취업포털 잡코리아에서 지난 2017년 1,319명을 대상으로 설문한 결과, 응답자의 81.3%가 '직장에서 개인주의가 증가한다'고 느낀 것으로 조사됐다.[3] 이러한 조사들은 개인 차원에서의 사회적 배려 및 돌봄이 우리 사회에서 점점 퇴색하고 있음을 보여 준다. 원래 우리의 전통은 정(情)으로 표현되는 따뜻함의 문화였다. 그러나 최근 개인주의 문화의 증가로 인해 우리나라는 점점 이웃과 약자에 대한 적극적인 돌봄과 보살핌에 인색한 사회로 변해 가고 있다. 이러한 상황에서 '배려'의 가치는 그 어느 때보다 소중한 의미로 우리에게 다가온다.

그렇다면, 성경은 배려에 대해 우리에게 어떤 교훈을 말씀하는가? 우리말 성경(개역개정)에는 '배려'가 구약에 단 1번 등장하고(왕하 4:13), 신약성경에는 아예 '배려'란 단어를 찾아볼 수 없다. 그렇지만, '도와주거나 보살펴 주려고 마음을 씀'이란 차원에서 본다면, 예수님의 삶은 배려 그 자체의 삶이라는 것을 알 수 있다. 예수님의 공생애 3대 사역은 가르침, 전파하심 그리고 고치심이었다: "예수

---

2 http://www.index.go.kr/potal/enaraIdx/idxField/userPageCh.do?chkURL=/potal/stts/idxMain/selectPoSttsIdxMain.do%3Fclas_div%3DC%26idx_cd%3D2718%26bbs%3DINDX_001&idx_cd=2718&Title=%EC%A7%80%EB%B0%A9%EC%84%B8+%ED%98%84%ED%99%A9&playurlstr=http://www.index.go.kr/potal/main/EachDtlPageDetail.do%3Fidx_cd%3D1050

3 https://www.jobkorea.co.kr/goodjob/tip/view?News_No=12178&schCtgr=100002.

께서 온 갈릴리에 두루 다니사 그들의 회당에서 가르치시며 천국 복음을 전파하시며 백성 중의 모든 병과 모든 약한 것을 고치시니"(마 4:23). 그리하여 예수님은 육적·영적 병든 자들과 사회적으로 소외된 죄인, 세리, 여자, 이방인들에게 친구가 되어주셨다(마 9:11-13; 11:19; 막 2:16-17; 7:24-30; 눅 15:1-7 등).

특히 어린아이들에 대해서도 예수님은 따뜻하게 마음을 써주시는 대목을 신약성경에서 자주 볼 수 있다(마 11-25; 18:1-6; 19:13-15; 막 10:13-16; 눅 9:48; 10:21; 18:16-17). 예를 들어, 4복음서에 모두 언급된 '오병이어' 기적을 보면, 주님의 놀라운 역사는 작은 것에서 시작된다. 요한복음은 보리떡 다섯 개와 물고기 두 마리를 가져온 사람이 '아이'(παιδάριον)라고 밝힌다(요 6:9). 이 아이는 배를 곯아가며 마음을 담아 예수님께 가져왔는데, 그것을 안드레는 '얼마나 되겠냐'고 시답지 않게 보았다. 그런데 주님은 이 아이의 정성을 보시고, 그가 들고나온 메뉴를 '그대로 존중'하셔서 역사를 일으키신다. 사실, 무(無)에서 천지를 만드신 주님이 떡 다섯 개와 물고기 두 마리가 없다 한들, 기적을 못 일으키셨겠는가? 충분히 가능하다. 그렇지만 주님께서는 아이가 가져온 내용물을 받아주시고 그대로 사용하신다. 놀라운 주님의 역사에 아이를 끼워주신 것이다. 눈 앞에 펼쳐지는 기적을 보며, 이 아이는 얼마나 전율하고, 기뻐하고, 자랑했겠는가? 안드레는 무시했지만, 예수님은 아이의 정성을 받아주시고, 그 마음을 알아주신 것이다. 무시당하던 어린아이의 눈높이를 맞춰주시고 헤아려 주시는 예수님의 모습, 이것이 또한 진정한 배려이다.

예수님의 정신을 이어받은 초대교회는 배려의 공동체였다. 그들 가운데 '가난한 이들이 없었다' 할 만큼 초대교인들은 한마음이 되어 재산을 기부하고 유무상통하는 자들이었다(행 4:32-37). 사도 행전 6장에 보면 흥미로운 에피소드가 등장한다. 초대교회가 과부 들을 구제하는데, 히브리파 유대인에 비해 헬라파 유대인 과부들 이 자꾸 소외되는 일이 생긴 것이다(행 6:1). 헬라파는 쉽게 말해서 '이스라엘 본토(팔레스타인) 밖에서 유래한 유대인들'로 헬라 문화에 친숙 내지 동화된 사람들을 말한다. 이 문제에 관한 해결책으로 사 도들은 "너희 가운데 성령과 지혜가 충만하여 칭찬 받는 사람 일곱 을 택하라"고 제안한다. 이에 선발된 일곱―스데반, 빌립, 브로고 로, 니가노르, 디몬, 바메나, 니골라―의 이름을 보면, 모두 헬라식 이름을 쓰고 있다는 것을 알 수 있다. 다시 말해 헬라파 과부들이 소외되지 않도록, 구제하는 일은 전부 헬라파 유대인에게 맡긴 것 이다. 구제가 자칫 이권 다툼이 될 수 있는 상황에서, 히브리파가 자신의 신앙·문화적 정통성을 내세워 텃세를 부리지 않고 통큰 결 정을 내린 것이다. 배려를 할 때에도, 초대교회는 내 입장보다 상대 의 입장을 헤아리는 본(本)을 보여 주었다.

그렇다면 오늘날 우리 신앙에서 배려는 어떤 중요성을 갖는가? 주님께서 우리에게 기도―'구하라, 찾으라, 두드리라'―에 대해 교 훈하실 때(마 7:7-11), 다음과 같은 말씀으로 결론을 맺으신다: "그 러므로 무엇이든지 남에게 대접을 받고자 하는 대로 너희도 남을 대접하라 이것이 율법이요 선지자니라"(마 7:12). 12절은 '그러므 로'(οὖν)라는 접속사로 시작한다. 접속사는 문맥상 앞의 내용과 연 결해주는 연결고리 역할을 한다. 그런데 앞의 내용은 기도에 관한 것이다. 언뜻 보면 12절은 앞선 기도의 가르침(7-11절)과 문맥상

연관이 없어 보인다. 하지만 주님은 분명히 '그러므로'라는 접속사로 앞선 내용과 연결을 짓고 계신다. '그러므로'는 결론을 내릴 때 쓰는 말이다. 따라서 12절의 '그러므로 남을 대접하라'는 말씀은 앞서 나온 기도에 관한 가르침의 결론이 되는 것이다. 이를 통해 주님은 우리의 기도가 개인적인 차원에서 끝날 것이 아니라 이웃사랑으로 그 지평이 넓어져야 함을 말씀하신 것이다. 기도하는 사람들은 주위 사람들을 배려하고 헤아릴 줄 아는 선한 영향력을 가져야 한다. 우리의 기도와 신앙이 타인을 향해 흐르지 않고 선한 영향력을 잃어버린다면, 그 신앙은 기복 신앙이 될 것이다. 이처럼 배려는 예수님과 초대교회의 본(本)이자 우리 신앙의 아름다운 열매라고 할 수 있다.

끝으로 배려는 인간사회의 차원에 국한되어서는 안 된다. 마가복음에 따르면 부활하신 예수님께서 제자들에게 다음과 같이 명령하신다: "또 이르시되 너희는 온 천하에 다니며 만민에게(πάσῃ τῇ κτίσει) 복음을 전파하라"(막 16:15). 우리말은 'πάσῃ τῇ κτίσει'를 '만민'(萬民)으로 번역하여, 복음의 전파 범위가 '모든 사람들'까지로 이해될 수 있다. 그러나 여기서 사용된 헬라어 'κτίσις'[크티시스]는 '피조물'(creature) 또는 '창조'(creation)를 의미한다. 그러므로 이를 정확히 번역하자면, '모든 피조물에 복음을 전파하라'가 되어야 한다. 복음은 우리 인간만이 아니라 모든 피조세계에 복된 소식이 되어야 한다. 따라서 복음의 정신에 따라, 우리가 실천해야 할 배려의 지평은 인간을 넘어 자연 세계로 확장되어야 한다.

●●●

1. '배려' 하면 떠오르는 성경 속 이야기(인물)나 자신의 경험을 생각해 보자.
   그것이 감동적이라고 생각하는 이유는 무엇인가?

2. 나는 개인주의적 신앙에 만족하고 있지는 않은가? 예수님과 초대교회가
   보여준 배려의 교훈을 실천하기 위해 내가 인간관계 및 생태환경을 위해
   할 수 있는 일은 무엇인가?

죽음에서 생명으로 건너게 하는 봉사

조성돈 *

각 사람은 은사를 받은 대로
하나님의 여러 가지 은혜를 맡은 선한 관리인으로서 서로 봉사하십시오.
【베드로전서 4:10】
우리가 이미 죽음에서 생명으로 옮겨갔다는 것을 우리는 압니다.
이것을 아는 것은 우리가 형제자매를 사랑하기 때문입니다.
사랑하지 않는 사람은 죽음에 머물러 있습니다.
【요한일서 3:14】

코로나19는 인류와 종교에 큰 변화를 이끌어 왔다. 특히 종교의 입장에서 볼 때 코로나19는 이전의 전염병과 다른 양상을 만들어 냈다. 전에는 병이 나타나면 종교는 항상 그 사회의 중심에 섰다. 병의 원인으로서 신의 분노와 징벌 그리고 심판이 해석적으로 나타났다. 그리고 전개 과정에서 종교는 치유와 구원의 핵심이었다. 치유를 위한 기도는 교회를 중심으로 이루어졌고, 절대자 하나님의 구원은 모든 소망이었다. 또 실제로 교회의 봉사는 환자의 돌봄으

---

* 실천신학대학원대학교 교수

로 이어졌고, 많은 이들이 죽음에서 벗어나는 기반을 마련하기도 했다. 그래서 교회 부흥의 자리 언저리에는 항상 전염병이 자리하고 있었다. 초기 기독교의 발흥(The Rise of Christianity)에도 전염병이 있었고, 종교개혁에서도 흑사병으로 알려진 페스트가 자리하고 있었다. 당시 새롭게 나타나던 그 종교들은 인류의 위기에서 희생을 전제로 한 봉사로 사람들의 마음을 얻었고, 그것이 종교의 발흥에 역할을 했다.

그러나 21세기 세속화된 세계 가운데 나타난 코로나19는 종교에 새로운 역할을 요구하고 있다. 역사적으로 팬데믹 상황에서 항상 중심에 있던 종교는 그 역할을 내려놓게 되었다. 과학의 발달로 병의 원인이 밝혀졌고 치유는 의학이 담당하게 되었다. 방역 역시 정부가 하면서 종교는 다만 모이지 않는 것이 돕는 것이라는 명제를 만들었다. 그래서 이전에는 전염병이 돌면 사람들이 더욱더 열정적으로 교회로 모였는데, 이제는 교회를 멀리하게 되었다. 이러한 상황에서 우리는 교회에 대해서 질문을 하게 된다. 이제 교회는 무엇을 해야 하는가?

코로나19는 교회의 봉사를 다른 각도로 보게 한다. 과거처럼 직접적인 도움을 주는 것이 별다른 의미가 없게 되었지만 어떤 의미에서는 아주 근본적인 부분에서 교회가 할 일이 있다. 코로나19의 원인은 인수감염(仁獸感染)이라고 한다. 사람이 동물을 통해 바이러스를 옮았다는 것이다. 몇 가지 가설이 있지만, 박쥐에서 옮았다는 것이 가장 적합한 설명이다. 박쥐는 사람이 안 사는 밀림이나 동굴에서 살고 있다. 그래서 인간의 접촉이 어려운 동물이다. 그런데 사람들이 그들의 서식지까지 쳐들어가서 접촉했고, 그들의 바이러스를 옮아 왔다. 좀 상징적인 의미이긴 한데, 결국 인간의 욕망이 그들의 세계까지 인도했고, 산업화 이후 생태계를 파괴하며 쌓아 온 바벨탑의 결과이기도 하다.

실은 코로나바이러스는 이전에도 인간에게 큰 도전으로 다가온 적이 있다. 사스나 메르스라고 불렀던 것의 공식 명칭은 사스 코로나바이러스였고 메르스 코로나바이러스였다. 즉 같은 종류의 바이러스였다. 이러한 자연의 역습에도 불구하고 인류는 삶을 변화시키지 못했다. 자연을 자연으로 돌려보내지 못했다. 결국 하나님의 경고는 흐르는 강물처럼 흘러갔다. 그리고 이제 문명의 전환을 이야기해야 할 정도의 큰 변화를 요구받고 있다. 그런데 아쉬운 점은 이러한 변화의 요구가 4차산업혁명의 가속화로 그리고 바이오 산업의 가속화로 이어지고 있다는 것이다. 즉 생태계의 변화가 아니라 인간 욕망의 극대화로 이어지고 있다. 결국 코로나바이러스로 인한 하나님의 경고는 오히려 더 높은 바벨탑으로 응답되고 있다.

바로 이 지점에서 우리의 회심이 요구되고 있다. 더 많이 벌고, 더 많이 먹고, 더 많이 누리겠다는 우리의 욕망을 내려놓고 하나님이 중심이 된 생태계를 회복하는 것이다. 그러기 위해서 우리는 생태계를 정복의 대상이 아니라 하나님 나라를 함께 이루어가야 할 공동체로 보아야 한다. 같은 피조물이 이루어가는 공동체이다. 인간이 중심이 아니라 하나님이 중심이 되는 환경(Umwelt)이 되어야 한다. 그 가운데 모든 피조물은 함께하는 세상, 즉 미트벨트(Mitwelt)를 이루어야 한다.

그러기 위해서 인간은 선한 관리인으로 부름을 받는다. 우리에게 허락된 미트벨트에서 다른 피조물들을 섬길 수 있는 봉사로 부름을 받는다. 인간에게 주어진 은사를 사용하여 서로를 향하여 선한 관리인으로 봉사해야 한다. 봉사(Diakonia)는 공동체(Koinonia)를 세운다. 이것은 우리가 경험하는 바이다. 서로를 향한 봉사를 통해, 사회에서 소외된 사람들이 일어설 수 있고, 함께 공동체의 일원으로 참여할 수 있게 된다. 하나님은 끊임없이 우리에게 사회적 약자들을 섬길 것을 요구하신다. 구약의 '약자 보호법'은 아주 적합한 예이다. 고아와 과부와 나그네 그리고 장애인을 보호하라고, 그들을 섬기라고, 그들에게 봉사하라고 하나님은 강조하고 있다. 또한 신약에서도 구제를 통한 약자 보호는 기독교의 전통으로 이어진다. 이렇게 교회는 봉사를 통해서 공동체를 세워왔다.

이제는 이 시야를 넓혀서 우리의 봉사를 모든 피조물에게 전해야 한다. 그래서 인간 사이의 공동체를 넘어 우리와 함께 하는 세상, 즉 미트벨트를 창조의 공동체로 만들어야 한다. 코로나19의 교훈은 바로 여기에 있다. 이제 인간이 자신의 욕심으로 세우는 세상은 더 이상 생존할 수 없다. 자연을 자연으로 있게 하고, 그들이 살 수 있도록 봉사하는 것이 인간의 의무이다.

이런 의미에서 요한 사도의 교훈은 특별한 의미로 다가온다. 우리는 죽음에서 생명으로 옮겼다. 이것은 우리가 아는 바이고, 이것을 아는 것의 증거는 형제자매를 사랑하는 것이다. 여기서 살펴볼 바는 이중적 의미이다. 즉 아는 것의 증거가 사랑일 수도 있고, 사랑하기 때문에 생명으로 옮겼다고 볼 수 있다. 그 어떤 의미든 중요한 사실은 생명과 사랑은 뗄 수 없는 관계라는 사실이다. 즉 생명은 사랑으로 말미암는다.

우리의 사랑은 섬김, 즉 봉사로 나오고, 그것은 생명을 만들어낸다. 형제자매를 사랑하는 것 그리고 그것을 더 넓혀서 모든 피조물을 사랑하는 것은 결국 미트벨트의 공동체를 만들어 낼 것이다. 바로 거기서 우리는 이 세계의 생명을 경험하게 될 것이다.

● ● ●

1. 코로나19의 위기 앞에 우리의 사랑과 봉사는 어떤 의미입니까?
2. 하나님의 창조 앞에서 우리에게 주어진 사명은 무엇입니까?

이웃과 자연을 돌봄으로 이롭게 하는 삶

백광훈[*]

각 사람은 은사를 받은 대로
하나님의 여러 가지 은혜를 맡은 선한 관리인으로서 서로 봉사하십시오.
【베드로전서 4:10】
우리가 이미 죽음에서 생명으로 옮겨갔다는 것을 우리는 압니다.
이것을 아는 것은 우리가 형제자매를 사랑하기 때문입니다.
사랑하지 않는 사람은 죽음에 머물러 있습니다.
【요한일서 3:14】

　사도 베드로가 성도들에게 보낸 편지에서 우리는 삶의 의미와 목적에 대해 발견하게 됩니다. 그것은 인간은 창조주 되시는 하나님께 여러 가지 은사(gift, 선물)를 받은 선한 관리인이라는 것이며 청지기답게 받은 것들을 나누고 베풀며 이웃을 섬기는 봉사의 소명을 받았다는 것입니다. 그것이 하나님의 자녀인 그리스도인 삶의 방식이라는 것입니다.
　그런데, 우리가 하나님의 선물을 받고 나누어야 할 청지기라는

---

[*] 문화선교연구원 원장

사실은 창세기의 인간 창조 기사에 이미 등장하고 있습니다.

> 하나님이 당신의 형상대로 사람을 창조하셨으니, 곧 하나님의 형상대로 사
> 람을 창조하셨다. 하나님이 그들을 남자와 여자로 창조하셨다. 하나님이 그
> 들에게 복을 베푸셨다. 하나님이 그들에게 말씀하시기를 "생육하고 번성하
> 여 땅에 충만하여라. 땅을 정복하여라. 바다의 고기와 공중의 새와 땅 위에서
> 살아 움직이는 모든 생물을 다스려라" 하셨다(창 1:27-28).

하나님은 우리에게 하나님의 형상으로 지음 받음이라는 선물을
주셨고, 그것은 하나님으로부터 창조된 모든 피조세계를 잘 보살
피고 다스릴 수 있는 능력을 주셨다는 것입니다. 사실 인간 창조와
문화명령은 잘못 해석되어왔습니다. 힘으로 세상을 다스리고 정복
하는 인간 이미지가 오랫동안 사람들에게 자리 잡아 왔지요. 그러
나 창조 기사에서 말하는 인간의 특별함, 즉 하나님의 형상을 입었
다는 것은 이웃과 자연을 하나님의 사랑의 마음으로 돌보고 관리할
수 있는 능력이 있음을 말합니다. 그 능력과 소명이 우리 안에 처음
부터 심겨 있다는 것입니다.
　그러기에 우리가 하나님께 받은 사랑과 돌봄의 능력을 가지고
도 그것을 행하지 않는다면 삶은 왜소해지고 초라한 것이 되고 말
것입니다. 마치 흐르지 않고 고인 물은 썩어가는 것과 마찬가지입
니다. 요한사도는 이 창조의 원리를 죽음과 사랑의 언어로 표현합
니다. 하나님의 사랑으로 지음 받은 형제자매는 이웃과 피조세계
를 "사랑함으로써 죽음에서 생명으로 옮겨갑니다." 사랑으로 섬기
고 함께 할 때 죽음의 능력이 인간을 절망에 빠트리지 않는다는 것

입니다.

오늘 그러한 사랑과 나눔, 봉사의 소명을 부여받은 인간들의 삶은 어떠한가요. 안타깝게도, 인간들은 하나님께 받은 사랑과 돌봄의 능력을 발휘하며 살아가기보다는 "세상의 인간론"에 매몰되어 살아갑니다. 하나님의 형상으로 지음 받았다는 것을 알지 못한 채 청지기로서의 삶과 소명을 망각하며 인생의 주인으로 살아가려고 합니다. 한 번뿐인 인생이라 여기며 쾌락과 끝없는 욕망의 만족을 위해 살아가는 인간 군상들의 모습을 봅니다. 필요 이상의 것을 소비하고 물건들을 집에 쌓아놓으며, 육신의 정욕과 안목의 정욕과 이생의 자랑을 위해 살아갑니다. 한국 사회는 서로 살길을 찾아 살아가는 각자도생(各自圖生)의 비정한 정글이 되어가고 있고 극한 단절감 속에서 사람들은 천하보다 귀한 생명을 스스로 포기하기도 합니다. 지구 생태계는 어떠한가요. 청지기로서의 섬김과 봉사의 소명을 잃어버린 인간은 인간중심주의 속에서 자연을 한갓 도구로 여깁니다. 인간의 욕망과 편리함을 위해 동물의 서식지를 파괴합니다. 인간을 위해 동식물의 생명을 가볍게 취급하기도 합니다. 코로나19라는 문명적 재난도 결국 자연을 보살피고 가꾸고 봉사해야할 인간 소명 상실의 크나큰 대가인지도 모르겠습니다.

우리는 다시 회복해야 합니다. 인간이 하나님의 사랑으로 지음 받았으며, 하나님이 주신 사랑과 돌봄의 능력으로 서로를 돌보며 살아야 한다는 것, 그때 인류는 비로소 행복해질 수 있다는 사실을 말입니다. 우리가 받은 모든 것들을 하나님의 선물로 알고 사랑과 은혜의 정신으로 서로에게 서로의 봉사의 공간을 허락할 수 있다면 세상은 조금씩 바뀌어 가게 될 것입니다. 돈을 버는 것만이 직업의 목적이 아니라, 일을 통해 타인을 돕고 이웃을 이롭게 하는 삶, 세상을 정의롭게 번영하게 하고 아름답게 하는 일이 우리의 중요한 관심거리가 될 것입니다. 우리에게 주신 힘과 능력을 통해 지구가 지속가능한 공동체가 될 수 있도록 하는 일에 물질과 재능, 시간을 내어 봉사할 수 있을 것입니다.

• • •

1. 우리가 하나님의 선한 관리인이라는 것은 무슨 뜻일까요? 우리는 서로를 위해 내가 가진 것을 나누고 봉사하는 삶을 살아가고 있나요?

2. 우리는 지구를 위해 무엇을 봉사하고 있나요? 지속가능한 지구공동체를 만들어가기 위해 하나님이 내게 주신 은사는 무엇일까요? 꼼꼼하게 분리 수거를 잘하나요? 온실가스 배출을 줄이기 위해 대중교통을 이용하는 수고를 하고 있나요? 환경보호나 불필요한 자원 낭비를 막기 위한 챌린지에 동참하는 봉사를 하고 있나요?

피조물 구원에 대한 신뢰와 인간의 역할

정용한*

주 여호와여 주는 나의 소망이시요 내가 어릴 때부터 신뢰한 이시라
【시편 71:5, 개역개정】

신앙의 핵심적인 요소 중 하나는 누가 뭐래도 구원에 대한 확신일 것이다. 다가오는 우주적 종말과 개인적 종말에 앞서 일상화된 위협과 어려움을 겪으며 우리는 점점 더 구원에 대한 열망을 갖게 된다. 지금까지 경험하지 못한 자연재해와 극악무도한 인간(들)의 만행을 접할 때면 우리는 "말세야, 말세"라는 말을 곧잘 되뇌곤 한다. 어쩌면 세상이 점점 악해지는 것은 당연한 말세의 징조이며, 그것과 상관없이 나(우리)만은 구원받을 수 있으리라는 확신을 갖기에 내뱉는 말일지 모르겠다. 그럼 과연 어떠한 상황에서도 나(우리)만은 구원받을 수 있다고 고백하고 믿는 것이 기독교가 말하는 구원에 대한 확신이자 하나님에 대한 신뢰일까?

어떤 어려움 속에서도 하나님께서는 그의 자녀에게 구원의 손

* 연세대학교 교수, 삼애교회 목사

길을 내미신다. 시편의 많은 노래가 자신이 처한 어려움 속에서도 여전히 자신을 지키시고 구원하시는 하나님에 대한 확신으로 가득차 있다. 이런 확신은 어려움을 견디고 극복하는 신앙인들의 삶을 회복과 구원으로 이끄는 견인차 역할을 톡톡히 해준다. 시편 기자들에게 악인의 손과 흉악한 자의 장중에서 피하게 하시는 하나님은 늘 숨을 바위와 반석 그리고 요새가 되어 주셨다. 환란 속에서 나를 구원하시는 하나님에 대한 신뢰는 수천 년 동안 믿음의 공동체를 관통해 온 놀라운 믿음의 유산임이 틀림없다.

하지만 그 구원의 확신과 신뢰가 자신과 자신이 속한 공동체로만 한정될 때 교회가 사회로부터 어떻게 괴리되며 타락해 왔는지도 우리는 똑똑히 기억한다. 교회가 사회 속에서 구원의 방주 역할을 효과적으로 감당했던 시절의 공통점은 교회가 방주의 문을 모두에게 활짝 열고 모두가 방주에 탈 수 있도록 도왔던 때라는 점을 잊어서는 안 된다. 너와 나 우리 모두는 하나님께서 베푸시는 구원이 절실한 불완전한 존재이다. 이 사실을 깨닫도록 돕고, 그 구원을 경험하도록 하는 것이 교회의 사명인 것이다. 나를 사랑하시고 나를 향한 구원 계획을 가진 하나님께서 타자(타인)를 향해서도 동일한 사랑과 구원 계획을 가지고 계시다는 것을 인정할 때 진정한 구원의 확신과 하나님에 대한 신뢰가 성립할 수 있다. 하지만 구원의 대상이 되는 타자가 인간으로만 국한되어야 하는 이유가 있을까?

태초에 모든 피조세계를 바라보시며 좋았노라고 기뻐하시던 하나님의 모습을 상상할 수 있다면 자신을 포함해 모든 피조물을 창조때의 모습으로 회복시키시고자 하시는 하나님의 마음을 상상해 볼 수 있다. 혹자는 이 땅의 피조세계가 파괴되는 과정을 종말 사건의 수순으로, 궁극적인(종말론적인) 구원이 이루어지는 필수 불가결한 과정으로 여기곤 한다. "하늘이 불에 타서 풀어지고 물질이 뜨거운 불에 녹아지려니와"(벧후 3:12)를 피조세계 전체가 환경오염으로 병들고 죽어가는 과정쯤으로 이해하기 때문에 생기는 오해일 것이다. 사실 그런 오해의 연원은 "영은 선하고 육은 악하다"는 영지주의적 이분법에 기인한 것이다. 하지만 한국 교회에 뿌리를 틀고 있는 세대주의적 종말론에서도 그 이유를 찾을 수 있다. 한국 교회에 팽배한 전천년설에 입각한 휴거설은 세상의 파괴와는 상관없이 믿는 사람은 마지막 환란을 피해 구원(휴거)받을 것이라는 그릇된 기대와 관련 있다.

과연 지금 이 시대가 직면한 환경오염에 따른 생태계의 파괴가 종말로 나아가는 불가피한 현상인 것일까? 휴거 받을 신앙인들은 이 땅의 파괴에 관심조차 기울일 필요가 없을까? 자신이 창조하고 보시기에 좋았던 피조세계를 물리적으로 파괴하도록 하거나 그것을 방관하시는 창조주라면 과연 피조물들은 그런 하나님을 끝까지 신뢰할 수 있을까?

혹시 우주적 구원의 완성이 피조세계의 파괴를 통해 이루어진다고 믿는다면 먼저 1세기 신약성서의 저자들이 가진 묵시적 종말론에 대한 이해와 그것과 관련한 본문들의 의미에 대해 보다 깊이 공부해 볼 필요가 있다. 성서 해석의 난맥상을 이미 경험한 진지한 신앙인이라면 1세기 유대인들의 세계관과 가치관에 대한 이해 없이 성서 본문을 문자적으로 해석하는 것이 얼마나 위험한지 충분히 경험했을 것이다. 그러한 과정을 생략한다 해도 완전하신 하나님께서 창조세계 전체가 인간들의 파괴로 망가지는 과정을 자연스럽게 여기실 분이라고 생각하는 것은 불가능하다. 그러한 오해는 하나님의 피조세계에 대한 사랑에 무지한 사람들에게만 가능할 것이다. 하나님께서는 정작 악으로 인해 파괴된 피조세계가 새 하늘과 새 땅으로 회복될 것을 계속해서 꿈꾸게 하신다(사 65:17, 66:22, 벧후 3:13, 계 21:1). 하나님을 신뢰한다는 것은 죄로 인해 타락한 인간을 회복시키신다는 믿음과 함께 피조세계 전체를 새 하늘과 새 땅으로 회복시키실 것이라는 믿음을 아우른다.

그 회복은 하나님의 주권적인 간섭을 통해 마지막 때에 완성될 것이지만 믿는 자들에게 요청되는 고백과 실천 한 가지가 있다. 그것은 우리가 하나님께서 보시기에 좋았던 창조세계를 유지하고 회복시키기 위해 하나님의 관리인과 파수꾼이 되겠다는 고백과 마지막 때까지 그 역할을 감당하는 실천이다. 내 삶의 문제를 해결하기 위해 절실한 하나님의 구원과 그 확신이 나에게만 필요한 것이 아니라 이 땅에서 아파하는 모든 이웃과 피조세계에도 필요하다는 사실을 잊어서는 안 된다. 인간들이 주도하는 환경파괴를 그 누구보다 가슴 아파하시며 이 피조세계의 회복을 간절히 원하시는 분이 바로 창조주 하나님이시라는 것을 신뢰하기 때문이다.

• • •

1. 당신은 하나님께서 모든 피조물을 구원하기 원하신다는 사실을 얼마나 깊이 신뢰합니까?
2. 나뿐만 아니라 모든 피조물들을 구원하시려는 하나님의 계획을 신뢰한다면 하나님의 관리인과 파수꾼으로 어떤 역할을 감당해야 합니까?

신뢰하게 하는 하나님에 대한 신뢰

정경은*

주 여호와여 주는 나의 소망이시요 내가 어릴 때부터 신뢰한 이시라
【시편 71:5, 개역개정】

어린 나는 걱정이 많은 편이었다. 밤에 이불을 덮으면서 '아침에 일어났을 때 온 세상이 캄캄하면 어떻게 하지?'라던가, 겨울에 매서운 바람을 뚫고 끝없이 긴 강을 건너 할머니 집으로 가는 길에는 '봄이 오지 않으면 어떻게 하지?' 같은 생각을 했다. 어린 시절부터 주변에 가득 쌓여있던 동화책이나 소설책으로 인한 독서병의 후유증이 아니었을까 자가 진단을 해본다.

지금 나는 경기도 단독주택에 산다. 이사 온 후 집 앞 개울 건너에 있는 우거진 숲을 3년에 걸쳐 개간해서 제법 그럴듯한 밭을 만들었다. 거기에 오만 가지 채소와 약초와 과일나무 등등을 심었다. 그리고 봄부터 가을까지 이러저러한 농사일로 바쁘게 지낸다. 어린 시절과는 달리, 씨를 뿌리면서 '싹이 나오지 않으면 어쩌지?', 가문

---

* 장로회신학대학교 강의 · 연구교수(교양학)

날 물을 주면서 '열매가 맺히지 않으면 어쩌지?' 같은 생각을 한 적이 없다. 하나님의 법칙을 신뢰하기 때문이다.

난 여름을 무척이나 좋아한다. 뜨거운 햇볕이 내리쬐는 날 30도가 넘어가면 좋아서 쑥굿쑥굿 맘보춤을 추며 다닌다. 반면, 얼마나 겨울을 싫어하는지 마치 전쟁터에서 적군의 비행기가 지나가기까지 숨죽여 엎드려 있는 것처럼 겨울을 견딘다. 아쉬운 여름이 지나고 가끔 개나리가 늦가을에 피는 것을 볼 때가 있다. 성격이 급해서 몇 달을 먼저 나왔던지, 변화에 둔감한 녀석이든지, 아니면 봄에 나오지 못한 늦된 녀석일 것이다. 아무튼 그 녀석을 보면, 겨울을 생략하고 이렇게 다시 봄이 되었으면 하는 생각이 든다. 그러나 가을에서 봄으로 건너뛰지 않는다는 것을 안다. 그것은 하나님의 법칙이기 때문이다.

주님을 신뢰하며 견디는 것이 또 하나 있다. 코로나바이러스다. 이 녀석은 먹지 말라는 것을 먹었고, 하나님의 창조 질서에 반한 행동을 했기 때문에 발생하였다는 해석이 지배적이다. 내가 생물학자나 바이러스 전문가는 아니지만, 하나님이 돼지고기를 금했던 것은 돼지에 들어있는 바이러스들이 당시 질병에 취약한 인간에게 위험하기 때문이었다고 한다. 이러한 몇 가지를 제외하면 하나님은 금하신 것보다 허락하신 것이 더 많다. 그러함에도 인간의 욕심은 한계선을 넘는다.

나는 코로나 상황의 재앙 혹은 피해를 가장 크게 입었다고 생각한다. 자영업자에 버금가는, 아니 그보다 더한 나의 모든 '지적 재산'을 다 날렸기 때문이다. 2020년 3월 대면 강의가 비대면으로 전환되었다. 학생들과 강의실에서 수업할 때는 강의실 컴퓨터로 자료를 보여 준다. 그러나 온라인 강의이기 때문에 수업 중간의 오류를 방지하기 위해 자료를 내려받다가 여섯 번째 강의 준비 중 컴퓨터가 랜섬에 걸렸다. 랜섬은 '납치'라는 뜻을 가지고 있다. 해커가 나의 자료를 납치하고 그 몸값을 요구하기 때문에 이러한 방식의 바이러스를 '랜섬'이라고 한다.

랜섬에 걸린 후 어떤 방법을 사용해도 파일을 열 수 없게 되었다. 약 20년 동안의 모든 논문, 글, 자료, 강의안이 유령처럼 실체를 보여주지 않았다. 시각장애인이 된 듯한 막막함은 돌아가신 어머니와 나 사이의 건널 수 없는 벽을 다시 한번 생각해 볼 정도로 엄청난 충격이었다. 화이트 해커에게 자문을 구했지만, 방법이 없으니 포기하라는 대답뿐이었다. 급한 마음에 컴퓨터 전문 업체에 노트북을 맡겼다. 업체 사원은 유럽의 해커가 65만 원을 요구하니 입금하시라, 러시아의 해커가… 중국의 해커가… 하면서 계속 돈을 요구했다. 사기가 아닐까 의심하면서도 요구하는 대로 줄 수밖에 없었다. 사람들이 사기에 걸려드는 것은 너무 간절하거나 욕심이 있기 때문이다. 그러는 와중에 몇 년 전의 자료를 임시방편으로 해서 남은 강의를 간신히 마쳤다. 피폐한 나날을 보내고 있다가 마지막 입금 후에도 전혀 소식이 없는 업자(사기꾼!)를 욕하면서 궁금해졌다. 하나님 왜 제게 이런 엄청난 일을 허락하셨는지요.

지난 학기 학교의 모든 예배가 온라인이었지만 난 예배를 녹화하는 시간에 한경직 예배당에 가서 대면 예배로 드렸다. 경건 교육처 관계자분들은 내가 예배를 사모하는 믿음 좋은 권사인 줄로 알 것이다. 그러나 나는 너무 힘이 들었고 견딜 수가 없었다. 그래서 납덩어리 같은 마음을 질질 끌며 예배당으로 향했다. 그러다가 종

강 즈음 한 교수님의 설교에서 하나님의 음성을 들었다. 하나님께서는 내가 그동안 아끼고 모으고 열정과 애정을 가졌던 것들을 한순간에 거둬가실 수 있다는 말씀이었다. 그리고 이어지는 설교 묵상 가운데 내가 하나님에 대한 신뢰가 엷어졌기 때문에 이것저것 욕심을 낸 것이 아닐까, 나의 욕심이 고통을 가져오고 이 고통 가운데 하나님을 신뢰하도록 하시기 위해 이 고통을 주신 것은 아닐까 하는 생각으로 나아갔다. 한글 문서와 PPTX 자료는 랜섬의 피해를 입었지만, 사진은 피해를 입지 않았기 때문이다. 랜섬이라는 놈은 컴퓨터에 들어와 마치 납치범이 범행대상을 고르듯 두 주 동안 무엇을 가장 많이 사용하는지 가만히 지켜본 다음 그 프로그램을 사용하지 못하게 한다고 한다. 나는 사진은 즐겨보지 않는 편이다. 두 주 동안 오로지 논문과 강의만 준비했다. 랜섬은 내가 무엇을 가장 중요하게 생각하는지 감지하고 한글 문서와 PPT자료에만 풀 수 없는 엄청난 길이의 암호를 건 것이었다.

나는 하나님이 징계를 내리시지만, 하나님을 신뢰하면 거두어 가신다는 사실, 이 재앙의 상황을 통해 긴 터널을 두려움으로 가게 하는 것은 하나님을 의지하고 신뢰하는 방법을 다시 알게 하신 것이라 생각했다. 전에도 하나님을 신뢰하였지만, 더욱 신뢰하고 그 약속을 믿는 것을 훈련시키셨다. 그러나 나의 힘으로는 하나님을 신뢰할 수 없다. 신뢰하게 해주시는 분은 하나님임을 알게 하시기 위해서 이러한 일을 내게 주신 것이다. 그래서 아직 사라지지 않은 것들을 감사하기로 했다. 가족이, 학교가 그리고 나와 관련된 상황과 사람들이 남아있었다. 컴퓨터에는 출판사와 주고받은 이메일이 남아있었고 그것들을 하나하나 주워 모아 책으로 만들었다. 인쇄로 박아 두면 평생 잊지 않을 것으로 생각하고 표지 뒤에는 이러한 일련의 사실을 '감사의 글'로 적어 놓았다.

2020년 말부터 메뚜기떼가 지구의 곳곳을 위협하고 있다는 보도를 보면서 출애굽 하기 전 메뚜기떼의 재앙은 위기였구나 하는 생각을 했다. 그렇지만 하나님의 목적이 성취되었을 때 메뚜기떼를 거두어 가셨듯 이번 코로나 재앙도 하나님의 목적이 성취되면 거두어 가실 것이다. 그리고 무지개로 홍수 전의 자연과 이후의 자연이 달라졌듯이 하나님께서는 인간들을 위하여 자연을 그리고 나를 개편하실 것이다.

• • •

1. 내가 하나님을 신뢰하는 것과 나로 하여금 하나님을 신뢰하게 하는 것의 결과는 무엇이 다를까?
2. 어떻게 욕심부리지 않으면서, 욕망하지 않으면서 하나님이 주신 삶을 살아갈 수 있을까?

창조신앙에 기반한 생태리더십을 개발하고, 교회와 지역사회를 푸르게 하는 환경선교기관(비영리민간단체)입니다. 환경선교와 교육을 컨설팅할 뿐 아니라 다양한 교육과 워크숍, 커뮤니티 활동을 지원합니다.

    '녹색교회' 의제를 만들고, '교회녹화', '교회절전소', '생명밥상', '초록가게', '주말생태교실' 등의 시범사업과 '생태적 삶 훈련'과 '생활속환경교육'을 진행해온 경험이 있는 이들이 함께 모여 만들어가는 곳으로, 살림의 길에서 만나는 이마다 모두 하나님이 보시기에 참 좋은 하늘나라의 삶을 살기까지 힘쓰고 있습니다. 그 삶은 '모두가 골고루 풍성히 누리는 삶'(요 10:10)입니다. 선물로 주어진 창조세계 안에 머무는 것을 즐기되, 신음하는 생명의 소리에 예민하게 귀 기울임으로 이 땅을 지키고 돌볼 것입니다.

    함께 자신의 삶은 물론 가정과 마을, 교회와 세상에서 '살림의 씨앗'으로 만나 싹을 틔우고, '살림을 위한', '살림에 의한', '살림을 보다 잘하기 위한' 이야기꽃을 활짝 피워낼 수 있기를 소망합니다.

〈주요 사업〉

▌플라스틱프리(교회 및 교회카페) 캠페인 ▌

플라스틱은 인간과 생태계를 아프게 합니다. 하나님이 손수 지으신 창조세계를 지켜나가기 위해 일회용 플라스틱 컵, 빨대, 비닐봉투 등 쓰레기로부터 자유해가는 플라스틱프리 캠페인 및 교회 리필스케이션 등 쓰레기 제로의 일상과 교회(카페) 활동을 제안하고, 진행합니다. 생활영성훈련으로서 '창조세계를 위한 40일의 약속, 플라스틱 감축 생활훈련' 실천카드와 '쓰레기제로 일상교육' 교재(근간)가 나와 있습니다.

▌경건한 40일 탄소금식 등 신앙의 절기에 맞춘 실천캠페인 ▌

매년 사순절마다 재의 수요일부터 부활절 전 40일 동안 예수님의 고난을 묵상하면서, 지구에 고통을 주며 누려온 것을 고백하고 지구의 아픔을 덜어내는 거룩한 습관을 연습할 수 있도록 하루 혹은 일주일 단위 실천 콘텐츠를 제공합니다. 이어지는 '기쁨의 50일' 동안에는 부활의 기쁨을 지구 이웃과 나누게 도우며, 9월부터의 창조절을 지켜 피조물을 통해 창조주 하나님을 묵상하는 시간을 갖도록 돕습니다. 특히 대림절에는 하나님 안에서 사람과 사람, 사람과 자연이 하나 되어 서로의 필요를 채워감으로 보기에 참 좋은 공동체를 이루어갈 수 있도록 묵상집 등을 만들어 보급하고 있습니다.

▌환경선교사, 온라인그린스쿨, 지구돌봄서클, 생태영성훈련 등 살림아카데미 ▌

환경선교사, 생태리더십 & 생태영성 아카데미, 생태리트릿을 비롯한 생태영성 훈련, 생명 살림 온라인 그린스쿨, 살림 치유 글쓰기(생명의 기억, 되살림의 기록) 등의 교육과 소규모 살림 커뮤니티 활동, 교회와 학교, 지역과 연합한 지역 살림 학교를 통해 살림스러운 삶을 배웁니다. 특히 '지구돌봄서클(일반/숲/동물/새활용)'을 통해 서로 신뢰하고 지지하는 가운데 생명살림의 공동체를 만들어 함께 행동하게 합니다. 특별히 소모임 단위로 자발적인 교육활동을 이어갈 수 있도록 소통하는 교육 도구를 보급했는데, '지구돌봄서클'과 '탄소제로 녹색교회를 위한 지구정원사'를 위한 토론 툴킷이 보급된 바 있습니다.

▍녹색교회학교 워크숍 및 지구묵상주일(크리스챤어스아워, 지구를위한시간) 캠페인 ▍

미래세대가 살아갈 세상에 관한 관심을 두고 교회학교 사역자들과 더불어 교회학교의 녹색화를 시도하되, 한 달에 한 번 주일에 지구묵상주일(지구를 위해 없이 지내는 주일)을 지키는 것과 지구를 위한 시간을 갖고 기도하는 신앙실천 캠페인으로 '크리스챤어스아워' 운동을 전개하면서 다양한 정보를 제공하고 있는데, 이를 위한 살림극장 기후 토크도 진행하고 있습니다.

▍'계절에 말 걸기' & '교회숲(정원)' 워크숍 및 조성 ▍

계절에 한 번씩 계절에 말을 거는 시간을 갖습니다. 사계절 동안 숲길, 물길, 마을 길을 거닐며 계절에 말을 걸고, 생태영성과 감수성을 회복하게 합니다. 특별히 이 일은 가정과 교회, 마을 안에 하나님의 정원을 회복하는 미니정원(텃밭, 화단, 모퉁이숲)을 만들고 연결하는 일을 통해서도 이루어집니다.

▍모두를 위한 '환경살림나눔발전' 캠페인 ▍

지구 사랑의 온도 1.5도를 위한 활동을 통해 모두가 조금씩 적은 돈을 모아 모두의 공간에 모두의 햇빛으로 발전소를 세워 기후 약자를 포함하는 모두의 필요를 채웁니다. 2020년 10월 금산간디학교에 환경살림나눔발전소를 건립하였고, 현재는 걷고 나누는 탄소사냥 활동을 통해 건강하고 행복한 도시 속초 지역 발전소 건립과 더불어, 교회와 함께 하는'지구사랑 탄소사냥 걷기' 캠페인을 전개하고 있습니다.

▌300살림씨앗 네트워크를 위한 소규모 살림활동 지원 ▌

교회와 지역사회에서 숨어서 활동하는 이들 300명을 찾아 살림씨앗(EcoSalimista)으로 임명하고, 때때로 살림씨앗의 삶과 일을 지지하고자 소규모 살림활동에 대해 소액의 지원금을 전달하는 일을 전개하고 있습니다.

▌#환경 #해시태그 #봉사인증(1365자원봉사) 캠페인 ▌

아래 해시태그와 관련된 활동을 하고, 인스타그램, 페이스북, 각종 블로그에 인증샷을 남깁니다(살림이 제공하는 콘텐츠 활동 가능).

〈인증 방법〉

- 인스타&페북 건당 30분(사진 2장 이상, 50자 이상 + 필수 해시태그 3개 + 선택 해시태그 1개)
- 블로그 건당 1시간(사진 2장 이하, 2페이지 이상 + 필수 해시태그 3개 + 선택 해시태그 1개)
- 해시태그 : 필수 – #기독교환경교육센터_살림 #살림 #탄소중립
  선택 – #플라스틱프리 #제로웨이스트 #기후위기 #미세먼지
  #비거니즘 #반려식물

봉사 인증이 필요하신 분은 ecochrist@hanmail.net로 먼저 알리고, 마친 후 다음 설문을 제출하시면 됩니다(forms.gle/mS8gzqowHBibphCp8).

하나님은 우리를 지구 동산에 두시고 '지키고 돌보라'(창 2:15) 하셨습니다. '살림'은 교회와 그리스도인들의 회비로 운영됩니다. 재정 후원은 하나님이 만드신 지구와 그 안에 기대어 살아가는 생명이 골고루 풍성한 생명을 누리게 하는 다양한 활동의 중요한 밑거름입니다.

그리스도인이 모이는 곳이면 크고 작음에 상관없이 찾아가서, '살림'의 이야기꽃을 피우고 그에 기초한 다양한 교육과 실천사업을 지원하고 진행할 것입니다. 때때로 함께 살림아카데미나 교육워크숍을 만들어 진행하면서, 이를 교육하고 실천해갈 리더들(살림씨앗)을 양성하여 서로 간에 연결하고 지지하는 활동을 진행할 것입니다. 이 모든 것이 당신의 후원이 있어야 가능한 일입니다.

혹 살림코디네이터가 되어 기도 후원과 자료 정리 및 번역, 교육 및 실천사업에 참여하시기 원하시면 아래로 연락주시면 됩니다.

주소   (03180) 서울 종로구 연지동 135 한국교회100주년기념관 604호(살림)

TEL   070-7756-0226 (팩스 수신 시 수동 전환 필요)

Email   ecochrist@hanmail.net

살림블로그(활동소식)   http://blog.daum.net/ecochrist

살림브런치(글창고)   http://blog.naver.com/ecochrist

네이버밴드   https://band.us/@salim

페이스북페이지   http://www.facebook.com/ecochrist.salims

카카오톡플러스친구   http://pf.kakao.com/_rmExdC

살림친구(후원)되기 : https://online.mrm.or.kr/E5CQi7a

살림후원계좌(기부금영수증 발급)

국민 343601-04-121652 재)한빛누리살림

"무엇을 할 것인가?" 역사적 전환과 위기의 국면마다 제기되는 도전적 질문이다. 지구 생태계가 위협받고 종의 멸종이 예고되는 기후 위기의 시대에 우리는 무엇을 할 것인가? 법과 제도와 정책을 마련하는 국제적이고 국가적인 대책이 강조된다. 그런데 이 모든 노력은 한 사람의 실천과 결합하여야 실효를 거둘 수 있을 것이다. 거시적 대책이 미시적 실천과 어우러질 때 실질적인 변화를 이끌어낼 수 있을 것이기 때문이다. 그러면 한 사람의 실천은 어떻게 시작될 수 있을까? 명사들이 공통적으로 말했던 경구에서 실마리를 찾을 수 있겠다. "생각이 행동을 바꾸고, 행동이 습관을 바꾸며, 습관이 운명을 바꾼다." 한마디로 생각과 행동과 습관의 변화가 세상을 변화시킨다는 것이다.

이 책이 우리의 생각과 행동과 습관을 바꾸는 데에 좋은 길잡이가 되어 주리라 생각한다. 50명의 그리스도교 지성인이 25개 주제의 가치를 우리에게 선물처럼 건넨다. 이 선물을 가까이에 두고 자주 펼쳐 읽는다면 그리스도교의 가치가 우리의 생각을 바꾸고, 이어서 행동과 습관이라는 열매로 영글 것이다. 인류의 생존이 걸린 절박한 기후위기 시대이지만, 출발은 작으나마 실제적일수록 좋겠다. 지구의 정원사로서 소명을 자각한 그리스도인 한 사람, 한 공동체가 생각과 행동과 습관을 바꿈으로써 지역사회와 국가를 넘어서 지구 생태계의 운명도 변화시키기를 소망한다.

_ 고재백 국민대학교 교수, 이음사회문화연구원 공동대표

2019년 12월 처음 확인되어 전 세계로 유행된 코로나바이러스감염증-19는 이 세상의 많은 것을 바꾸어 놓았고, 그것은 모두에게 지구의

생태위기에 대한 숙고를 요청하였다. 신학은 현대에 이르러 지구에서 하나님의 형상으로서 인간의 위치는 "하나님의 소중한 정원을 맡아 관리하는 정원사에 가까운 청지기"라는 사실을 발견하였다. 하지만 주로 신학자들 사이에서 이루어진 작업이라 아쉽게도 널리 알려지진 않은 것 같다. 이러한 시기에 기독교환경교육센터 살림에서 25개의 가치 단어를 주제로 신학자들의 에세이를 모아 『지구정원사 가치 사전』을 출판한다는 것은 매우 반가운 소식이다. 실린 글들의 메시지들이 진지하고 묵직하지만 지나치게 현학적이거나 어렵지도 않다. 하나님의 소중한 피조물인 지구의 생태위기 앞에서, 기독교인으로서 가져야 할 문제의식과 책임감에 대한 시야를 넓혀주고, 실천에 대한 동기부여를 해준다. 많은 크리스천이 이 책을 읽고 공감하며 예수님을 닮은 정원사로서 하나님께서 주신 이 아름다운 지구 정원에서 맡은바 소임을 함께 잘 감당해 나가길 소원한다.

_ 김경진 소망교회 담임목사

청소년 시절 학교 추천 도서 중에 한 권인 파스칼의 『팡세』(*Pensees*)를 읽은 적이 있습니다. 성경 속에서 만나는 단어들이 깊은 사유를 거쳐 삶을 대하는 바른 눈과 신앙의 바탕을 마련하도록 좋은 도움을 받았습니다. 『지구정원사 가치 사전』을 준비하고 채워가는 마음들과 결이 같지 않을까 하는 생각이 들었습니다. 욕망과 편리에 길든 인간에 의해서 회복하기 힘들게 병든 지구를 보면서 하나님의 마음을 회복하고자 하는 그 마음이 깃든 것 같습니다. 이름 모를 풀과 꽃에 이름을 주고 관계를 맺어가며 보살펴 제 모양으로 살아가도록 돕는 그 마음을 담아 한 단어 한 단어에 담긴 하나님의 뜻을 살피는 소중한 마음을 담고 싶었겠지요.

추천의 글을 부탁하면서 보내준 글들을 읽으면서 '정말 좋다', '정말 필요하겠구나' 하는 마음이 들었습니다. 무엇인지는 아는데 말과 글로 다 표현할 수 없는 깊은 통찰 끝에 나온 성서적 사유가 오롯이 담겨 있었습니다. 이 책에 대한 높은 기대에는 글쓴이들에 대한 신뢰감도 한몫했습니다. 말만 하고 글만 쓰는 이들이 아니라 삶의 자리에서 그 말과 글을 온전히 살아내고자 애쓰는 분들이기 때문입니다.

'생각 없이 살아가는 이 시대에 『지구정원사 가치 사전』에 담긴 신앙의 사유를 통해 하나님의 마음을 알게 하시고 우리 삶의 자리에서 하나님의 창조 세상을 그분의 뜻에 따라 가꾸는 선한 청지기와 같은 정원사로 살게 하소서.'

_ 김의신 광주다일교회 담임목사

코로나19로 인하여 많은 인명피해는 물론 경제가 마비되고 사회가 기능을 멈추는 등 세계가 뒤흔들리고 있다. 지난 반세기 동안 에이즈, 사스 메르스, 조류독감, 돼지열병과 같이 전에 우리가 알지 못하던 인수공통 감염병 80여 가지가 세상을 덮쳤다. 생태계에 잠자고 있는 바이러스는 알려진 것만도 200만 종 가까이 되는데 이들 무수한 바이러스들이 기후변화를 타고 인간 세상에 나오길 줄 서서 기다리고 있는 형편이다. 그동안 우리는 물질의 풍요를 누리기 위하여 숨 가쁘게 달려오다가 기후변화를 일으키면서 이런 질병들에 시달려 왔는데 앞으로 인류와 많은 생물의 생존 자체를 더욱 위협하게 되었다. 이는 신명기의 말씀을 떠올리게 한다.

이 율법책에 기록하지 아니한 모든 질병과 모든 재앙을 네가 멸망하기까지 여호와께서 네게 내리실 것이니(신 28:61).

이제 우리는 잠깐 멈추어 숨을 가다듬고 성경이 우리에게 무엇을 말하고 있는지 성찰할 때가 되었다.

여기에 성경의 덕목 25가지를 추려서 50명의 딱딱한 신학자들의 부드러운 수필 50편을 실었다. 재미있고 쉬우면서도 우리의 안목을 넓혀주고 우리 사회와 그리스도인으로서의 자신을 다시 되돌아볼 수 있게 한다. 이 기후위기 시대에 그리스도인들이 올바른 마음가짐을 가지고 창조세계를 보살피는 일에 적극 참여하기를 바란다. 특히 코로나19를 겪으면서 신뢰가 땅에 떨어지고 세상의 지탄을 한 몸에 받고 있는 기독교계에 남은 자들이 있어서 이 땅에 생명을 살리는 씨앗이 되기를 바란다.

_ 김정욱 서울대학교 명예교수, 녹색성장위원회 민간위원장

성경을 펴보면 제일 처음에 하나님께서 천지를 창조하시는 이야기가 나온다. 이 이야기가 전하고자 하는 메시지는 분명하다. 먼저 온 세상의 주인은 하나님이라는 것이다. 그리고 더 중요한 것! 세상은 원래 다툼이 아닌 '더불어'의 공간이라는 것이다. 하나님께서 만드신 동산을 보면, 물과 땅이 하나님께서 정한 경계 안에서 더불어 생태계를 이루었고, 자연과 인간 그리고 하나님이 서로 사랑하면서 더불어 지냈던 곳이었다고 말한다.

이러한 창세기의 메시지는 오늘날 전염병과 기후변화 등의 문제를 직면하는 우리에게 큰 통찰을 준다. 내 맘대로 자연을 파헤치면서 자연과 인간이 대립하게 되었고, 그 결과 우리의 생존을 위협하는 문제를 직면하게 되었기 때문이다. 그렇다면 지금의 문제를 어떻게 해결할 것인가? 서로 대립하며 '따로' 살던 삶의 양식을, '더불어'로 전환하는 것이 답이다.

그러한 점에서 이 책은 흥미롭다. '삶의 양식을 바꾸라'는 외침을 넘어, 삶에서 어떻게 적용할 것인지 고민하게 만들기 때문이다. 그래서 앞으로 이 책을 만날 독자들에게 제안하고 싶다. 이 책을 빨리 읽으려 하지 말고, 단어 하나하나를 음미하면서 읽어보라. 그리고 '나라면 어떻게

적용할지' 적어보고 직접 해보라. 이 책이 일으킬 '더불어'의 작은 움직임들을 통해, 이 세상이 또 다른 하나님의 동산이 되기를 기대한다.

_ 김학중 꿈의교회 담임목사

'언어도 없고 들리는 소리도 없으나 그 소리가 온 땅에 통하고 그 말씀이 세계 끝까지 이르도다'(시 19편 중). 하나님이 지으신 해와 달과 별이 소리 없는 소리로 노래하듯이 여기 50명의 신학자가 자기 자신을 악기로 연주한 지구 테마의 교향곡이 있습니다. 하나님이 지으신 자연을 보면 알 수 있는 하나님의 성품과 우리를 향한 사랑이 들립니다.

코로나19는 질주하던 우리를 멈추게 했습니다. 레위기 26장의 말씀처럼 하나님의 창조 질서와 명령에 따라 우리는 6년간 밭을 갈고 나면 일곱째 해에 쉬어야만 했습니다. 그리고 일곱 해를 일곱 순배 돌면 희년에는 모두 멈추어 모든 것을 하나님의 창조 질서 속으로 되돌려 놓았어야 했습니다. 코로나바이러스는 그동안 쉬지 못하고 혹사당하던 지구를 쉬게 하고 있습니다. 레위기 26장 34절에 '너희가 원수의 땅에 살 동안에 너희의 본토가 황무할 것이므로 땅이 안식을 누리리라' 한 것처럼 지구는 코로나바이러스로 인하여 하나님께서 주신 안식을 누립니다. 하나님의 창조 질서로 함께 되돌아가고자 하는 신앙인의 노력은 창조적인 쉼을 통해 이루어질 것입니다.

여기 이 교향곡은 한 명의 신학자가 자신의 테마를 들려줄 때마다 독자들에게 묻고 있습니다. 창조적인 쉼을 당신을 통해 어떻게 일으킬 것이냐고. 그럼 질문을 받은 사람은 자신의 삶으로 대답합니다. 이 대답은 또 다른 이들에게 멋진 질문이 될 것입니다. 이 책에 들어 있는 하나님이 하시는 질문과 우리의 응답이 계속 이어지기를 바랍니다.

_ 김향아 온양한올고 교목실장

봄의 기운이 사방에서 활짝 피어나고 있습니다. 여리고 부드러운 연녹색 이파리가 온 세상의 모습을 바꾸는 녹색 혁명의 계절에, 『지구정원사 가치 사전』의 출간을 기뻐하며 축하합니다. 이 책은 녹색신앙과 생태문명을 가꾸는 데 필요한 삶의 가치들을 제안합니다. 여기 제시된 가치는 기독교 신앙이 생태적이고 직관적인 영성을 갖추도록 도우며, 코로나 사태와 기후위기 현실에서 구원과 해방의 종교로 살아가는데 반드시 요구되는 것입니다.

기독교 신학은 지난 30년 동안 'JPIC 신학'(정의, 평화, 창조세계의 보전)을 펼쳐 왔지만, 우리 문명을 근원적으로 성찰하고 삶의 방식을 전환하는 일에서 부족했습니다. 지구화된 세계가 인간과 자연을 약탈하는 신자유주의 질서로 굳어지는 동안, 기독교는 소비주의와 개발주의라는 근대의 우상을 극복하지 못했습니다.

지금 맞게 된 총체적 위기 앞에서, 우리는 생태적 전환을 이루는 것이야말로 21세기에 이룩해야 할 종교개혁의 정신이라는 것을 확인합니다. 이 책에 나오는 가치는 생태문명을 향한 영적 훈련과 믿음의 실천에서, 개인적 덕성과 공동체의 질서에서 구현해가야 할 것들입니다. 대표적인 신학자들의 묵상을 거쳐 빚어진 글들이 읽는 이들의 내면을 밝히고 삶을 이끄는 데 훌륭할 길잡이가 될 것이라고 믿습니다.

_ 김희헌 향린교회 담임목사

아이들이 장터에 앉아 피리를 불어도 아무도 춤을 추지 않는다. 아이들이 곡을 해도 아무도 울지 않는다. 아이들이 왜 피리를 부는지, 아이들이 왜 곡(哭)을 하는지, 어른들은 알려고도 하지 않는다. 지구에서 자연과 더불어 뛰노는 아이들의 태생적 기쁨을, 지구와 함께 아파하는 아이들의 생래적 동정심과 연민을, 지구를 점령하고, 정복하고, 지구의 자원을 마구 소비하는 지구점령군은 알려고 하지도 않고, 알 수도 없다.

내일 이 지구에서 살아야 할 아이들 50여 명이 뭉쳤다. 피리 소리를 이해 못 하고, 곡(哭)소리를 깨닫지 못하는 지구정복자들이 지구 정원을 더 폐허로 만들기 전에 그들을 "말"로 가르쳐야겠기에 언어학사전(言語學事典)을 만들었다. 이것이 바로, 50명 아이들이 만든 『지구정원사 가치 사전』이다. 이 사전은 비단 기성세대나 정복자들, 환경파괴자들과의 소통이나 교육만을 위한 것이 아니고, 지구 위에서 지구와 함께 살아야 할 자신들과 친구들, 이웃을 위한 새 언어 교과서이기도 하고, 지구정원(地球庭園)을 가꿀 일꾼이 반드시 갖추어야 할 영농사전(營農事典)이기도 하다.

_ 민영진 기독교대한감리회 원로목사

빌라도가 유대 총독으로 있을 때, 실로암에 지었던 망대가 무너져 열여덟 사람이 무참히 죽는 재난이 있었습니다. 예수님은 그 이유를 묻는 사람에게 말씀하셨습니다. "실로암에 있는 탑이 무너져서 치여 죽은 열여덟 사람은 예루살렘에 사는 다른 모든 사람보다 더 많이 죄를 지은 사람이라고 생각하느냐? 그렇지 않다. 내가 너희에게 말한다. 너희도 회개하지 않으면, 모두 그렇게 망할 것이다"(눅 13:4-5).
예수님은 이 재앙의 사건을 하나님의 계시적 사건으로 바라보십니다. 우리가 믿는 하나님은 우리에게 여러 사건과 여러 모양을 통해 말씀하십니다. 하나님은 해와 달과 별들을 통해서도 말씀하시고, 봄과 여름과 가을과 겨울의 계절변화를 통해서도 말씀하십니다. 뿐만 아니라 사건을 통해서도 말씀하십니다. 인류의 재난을 통해서도 말씀하십니다. 재난도 위대한 말씀인 것입니다.
오늘 코로나 팬데믹과 기후위기를 통해서도, 우리는 우렛소리와 같은 주님의 말씀을 듣고, 그 음성에 귀를 기울여야 합니다. 본서는 하나님의 음성 듣기를 갈망했던 지구정원사들의 살아있는 기록입니다. 본서를 통해 주님의 음성이 우리의 마음에도 크게 울려 퍼지기를 바랍니다. 그래서 땅과 하늘의 기상뿐만 아니라 오늘의 때를 분간할 수 있기를 바랍니다.

범죄한 인류를 위해 구원의 길을 열어 주시는 하나님의 사랑과 은총이 독자들과 우리 모두의 지구 위에 충만하기를 기도합니다.

_ 박노훈 신촌성결교회 담임목사, 한국 월드비전 이사장

우리는 기후 위기 시대를 살고 있다. 기후변화 때문에 일어난 여러 가지 재앙이 지구 생명공동체를 위협한다. 기후위기 시대가 우리에게 질문을 던진다. "나는 전능하신 아버지 하나님, 천지의 창조주를 믿습니다."라는 신앙고백에 어울리는 생활을 하고 있나? 천지만물의 청지기로서 또는 지구 동산의 정원사답게 살고 있나? 그리스도인임에도 불구하고 사람들이 만든 물건을 구매하고 소유하고 소비하는 즐거움에 빠져 창조주 하나님을 부인하고, 천지만물의 파괴자로 살고 있지는 않은가? 『지구정원사 가치 사전』을 읽으며 하나님이 창조하신 세계의 아름다움과 풍요로움과 가치를 얼마나 알고, 감사하고, 누리고 있는지 점검해 보자. 지구정원사라는 우리의 신분에 어울리는 삶의 방식을 찾아보자. 지구정원사인 우리의 삶이 기후위기 시대의 희망이 될 수 있다.

_ 박용권 봉원교회 담임목사, 녹색교회네트워크 총무

뜰의 정원은 그 집에 사는 사람의 품격을 드러낸다. 정원의 크기와는 상관이 없다. 뜰 안에 자라는 생명을 얼마나 애정을 가지고 보살피는지 식물이 꽃으로, 열매로 말해 주기 때문이다. 존재로만 자신의 의사를 드러내야 하니 생물의 몸짓이 전하는 것은 진실일 수밖에.

『지구정원사 가치 사전』의 내용을 살펴보기 전에 '지구정원'이라는 표현이 맘에 들어와 콕 박혀 버렸다. 책 제목을 묵상하면서, 하나님의 뜰

인 이 지구별을 헤집어 놓는 두더지가 누구일까 생각하게 된다.

집 현관문을 열면 높지 않은 동산이 있다. 이곳엔 고라니가 살고, 예쁜 소리로 노래하는 새가 살고, 키가 아주 큰 금강송이 살고 있다. 그런데 며칠 전부터 이곳의 나무가 베어지기 시작했다. 개발이 되는가 보다. 아침마다 지저귀는 새소리는 여전하지만, 이젠 그 새소리가 삶의 공간이 파괴되는 것에 대한 분노를 표현하는 것처럼 들린다. 힘없이 베어진 소나무에서는 진한 솔 향기가 풍겨 나온다. 마치 살육당한 현장의 피비린내처럼.

뜰에 심겨진 꽃과 나무와 공생하는 지혜가 필요한 때, 『지구정원사 가치 사전』은 하나님으로부터 위임 받은 청지기인 내가, 우리가 어떻게 맡은 역할을 감당해야 하는지 중요한 지침이 되어 줄 것 같아 기대된다. 군림하는 자가 아니라 공유하는 삶으로, 감상하는 자가 아니라 손과 발을 움직여 돌보고 가꾸는 삶으로, 환경파괴와 인과관계에 대한 학문적 연구와 논의를 기반으로, 인간의 일상이 절제와 나눔 그리고 실천으로 이어진다면 우리가 살고 있는 이 지구별은 더 오랫동안 역사를 이어 갈 것이고, 우리의 후손들 또한 건강한 삶을 살아갈 수 있을 것이다. 여러 나무의 희생으로 만들어지는 이 소중한 한 권의 책이 하나님의 창조세계를 더욱 풍성하고, 안전한 공간으로 만들어가는 과정에 꼭 필요한 알람이 되어 줄 것이다.

_ 백삼현 기독교대한감리회 여선교회전국연합회 회장

20년 전 지금의 시골 마을로 들어오면서 우리는 마을 목회를 이야기했습니다. 농촌이든 도시든 마을이 살아나고 살기 좋은 마을로 발전하지 않으면 그 안에서 살아남을 것은 없기 때문입니다. 마을을 살리는 것이 교회가 사는 것이고 마을 안의 사람들이 소중해지는 것입니다.

『지구정원사 가치 사전』은 이러한 공동체를 지향하는 사람들에게 위로와 힘을 주는 책이라 여겨집니다. 50편의 글들은 촘촘하게 짜여진 생명망과 같습니다. 무엇이 옳고 어떤 가치가 맞는지 애매한 세상에 이 책은 맑은 옹달샘 같아 소외되고 무시되는 많은 생명을 지켜줄 것입니다.

물질 만능의 세상과 이기적 욕망을 부추기는 오늘의 삶의 구조에서 마을(사회)과 교회를 따로 보지 않고, 신앙과 삶을 분리하지 않게 합니다. 지구공동체를 일깨우는 가치 사전이야말로 삶의 의미와 가치를 알게 하고 더불어 사는 상호적 존재의 눈을 열어주는 책입니다. 이제는 마을을 넘어 지구를 생각해야만 할 때입니다. 그만큼 지구의 상황이 심각하고 위태롭습니다. 정원사에 의해 아름답게 가꿔지는 꽃밭을 상상하며 이 책이 많은 지구정원사를 만들어내면 좋겠습니다.

_ 백영기 쌍샘자연교회 담임목사

출애굽은 이집트의 노예가 된 이스라엘 민족이 하나님의 섭리 가운데 자유를 되찾고 해방을 이룬 인류 역사의 일대 사건입니다. 이로써 이스라엘 민족은 젖과 꿀이 흐르는 땅, 가나안에 정착해서 새로운 삶을 시작했습니다. 안식일과 희년 규정을 비롯한 인간 존중의 권리를 보장받는 은총도 누렸습니다. 출애굽 사건은 십자가와 부활 사건과 함께 기독 교회의 두 기둥이 되는 사건이며, 인간해방을 향한 커다란 진보를 이루었습니다.

오늘날 우리는 다시 한번 '그린 엑소더스'를 꿈꿉니다. 반복되는 자연재해, 후쿠시마 원자력 발전소 사건, 혹은 코로나19와 같은 감염병 사태는 인류의 삶이 얼마나 잘못되었는지 고발합니다. 현대인은 마치 이스라엘이 이집트의 노예가 된 것처럼 살고 있고, 자연에 대한 무한한 착취를 조장하는 무분별한 소비에 물들어 있습니다. 이제는 '그린 엑소더스'를 통해서 소박한 삶을 향해 나아가야 합니다. 지속가능한 개발을 통해서 주어진 것에 만족하는 경건하고 절제된 삶을 살아야 합니다. 『지구정원사 가치 사전』은 이러한 '그린 엑소더스'를 향해 가는 지침서입니다. 예수님께서 선언하신 '가난한 자의 복'을 기꺼이 받아들이는 순종의 고백입니다. 지구별의 모든 생명과 더불어 아름다운 삶을 살겠다는 다짐의 약속입니다. 오늘 하루의 절제된 삶으로 영생을 향해 나아가는 약속의 기록입니다. 이스라엘이 40년 광야 생활의 훈련을 본받는 우리에게 오늘날 주어진 훈련교재입니다. 이러한 책의 발간에 감사하며 축하드립니다.

_ 변창배 대한예수교장로회총회 사무총장

지금은 생명위기의 시대입니다. 위기가 시작된 건 이미 오래전부터입니다. 인간의 지나친 욕망이 뭇 생명을 죽이고 코로나와 기후위기라는 어두운 그림자를 불러들였습니다. 그리고 강과 산, 바다를 넘어 동식물의 생명까지 위협하는 단계에 왔습니다. 이제는 하나님이 창조하신 아름다웠던 지구를 지키지 못하고 잘 돌보지 못한 것을 회개할 뿐 아니라 지구가 내는 신음에 겸손한 마음으로 귀를 기울일 때입니다.
이번에 기독교환경교육센터 살림에서 『지구정원사 가치 사전』이라는 책을 출판함으로 지구환경에 대해 깊은 관심을 갖게 할 뿐 아니라 지구를 살리는 일에 동참할 수 있는 마음을 갖게 하는 것이 무척 기쁩니다. 성경의 덕목 25가지를 주제로 삼아 신학자들이 진술하게 들려주는 환경에 관한 이야기를 통해 우리는 우리 자신을 성찰하며 이웃과 자연에 대한 우리의 책임을 통감하게 될 것입니다.
이 책을 통해 그동안 잊고 살았던 지구환경에 대한 책임 의식을 회복하고 작지만 실천할 수 있는 덕목을 선정해 생활 속에서 실천해 봄으로 하나님이 맡겨주신 지구정원사의 사명을 다할 수 있기를 바랍니다.

_ 안광수 수원성교회 담임목사

기독교환경교육센터 살림에서 귀한 작업을 해냈다. 『지구정원사 가치 사전』에 실린 "감사 겸손 나눔 멈춤 분별력 비움 사랑 풍성함 아름다움 "등의 주제어들을 모으면 그대로 성경책이 되리라는 생각이 든다. 하지만 글쓴이들은 이 딱딱하고 어려운 주제어를, 아주 즐겁게 읽을 수 있는 글로 풀어주고 있다. 그냥 푹 빠져서 읽다 보면 깊은 감동과 묵상을 이끄는 영적 각성으로 이어지도록 하는 자연스러운 책이기 때문이다. 라과디아 판사의 명판결 이야기는 감사의 주제를 감동으로 연결해주고, 경청을 바라시는 하나님과 이를 거절하는 인간으로 인해 불쑥 다가오고만 기후위기를 일깨워주는 접근에 문득 회개하며 고개를 숙이게 된다. 창조 때 가능하던 천지만물의 공생이 이제는 불가능한 삶의 패러다임인 듯하지만 여전히 불가능한 꿈을 꾸며 사는 삶이 정의로운 삶이라는 글을 읽으며 저절로 뭉클해지는 마음을 막을 길이 없다.

이렇게 두루 읽다 보면 어느새 생명살림 살기를 위한 영성훈련의 현장 속에 자신도 모르게 빠지는 듯한 감동도 크다. "정의 지혜 책임감 평화 배려"와 같은 덕목을 이길 것은 아무도 없다 하시며 부활의 예수 그리스도께서 직접 이야기하시는 듯, 그리스도 사랑이 피부로, 가슴으로 온전히 살아나게 만들기 때문이다. 그렇다. 마치 신음하는 지구가 고통의 눈물로 붉어진 눈을 들어 희미한 미소를 지으리란 예감이 든다. 『지구 정원사 가치 사전』에 글을 쓰라 세우신 50분으로 인해 하나님께 감사드리며, 읽는 이들도 모두 같은 감동, 아니 그 이상의 감동이 있으리라 확신한다.

_ 원영회 한국YWCA 회장, 새문안교회 장로

지구는 바쁩니다. 약 1,600km의 속도로 매일 매일 자전을 합니다. 100,000km 이상의 속도로 1년에 한 번 공전도 합니다. 이렇게 바쁘게 자신에게 주어진 일을 하는 동안 한 번도 멈춘 적이 없습니다.

지구는 아픕니다. 제가 지켜본 시간만으로도 60년이 넘도록 단 하루도 쉬질 않았으니 지구가 아픈 것은 어쩌면 당연한 것인지도 모르겠습니다. 너무 당연하게 주어졌던 환경이어서 미처 몰랐던 거지요. 이제야 아파하는 지구를 돌아보게 되었으니 실로 우리의 죄와 허물이 큽니다. 이번에 출간되는 『지구정원사 가치 사전』이 아픈 지구를 위해 우리가 할 수 있는 일들이 무엇인지 깨닫게 해줍니다. 지구의 고통을 도울 수 있는 길을 이 책을 통해서 찾을 수 있을 것 같습니다.

기독교환경교육센터 살림이 기후위기 극복을 위해 '경건한 40일 탄소 금식'과 '플라스틱 감축 생활영성훈련'과 같은 절기별 신앙실천캠페인과 '환경선교사'를 양성하는 일에 이어, 이번에는 50명 신학자의 생태신학에세이로 지구를 살릴 길을 제시해주는 책을 내니 기쁘고 고맙습니다. 이 책을 통해서 우리에게 지구가 회복되었다고 하는 기쁜 소식이 들려오길 기대합니다. 아픈 지구를 돌보고자 하는 이들이 있어서, 지구를 위해 오늘도 꽃 한 송이를 심고자 애쓰는 정원사들이 있어서 참 다행입니다.

_ 오일영 기독교대한감리회 선교국 총무

『지구정원사 가치 사전』을 처음 받아 들었을 땐, 꽤 복잡한 얘기들이 난무하는 듯한 인상이 들어서 읽어 내려가기가 쉽지 않았습니다. 이공계의 인간이다 보니 넘지 못할 벽을 느꼈는지도 모르겠습니다. 아무렴, 사전(辭典)인데요… 쉬울리가요.

하지만 읽고 또 읽고, 읽기를 반복하니, 마침 통독하고 있는 성경의 구간인 신명기(申命記)를 읽는 듯한 생각이 들었습니다. 모세 할아버지가 약속의 땅을 눈앞에 두고 백성들을 모아 놓고 이집트 탈출을 상기시키며 그동안 주님으로부터 받은 은혜와 명령과 계율을 얘기하고 또 하고, 그야말로 신신당부(申申當付)하는 할아버지의 그 심정이 생각났습니다.

구구절절 하나님과 인간 사이에 지켜야 할 기본을 되새겨 주시는 내용인데 그 속에는 주님이 만드신 이 세상에 대해 꼭 준수해야 할 내용들이 어쩌면 조목조목, 한 치의 빈틈없이 다 망라되어 있는 신명기의 분위기와 이 책의 저자들이 전하고자 하는 메시지가 꼭 닮아 있었습니다. 이집트를 탈출하여 주의 인도 따라 40년을 보내며 혼란해진 백성들의 중심이 하나님께 있으며, 발을 딛고 생활하는 땅과 하늘, 동식물들을 대하는 태도 또한 이들을 만드신 하나님 받들듯 하여야 한다는 깊은 뜻을 전하는 신명기의 내용과 같이, 이 사전 또한 생명의 창조와 우주의 질서를 한낱 인간이 다 터득하고 장악한 것으로 착각하는 이 시대의 사람들에게 현대 신학자들이 모세의 심정으로 신신당부하는 주님의 명령으로 읽히기 시작하였습니다.

스물다섯 개념을 쉰 분이 풀어낸 하나님의 명(命)을 읽고 또 읽어 기독교인의 일상생활에 유기적 밑거름으로 삼기를 다짐해 봅니다.

_ 윤인석 성균관대학교 건축학과 교수, 한국내셔널트러스트 공동운영위원장

한국교회는 한가합니다. 2050년 탄소중립(Net Zero)을 곳곳에서 외치고 있어도 그 소리를 전혀 듣지 못하고 있습니다. 이제는 교회가 하나님의 창조세계를 지킬 마지막 보루라는 믿음을 가지고 담대한 기후행동을 취해야 할 때인데 여전히 기후위기 문제는 뒷전입니다. 교인들과 이야기해 보아도 환경 문제는 또 다른 행사와 프로그램의 일부라고 생각을 하는 것 같고요. 왜 그럴까? 곰곰 생각해 보니 신앙과 삶을 실제로 연결해주는 다리가 제대로 놓이지 않아서 그렇구나 여겨집니다. 우리는 매일같이 하나님의 창조 질서가 파괴되고 기후위기, 기후재앙의 시기를 맞고 있다는 소식을 수많은 매체를 통하여 접하고 있습니다. 그런데 그 정보들을 어떻게 정리하고, 대응할지는 거의 속수무책입니다. 전

체를 한눈에 바라보지 못하고, 실천 방법론을 만나도 아주 단편적입니다. 우리가 실제 살고 있는 삶의 가치를 하나님의 창조 질서에 비추어서 제대로 값을 매기고 정리할 기회를 제대로 갖지 못한 까닭이지요. 우리의 이 답답한 현실 앞에『지구정원사 가치 사전』이란 아주 귀한 선물이 주어졌습니다. 우리가 살아가는 하나님의 피조세계와 우리 자신을 하나님이 만드셨던 원래의 가치대로 제대로, 또렷하게 볼 수 있는 디딤돌이 주어진 것이지요.『지구정원사 가치 사전』을 옆에 두고 우리 삶의 가치들을 하나하나 묵상해 나간다면 삶의 우선순위가 어떻게 매겨져야 하는지, 눈에 보이지 않는 것들 속에 얼마나 큰 아름다움이 깃들여 있는지, 제대로 보게 될 것입니다. 그리고 담대한 기후행동을 취하는 모습까지도 일어나게 될 것이라는 기대를 하게 됩니다.

_ 이광섭 전농감리교회 담임목사

2019년 말부터 시작된 코로나19 감염이 전 세계로 확산되면서 불안과 두려움이 지구촌을 덮고 있다. 그동안 삶의 터전인 피조세계 전체를 경시해왔던 관행에 들려주는 경종이다. 인간의 생태계 파손 행위가 동물들의 터전을 파손하고, 동물들을 숙주로 하는 미생물들을 자극하여 질병으로 되돌아오고 있다.

이제라도 우리는 인간의 건강이 동물뿐 아니라 생태계 전체의 건강과 긴밀히 연결되어 있다는 사실을 속히 받아들여야 한다. 우리는 생명 전체의 연계성 속에서 인간의 삶을 바라보며 '하나의 건강'(One Health)을 지향하는 문명사적인 전환기에 서 있다.

특히 교회는 하나님께서 창조하신 모든 피조세계의 질서를 회복하며 다음 세대에게 건강한 생태계를 물려주어야 할 책무를 가지고 있다. 전 교회가 창조 질서 보전 사명에 함께 나아갈 수 있기를 바란다. 생태신학자들의 주옥같은 잠언이 인류와 피조세계를 생명의 빛 가운데로 인도하는 길라잡이 될 것을 믿으며 기쁨으로 추천한다.

_ 이박행 복내전인치유선교센터 원장, 한국교회생명신학포럼 총무

사도 바울은 우리가 겪고 있는 고난은 장차 우리에게 나타날 영광과 비교할 수 없다고 말했습니다(롬 8:18). 그러나 그 영광이 나타날 때, 곧 예수 그리스도의 재림과 함께 우리 구원이 완성되는 영광의 날이 이를 때까지는 우리는 여전히 탄식 가운데 머물러 있을 수밖에 없습니다. 우리뿐만 아니라 다른 모든 피조물 역시 파멸과 부패의 고통으로 인한 탄식을 피할 수 없습니다(롬 8:21-22). 이는 모두 아담의 타락으로 비롯된 것입니다. 아담이 하나님의 창조 세계를 다스리는 청기지로서의 사명을 버리고 스스로 하나님과 같이 되어 왕 노릇을 하려 했기 때문에 죄와 절망이 세상을 뒤덮게 되었습니다. 이러한 죄악은 오늘날에도 인간의 탐욕을 채우기 위해 하나님의 창조세계인 자연을 파괴하는 어리석은 모습으로 계속 나타나고 있습니다. 인간은 자연의 지배자가 아닙니다. 하나님께 위임받은 자연을 잘 가꾸고 돌보아야 할 사명을 가진 청지기입니다. 이런 면에서 신학자 50명의 탁월한 통찰을 담은 생태 살림 에세이집 『지구정원사 가치 사전』이 발간된 것은 우리 그리스도인들에게 매우 뜻깊은 일이라 할 수 있습니다. 『지구정원사 가치 사전』을 통해 하나님의 창조세계인 자연을 아름답게 가꾸고 후손들에게 온전히 물려주고자 하는 운동이 확산되기를 소망합니다.

_ 이영훈 여의도순복음교회 담임목사

복음의 지평이 좁아지는 까닭은 하나님의 특별은총의 시각에 국한하기 때문입니다. 만물의 창조주 하나님께서 창조하신 모든 세상이 복음의 영역이 되어야 합니다. 피조물은 인간의 온전한 구속을 고대하고 있으며 이는 피조물들의 구속의 날이기도 합니다(롬 8:19-21). 온전한 구

속이 완성되는 날까지 하나님의 일반은총이 주어지는 지구에 대한 복음적 시각이 필요한 이유가 여기에 있습니다. 창조주 하나님께서 아담에게 땅에 대한 정복의 명령을 주셨을 뿐 아니라, 타락한 인류에게 노아를 통하여 보존의 언약도 주셨기 때문입니다. 50인 신학자들의 에세이를 담은 이 책은 인간중심의 구원론에서 온 우주적 구원론으로 전환하기 위해서 크리스천들이 가져야 할 시각을 잘 담고 있습니다. 단순한 환경보호의 차원을 넘어서 하나님 창조질서의 회복과 총체적 구원이라는 복음의 온전성을, 공감을 불러일으키는 언어로 표현하여 많은 이들에게 쉽게 읽혀질 수 있는 옷을 입었습니다. 이 책을 통해 한국교회가 온전한 복음의 지평을 회복하기를 기대하며 추천합니다.

_ 이재훈 온누리교회 담임목사

아, 지금 나에게 가장 가치 있는 것들은 무엇일까요? 씨 뿌린 텃밭을 어루만져주는 따사로운 봄볕, 투두둑 창문을 두드리는 여름 소나기 소리, 빨갛게 물들어버린 가을 길의 진한 흙냄새, 소복소복 눈 쌓이는 겨울밤에 마시는 진한 커피, 아이들이 후다닥 지나간 자리에 남아있는 맑은 웃음소리, 명절 어머니가 만들어주신 속 시원한 물김치 국물, 휴일 오후 노곤한 낮잠을 즐길 수 있는 여유, 가을 첫 햅쌀로 짓는 구수한 밥 냄새, 두 사람 나란히 손을 잡고 걸을 수 있는 한적한 오솔길, 좀 불편해도 깊은 정이 들어버린 친구들과 떠나는 여행, 문득 돌아보면 작은 꽃을 피워 낸 창가의 작은 화분, "그래 괜찮아" 하며 어깨를 토닥여주는 사랑하는 사람, 길을 잃어 외로울 때 조용히 찾아와 말 걸어주는 밤하늘 은하수, 간혹 흔적도 없이 사라지기도 하지만 그래도 한 달 동안 열심히 일했다 말해주는 통장 잔고 그리고 헤른후트 공동체의 기도서. 가치 있는 것들을 기억하고 그 가치를 새삼 되새기는 일이야말로 우리를 진정 가치 있는 존재로 만드는 일이 아닐까 싶습니다. 더군다나 기후위기 시대, 지구정원사들이 분주함에 지치지 않아야 할 때, 이 소중한 글을 모아둔 책이 모두에게 큰 위로가 되기를 기도합니다.

_ 이진형 기독교환경운동연대 사무총장

우리의 탐욕이 지구상 수천만 명을 기후 난민으로 만들었습니다. 이들은 자신의 나라, 고향을 떠나 빈곤한 삶을 살고 있습니다. 미 국방성 예측에 의하면 2050년이면 20억 명의 사람들이 기후 난민이 될 것이라고 합니다. 잔인하게도 이러한 피해는 가난한 나라, 가난한 지역에 집중되고 있습니다. 많은 사람이 지금 이대로라면 수년 안에 지구 온도는 2도를 넘게 되어, 사람들뿐 아니라 지구상 모든 피조물이 어찌할 수 없는 절망의 순간을 맞게 된다고 말하고 있습니다. 하지만 아직 사람들의 태도나 사회인 변화는 눈에 띄는 것이 별로 없습니다.

이러한 때에 『지구정원사 가치 사전』 발간 소식을 접하니 참으로 반갑습니다. 위기의 시대를 사는 신학자들이 세상에 전하는 신앙적 가치들이니, 위기에 둔감한 채 여전히 탐욕스럽게 살아가는 그리스도인을 깨워주리라 기대합니다. 이 책을 통해, 우리 교회들이 이제라도 애통하는 마음으로 탄소 배출을 줄이는 금식을 하고, 마음을 다해 창조주 하나님께로 돌아서게 되길 기대합니다. 가치 단어 하나하나를 곱씹는 가운데, 마음을 찢음으로 만물의 화해자 되신 주님께로 돌아서게 되길 기도합니다. 성찰 질문들에 응답하며 실천하는 것이 세상을 치유하는 성령으로 거듭나게 하길 간절히 기도합니다.

_ 이현식 진관교회 담임목사

코로나19 감염병이 온 세상을 혼돈과 무질서 속으로 몰아넣으면서, 하나님의 창조질서를 파괴하며 이룩한 인간 탐욕의 문명이 얼마나 지속 가능하지 않은 사상누각인지를 보여주고 있다. 코로나19 위기로 인한 상실의 고통 속에서 들려오는 "멈춰라! 성찰하라! 돌이키라!"는 하나님의 통절한 외침은 생명의 망이 지닌 상호의존성에 대한 깊은 자각과 함께 전 인류적 차원의 생태적 회심과 문명사적 전환을 요청하고 있다. 인간중심주의와 시장만능주의를 '진보와 성장'의 교리체계 아래 융합한 '자본교'(Mammonism)는 생태와 경제를 분리한 채 독점과 사유화의 패턴을 통해 과잉생산, 과잉소비, 과잉폐기로 이어지는 악순환을 가속화해 왔다. 이 '문명의 야만'은 빈곤의 세계화와 절대빈곤의 구조화를 이루고, 자연생태계의 파괴와 기후위기를 가져옴으로, 미래 일곱 세대의 생명권과 자원을 강탈하고 지속가능성의 토대를 무너뜨렸다. 이와 같은 총체적 생명위기 상황은 인류공동체 전 삶의 영역에서 패러다임의 대전환을 요청하고 있다. 패러다임의 전환은 가치와 윤리의 변화를 수반하고, 이는 인식의 변화를 정리한 개념의 재정립을 요청한다. 인간중심의 세계관을 생명중심의 세계관으로 변화시키기 위한 융합적 가치의 정립이 필요하다. 『지구정원사 가치 사전』은 이와 같은 요구에 대한 신학적이며 생태인문학적인 응답이다. 이 책이 한국교회와 사회가자기 비움과 상호의존성이라는 생태적 본성을 회복하고, '진보와 성장'이라는 욕망의 열차를 멈춰 세우고, 생태와 경제를 통전시킨 생명살림살이로 전환하는 일에 크게 이바지할 것이라 믿어 일독을 권한다.

_ 이홍정 목사, 한국기독교교회협의회 총무

아침마다 아이들이 학교에 온다. 얼굴을 가린 마스크를 쓰고 학교에 온다. 수업 시간에 얼굴을 볼 수 없다. 나도 너도 서로의 눈망울만 바라본다. 어쩌면 마음의 진실을 보여주는 눈을 보며 관계하라는 하나님의 뜻인지 모른다. 상대를 바라보지 않고 살았던 지난날을 회개하라는 것인지 모른다. 듣지 않고 말만 많이 했던 입을 가리라는 의미인지 모른다. 인간이 가진 탐욕을 말없이 묵상하라는 의미인지 모른다.

황사와 미세먼지로 뒤덮인 도시로 아이들이 배우러 간다. 마스크를 쓰고 헉헉거리며 배우러 간다. 시원하게 공기를 들이쉬며 내달릴 수 없다. 거리를 두고 걸어야 한다. 거리를 두고 앉아야 한다. 마음껏 활보하며 탐욕을 채웠던 행동을 멈추라는 것인지 모른다. 인간이 한 행동이 스스로를 가두었다는 것을 몸으로 알라는 것인지 모른다.

아이들은 이전 세대가 해온 행동의 결과를 온몸으로 경험하고 있다. 아이들은 이미 배우고 있다. '생명'이 연결되어 있다는 사실을 말이다. 숨 쉬지 않는 모든 것도 '생명'이라는 진실을 말이다. 어른들은 연결된 생명과 함께 살아가는 길을 져버렸다는 것을 말이다.

아이들에게 어른들이 하는 성찰의 이야기가 필요하다. '잘못했다!'라는 반성의 이야기만이 아니라, '행동해야 한다!'라는 구호만이 아니라, 직접 실천하는 성찰의 이야기가 필요하다. 그런 이야기를 신학자 50인이 들려준다. 글을 하나씩 읽다 보면 '너의 행동' 탓이 아니라 '나의 실천'을 요구하는 목소리로 듣게 된다. 하나님 나라 교육 현장(가정, 교회, 기독교 학교)에서 아이들이 '생명'의 이야기를 듣고 자랄 때 회복의 소망이 있다. 어른들의 이야기에 이어 다음은 아이들이 스스로 하는 생명 실천 이야기가 있을 것을 기대한다.

_ 장한섭 이야기학교 교장

이번에 기독교환경교육센터에서 기획 발간하는 『지구정원사 가치 사전』은 책의 깊이와 내용 및 실천의 측면에서 남다른 위치를 차지하고 있습니다. 그것은 학계, 교계 및 사회 현장에서 헌신적으로 활동하는 50명 신학자의 성별, 교단, 전공 및 연령의 다양성에서 잘 드러납니다. 이 글은 말할 수 없는 고통 속에서 신음하는 지구에 대한 연민과 공감 그리고 회개와 탄원과 참여를 촉구하는 신학적 메시지입니다. 그 메시지의 핵심은 지구 생명 공동체의 소중한 가치에 대한 자각 및 실천입니다. 지구는 외재적 가치를 넘어 내재적 가치를 드러내고 있습니다. 지구의 내재적 가치란 내재적 속성 및 특징으로부터 나오는 지구 자체가 가지는 가치를 말합니다. 다시 말해, 지구는 인간 이익을 위한 수단 및 대상을 넘어, 인간의 지배, 사용 및 관리와 관계없이, 스스로 존엄한 가치를 지닌다는 것입니다. 이 글은 지구 생명공동체의 소중한 내재적 속성 및 특징들을 잘 보여주고 있습니다.

학계에서 오랫동안 논의되어온 윤리적, 미학적, 철학적 가치 담론은 자연 세계에 대한 외재적 가치는 물론 내재적 가치도 대부분 인정합니다. 그럼에도 불구하고, 자연환경은 더욱더 훼손되어가고 있습니다. 여기에 바로, 『지구정원사 가치 사전』의 고유성이 있습니다. 이제, 지구의 담론이 자연환경에서 창조세계로 나아갑니다. 지구생명체는 스스로 있는 자연(自然)을 넘어 하나님에 의해 창조된 피조물(creature)이다. 창조세계의 내재적 가치는 윤리적, 미학적, 철학적 가치를 넘어, 신앙적 가치를 드러냅니다. 전자는 경험과 사변을 통한 합리적 논의에 기초한다면, 후자는 지구를 창조세계로 보는 신앙적 고백에 기초합니다. 물론, 신앙은 이성을 포함하며 넘어서는 탈아적 이성(ecstatic reason)입니다. 다시 말해, 신앙은 이성의 특수한 형식으로, 이성을 배제하는 것이 아니라, 이성을 완성시킵니다.

여기서 우리는 기고자들이 호소하는 창조세계의 거룩한 신앙적 가치에 주목할 필요가 있습니다. 예를 들어, 인간과 자연의 피조성은 둘 사이의 공동근원 및 공동운명을 일깨우며, 인간과 지구가 하나의 생명공동체라는 사실을 증언합니다. 창조세계에 대한 돌봄과 사랑은 인간의 윤리적 선택을 넘어, 하나님의 절대적 정언명령으로 나아갑니다. 하나님에 속한 창조세계를 파괴하는 것은 윤리적 위반을 넘어, 인간의 근원적 죄, 즉 하나님에 대한 반란입니다. 창조세계에 대한 훼손 및 파괴의 근원적 원인은 인간의 교만(hubris), 즉 하나님의 위치를 차지하려는 인간의 지배 욕망입니다. 이것은 환경정책 및 과학기술의 필요성을 인정하지만, 동시에 불충분성을 보여줍니다. 다시 말해, 생태계 위기는 인간의 지배 욕망으로 인한 다양한 억압 이데올로기들(성차별, 계급차별, 인종차별, 종차별등)의 상호얽힘의 결과입니다. 그래서 생태계 위기의 회복은 신앙적 회개와 결단을 절실히 필요로 합니다.

특별히, 창조세계는 하나님의 성례(sacrament)입니다. 창조세계를 통해 초월의 하나님은 창조세계 안에 내재하십니다. 하나님의 초월과 내재를 연결하는 창조세계는 하나님을 인간 의식 안에 현존시켜, 우리로 하여금 하나님의 임재를 깨닫게 하십니다. 우리가 지구의 온갖 피조물들 안에서 거룩하신 생명의 하나님을 만날 때, 지구는 더 이상 하나의 수단이나 대상이 아니라, 거룩한 생명공동체로 변하게 됩니다. 그것이 바로 인간과 창조세계의 내재적 가치를 깨닫고, 신앙적 결단 및 참여를 실천함으로써, 생명공동체를 살리는 청지기 직분을 온전히 감당하는 길입니다. 이 글을 통해, 창조세계 안에 현존하시는 생명의 하나님을 만나고, 창조세계를 내 몸과 같이 사랑하는 은총의 실천적 사건이 우리의 삶 속에서 일어나기를 바랍니다.

_ 전현식 연세대학교 신과대학 조직신학교수

기후변화로 인한 전염병과 자연재해라는 대재앙 앞에서 인류는 길을 잃고 있다. 아니 문제의 원인이 무엇인지도 알고 있고, 어떻게 해야 할지 답도 알고 있다. 하지만 이 답을 시행할 수 있는 동력은 갖고 있지 않다. 결국 좀 더 편안하고 좀 더 풍요롭게 살고자 하는 욕망이 그 원인이고, 이 욕망을 제어하지 않으면 안 되는데, 이 욕망을 통제하고 제어할 그 어떤 힘도 리더십도 찾기가 쉽지 않기 때문이다. "아이를 낳으려하나 해산할 힘이 없음 같도다"(사 37:3)라는 히스기야의 절박한 호소가 오늘 인류가 처한 현실이다.

이러한 절망 가운데 세상은 교회와 그리스도인을 바라보고 있다. 교회와 그리스도인들이 하나님이 주시는 힘을 받아 인간의 욕망을 통제하고 이 세상 청지기로서의 모범을 보이고 이를 이끌어 주기를 간절히 바라고 있다. 이러한 그리스도인의 실천을 신학적으로 지원하기 위해 신학자들이 나섰다. 50명의 신학자가 성경의 여러 부분을 자세히 살펴 풀어준 글을 읽을 때 마음이 뜨거워지고 실천 의욕이 살아나는 것을 느낀다. 귀한 책을 기획하고 집필해주신 분들에게 감사드린다.

_ 정병오 기독교윤리실천운동 공동대표, 오디세이학교 교사

신학자 50명이 기후위기 시대를 사는 그리스도인들과 교회에 선물하는 가치 이야기에 감사합니다. 신학자들의 깊은 신학적 성찰이 담긴 이 책이 좋은 말씀으로만 남는 게 아니라 그 말씀을 여럿이 곱씹는다면 실행력을 갖게 되고 참 신앙을 자라게 해줄 것입니다. 우리 앞에 놓여 있는 기후위기는 생각만으로는 아무것도 해결할 수 없습니다. 신음하며 죽어가는 생명 앞에서 생각만 한다는 것은 죄짓는 것에 다를 바 없습니다. 이 책이 신음하는 피조물들이 기다리는 하나님의 자녀를 깨워줄 수 있으리라 생각합니다. 생각은 있으나 주저하고 있는 이들이 있었다면, 함께 할 이들을 찾아 함께 실천하게 하는 진정한 힘을 얻게 해줄 것이라 믿습니다. 바라기는 한국교회와 성도들이 책 속에 담긴 아름다운 가치들을 한 번에 하나씩 읽고 또 거기 담긴 신학적, 실천적 질문에 답해봄으로 창조주 하나님께 돌아설 수 있게 해주길 소망합니다. 한국교회와 그리스도인들이 신음하는 지구의 '비빌 언덕'이 되어 희망적인 미래를 만들어가게 되길 소망합니다. 이 책이 그 힘을 얻어 말할 수 없는 탄식으로 함께 기도하고 계시는 성령으로 거듭나는 신앙의 여정을 걷게 해주리라 믿습니다.

_ 정성진 크로스로드 대표, 거룩한빛광성교회 은퇴목사

하나님께서 첫 사람을 만드시고 에덴동산에 두어 관리하게 하셨습니다. 아담은 그렇게 정원사가 되었습니다. 미국 사람 사분지 일이 자신의 취미가 뒷마당에서 꽃과 채소를 가꾸는 일(gardening)이라고 합니다. 우리나라에도 그와 같은 취미를 가진 분들이 주변에 심심치 않게 있습니다. 우리 속에 분명 정원사의 DNA가 있는 것 같습니다. 지금 사는 아파트 베란다 창을 열면 바깥으로 길이 4m, 폭 30cm 정도의 길쭉한 시렁이 벽에 붙어있는데, 그 위에 화분을 놓으면 꽃과 채소를 기르기에 안성맞춤입니다. 작지만 나의 정원입니다. 이 정원의 지금 주인공은 늦겨울 실내에서 씨를 뿌려 LED 불빛 아래 정성스레 키워 꽃이 아름답게 핀 금잔화와 제라늄, 저물녘 향기가 코끝을 스치는 스탁, 페추니아를 닮은 앙증맞은 칼리브라초아입니다. 집에 있을 때는 하루에도 몇 번씩 나의 정원에서 아름다운 꽃을 시간 가는 줄 모르고 바라봅니다. 정원에 있을 때 나는 하나님을 더 가까이 느낍니다. 창조주께서는 어쩜 저렇게 아름다운 꽃들을 만드셨을까? 50분의 생태신학자들이 기후위기와 환경오염으로 탄식하는 지구를 위해 50편의 에세이를 쓰셨습니다. 이슬비같이 잔잔한 글들을 통해 코로나 팬데믹으로 지쳐가는 영혼들이 위로받기 원합니다. 그리고 우리 창조주께서 만드신 자연환경이 얼마나 소중한지 깨닫고, 자연을 사랑하고 지키려는 마음들이 여기저기 일어나기를 바랍니다. 우리 모두 하나님 나라 정원사가 되기를 소망해 봅니다.

_ 정운오 서울대학교 경영대학 교수, 온누리교회 장로

신학자들이 새롭게 보게 한 가치! 이 책에는 '함께 하는 감사, 만물 안에 깃든 완전한 사랑, 공동 창조자로의 부름, 생명을 향한 도둑질과 진정한 풍성함, 공동체와 필요에 대한 감수성, 아름다움을 회복하는 신앙, 내면 안의 부끄러운 진실을 마주할 수 있는 용기, 보고 바라며 믿음으로 이루는 평화, 신뢰하게 해주시는 하나님에 대한 신뢰' 등 25가지 아름다운 가치 이야기들이 담겨 있습니다. 가치마다 성경 구절을 연결하여 하나님이 어떻게 말씀하시는지 듣게 하고, 신음하는 지구의 관점에서 재해석해주어 신앙을 새롭게 해줍니다. 각각의 가치를 실현하게 하는 질문도 있어, 교회 안 공동체별로 읽고 묵상 모임 하기에 좋습니다. 코로나와 기후변화로 힘겨운 날을 보내는 동안 교회별, 구역별로 읽고 나누어보길 권합니다. 신학자들이 전하는 생명의 가치들을 깊이 이해하면 할수록, 그 가치들이 하나님 주신 생명을 생명 되게 하고, 생명으로 살게 하는 삶, 살림의 역사를 이어줄 것입니다. 그리스도인 각자 각자가 가치 단어 하나하나를 곱씹을 때마다 하나님 창조의 때를 떠올려, 우리의 삶은 물론 교회 안의 탄소 배출을 줄여 생명을 살고 살리는 치유의 역사를 이루어내리라 기대합니다.

_ 주승중 주안장로교회 담임목사

"내일 지구가 멸망하더라도 나는 오늘 한 그루 사과나무를 심겠다." 우리나라에 알려진 것과 달리 이 명언의 출처가 마르틴 루터라는 것이 '정설'이랍니다. 범신론자 스피노자가 아니라 종교개혁자 루터의 말이라면 더 반갑겠지요. 어쨌거나 한 그루 나무를 심는 신앙 자세가 절실히 요청되는 현실입니다. 생태학적으로 볼 때 지구는 이미 사망선고를 받았다 할지라도, 우리는 지구정원사로서 창조 질서 보전과 회복의 사명을 포기할 수 없습니다. 하나님의 기이한 은혜를 간구하며 우리 녹색 그리스도인들이 각자 그리고 함께 심어야 할 '나무'는 무엇일까요? 이 책을 묵상하는 이들에게 믿음과 지혜와 용기가 샘솟기를 기도합니다. 오래전 제가 지은 노래로 이 책의 넉넉한 쏨쏨이를 응원합니다. 노래 가사를 다시 살펴보니, "내일 지구가 멸망하더라도…"를 길게 풀어쓴 것이더군요.

"온 세상 만드신 하나님 앞에 여기 버려진 언덕에 서서 기도드리니 / 눈물로 가꾸는 생명의 열매 함께 나누는 기쁨의 그 날을 노래하네 / 쓰러진 땅 일으켜 갈라진 땅 보듬어 그의 나라 일구는 희망의 손길로 살아 / 창조주 하나님 사랑 햇살처럼 가득히 넘치게 하리라 가난한 마음에 / 창조주 하나님 나라 이슬처럼 찬란히 빛나게 하리라 할렐루야"
_ 주현신 과천교회 담임목사

오늘 이 시점에 이 책이 발간되는 것은 참으로 귀하고 고마운 일이다. 너무도 힘겨운 코로나19 팬데믹을 겪고 있으니 말이다. 코로나19는 인간이 저지른 자연 착취와 그로 인한 기후변화 그리고 탐욕적 생활 방식의 극대화로 인해 야생과 인간 생활 영역의 경계가 무너지면서 인수공통 감염병이 무섭게 퍼져 지구인들의 온 삶이 무너져 내린 것이다. 이런 감염병이 앞으로도 줄줄이 생겨날 것으로 전망하고 있으니 우리는 정말 기가 막힌 형편에 처해버린 현실이다.

이러한 때 생태계 회복을 위한 행동의 절박함은 두말할 필요가 없다. 그러기에 『지구정원사 가치 사전』을 펴내는 일은 무한히 반가운 일일 수밖에 없다. 이 책에서 전하는 25개의 기독교적 가치들은 이 지구위기 앞에서 우리가 주의 깊게 받아들이고 생각하고 실천해야 할 소중한 것들이다. 지금은 무엇보다 통절하는 회개로 이전의 생활 방식에서 벗어나 철저한 가치전환을 이루어야만 지구와 이곳에 사는 인간들이 살아남을 수 있다. 무엇보다 자연과의 관계 인식의 전환 곧 인간중심주의를 벗어나 자연과 온 우주와 하나라는 공존 공생하는 가치를 살려내고 그에 따라 삶의 방식을 바꾸어야 한다. 자본주의가 유혹하는 개발과 성공지상주의의 탐욕적 유혹을 물리치고 자연과 생명을 살리는 가치를 우선으로 전환해 내어야 한다.

인류를 유지 존속 지탱시켜온 힘은 그것을 가능하게 하는 가치들을 지켜내어 왔기 때문이다. 이 책에 담긴 기독교가 그동안 생명, 정의, 사랑, 평화의 아름다운 세상을 존속시키기 위해 제시한 가치들을 새삼 깊게 성찰하여 이 생명 위기 상태의 지구를 살리는 아름다운 정원사들이 많이 나타날 수 있기를 바란다.

_ 최만자 전 한국여성신학회 회장

BBC 등 외신은 얼마 전 A-68 빙산이 더 이상 존재하지 않는다고 보도했다. 남극 대륙 C 빙붕에서 떨어져 나온 역대 가장 큰 빙산 중 하나가 그동안 몸통이 쪼개지고 녹다가 결국 사라진 것이다. 말 그대로 지구의 기후변화가 눈에 들어왔다.

나아가 코로나19 대유행으로 기후변화 대응의 긴박성도 부각 되었다. 코로나19가 시작되었을 때 정말 딱 2주간만 마스크를 사용하면 될 줄 알았다. 그 정도면 모든 것이 원래의 자리로 돌아올 것이라 믿었다. 그렇게 시작된 마스크와의 생활이 1년을 훌쩍 넘어섰다. 앞으로도 코로나19와 비슷한 바이러스 창궐을 더 자주 경험할 것이라는 또 다른 불안감이 더해질 때 우리의 화두는 이 난국을 어떻게 건널 것인지와 함께 지금과 다른 세계관으로 탈바꿈을 시도할 마땅한 대안을 모색해야 할 것이다.

『지구정원사 가치 사전』, 그렇다. 우리는 하나님이 지은 지구 동산의 정원사이다. 정원을 가장 쉽게 망치는 방법은 다른 무엇도 아니고 그대로 방치하는 것이라고 했다. 소설가 조너선 사프란 포어는 "왜 많은 사람이 기후변화의 심각성을 알면서도 행동하지 못하는지"를 탐구하면서 이렇게 되물었다. "어떻게 사랑하는 만큼 무관심한 행동을 바꿀 수 있을까?"

지금 우리가 할 수 있는 최선은 지금까지의 삶을 반성하고 성찰하면서 그동안 범한 오만과 과오를 냉정하게 되짚는 것이다. 인간의 자만과 오만이 불러온 파국이 다시 반복되지 않도록 최소한 어떤 자세와 태도로 삶을 다시 바라봐야 하는지를 깊이 숙고하면서 앞으로의 방향을 탐색해보는 수밖에 없다.

기후변화를 일으키는 주체도 변화를 막을 수 있는 주체도 인간이다. 지구정원사로서 스스로 묻는다. '난 왜 아직 이러고만 있지?'

_ **최복규** 월곡감리교회 담임목사

우리나라에서 이런 귀한 책을 발간 할 수 있다는 점에 감사를 드립니다. 왜냐하면 국제적으로 대한민국은 에너지를 많이 사용하고 개인별로도 온실가스를 누구보다도 많이 배출하는 나라 중 하나임에도 불구하고 이에 대한 문제 인식이 유럽국가 등과 비교하면 상대적으로 낮은 실정입니다. 특히 자연생태를 잘 가꾸고 나무를 많이 심으면 온실가스를 흡수해서 우리가 사용한 에너지로 인해 야기되는 기후변화를 완화하는 데에도 기여할 수 있기 때문입니다. 이런 움직임에 크리스천이 먼저 앞장서서 그간 우리나라가 미처 헤아리지 못한 미흡함을 일깨우는 점에서 의미가 매우 크다고 봅니다.

잠언에 "여호와를 경외하는 것이 지혜의 근본이요 거룩하신 자를 아는 것이 명철이니라"는 말씀을 기억하면서 하나님이 만든 자연을 잘 알아가는 모습과 우리의 환경을 살펴보는 것이 어느 때보다도 필요로 되는 시기라고 생각합니다. 나뿐만이 아니라 자라고 있는 어린이들과 미래 세대를 배려하기 위해 무엇보다 중요합니다.

한 분 한 분 귀한 마음과 지혜를 담은 글을 보면서 먼저 제 모습을 반성합니다. 평소 좋아하는 단어, '자연스럽게'에 대한 의미를 살펴보며 자연과 생태에 대한 묵상과 미래를 생각해 보는 좋은 기회라고 느낍니다. 다시 한번 이 책을 준비하신 분들에게 감사의 말씀을 드립니다.

_ **최영수** 국제학대학원 기후환경융합과 초빙교수, 평안교회 장로

환경과 생명을 살리는 일을 주요 과제로 삼고 활동하는 단체 '살림'에서 좋고 유익한 책을 발간하였다. 성경의 주요 가치와 정신을 신학자들의 눈으로 쉽게 얘기한 글들을 모은 것이다.

하나님은 최초의 인간인 아담을 지으신 후 에덴동산 안에 두시고 그것을 경작하며 지키게 하셨다(창 2:15). 경작하고 지킨다는 말은 땅을 갈고 농사를 지으며 다른 모든 생명체를 잘 관리하도록 했다는 말일 것이다. 다른 말로, 생명을 기르고 돌보며 살도록 하신 것이다. 이 역할을 맡은 사람을 정원사라고 부른다면 아담이 최초의 정원사이며, 그에게 주신 이 역할은 인간 모두에게 부여하신 것이나 다름없다.

현실은 어떤가? 다 알듯이 인간중심적인 삶의 구조로 인해 생명의 동산인 지구가 몸살을 앓고 있다. 오늘 코로나 사태를 통해 이미 그 위기를 먼저 체험하고 있지만 머지않아 기후 붕괴, 식량 파탄 등 우리 삶을 파국으로 몰고 갈 사건들이 닥칠 것이라는 경고등이 빨갛게 켜져 있다. 모쪼록 이 책을 통하여 더 많은 그리스도인이 환경과 생명살림의 용감한 일꾼으로 변화되기를 바란다.

_ 한경호 목사, 21세기농촌선교회